中国轻工业“十三五”规划教材

跨境电商实务

CROSS-BORDER E-COMMERCE PRACTICE

刘钧炎◎主　编

刘　丽　方贵仁　缪晨刚◎副主编

中国轻工业出版社

图书在版编目（CIP）数据

跨境电商实务 / 刘钧炎主编. —北京：中国轻工业出版社，2020.4

中国轻工业“十三五”规划教材

ISBN 978-7-5184-2891-5

Ⅰ. ①跨… Ⅱ. ①刘… Ⅲ. ①电子商务—商业经营 Ⅳ. ①F713.365.2

中国版本图书馆CIP数据核字（2020）第023076号

策划编辑：张文佳　责任终审：张乃柬　整体设计：锋尚设计

责任编辑：崔丽娜　责任校对：吴大鹏　责任监印：张　可

出版发行：中国轻工业出版社（北京东长安街6号，邮编：100740）

印　刷：三河市国英印务有限公司

经　销：各地新华书店

版　次：2020年4月第1版第1次印刷

开　本：787×1092　1/16　印张：14

字　数：350千字

书　号：ISBN 978-7-5184-2891-5　定价：45.00元

邮购电话：010-65241695

发行电话：010-85119835　传真：85113293

网　址：http://www.chlip.com.cn

Email：club@chlip.com.cn

如发现图书残缺请与我社邮购联系调换

181407J2X101ZBW

随着经济全球化、产业信息化及移动互联网的快速发展，跨境电商在世界经济发展中扮演着越来越重要的角色，世界各国都在大力推动跨境电商的发展，主动应对全球贸易新格局。据海关统计，2018年中国跨境电商零售进出口总额达到1347亿元，同比增长50%，跨境电商已经成为国际贸易领域极具竞争力的新业态、新模式、新引擎，是中国落实“一带一路”倡议的重要抓手，也是推进贸易强国建设、提升国际地位和影响力的重要选择。

跨境电商产业的快速发展需要大量高技能应用型的跨境电商人才的支持，而跨境电商人才的培养需要高水平、高质量的教材提供有力的支撑。本书针对跨境电商初学者，一方面简明扼要地讲解跨境电商的基本理论知识，包括跨境电商相关概念、市场调研、服务平台、物流和从业技能等内容，使跨境电商初学者对整个行业有一个大致的了解；另一方面，本书针对跨境电商行业的重要支撑——跨境电商平台进行了讲解：跨境电商B2B平台，本书以阿里巴巴国际站为例进行了讲解；跨境电商B2C的电脑端平台，本书以阿里巴巴速卖通为例进行了讲解；跨境电商B2C的移动端平台，本书以Wish为例进行了讲解。通过这三个代表性平台的学习，读者能够对所有跨境电商平台有一个大致的了解，并掌握平台的一些基础操作，从而更快、更好地适应跨境电商行业领域的相关工作。

本书为第二批中国轻工业“十三五”规划立项教材（2018年立项），由广东省属唯一国家示范性高等职业院校——广东轻工职业技术学院承担主要编写任务，秉承“校企双主体育人”的原则，由教学经验丰富的学校教师和实践经验丰富的一线专家共同编写。企业专家由广州元则网络科技有限公司总经理廖世宏、广州新堡声音响设备有限公司总经理李逸虹担任，本书中跨境电商运营、平台操作等内容的编写由这两位一线专家担任顾问。高校教师均来自广东轻工职业技术学院，刘钧炎老师负责本书第一、三、四、七、八、九章的编写，刘丽老师负责本书第六章的编写，方贵仁老师负责本书第五章的编写，缪晨刚老师负责本书第二章的编写。

跨境电商发展方兴未艾，对跨境电商的认识还在不断积累、研究和深化中，跨境电商相关操作也在不断演化与发展中，所以跨境电商的学习也是一个动态的过程。由于编者水平有限及编写时间仓促，书中疏漏、不当之处难免，望广大读者不吝指正，反馈信息可以发到gzliujunyan@126.com，谢谢。

刘钧炎

2019年7月

Contents / 目录

第一章

跨境电商认知

通过本章学习，应达到以下具体目标。

1. 知识目标

（1）了解跨境电商的基本概念；
（2）了解跨境电商的发展现状；
（3）了解跨境电商的业务流程；
（4）了解跨境电商的相关法律法规。

2. 技能目标

（1）能够区分跨境电商和传统外贸；

（2）掌握跨境电商的发展模式；

（3）掌握主要跨境电商平台的特点。

3. 素质目标

（1）培养学生发现新事物、认识新事物的能力；

（2）培养学生不断学习的能力；

（3）培养学生热爱工作，遵守行业法律、法规的职业道德。

第一节

跨境电商的概念与特征

近年来，跨境电商快速崛起，给传统外贸带来了强烈冲击。本节将简单介绍跨境电商的概念和特征等内容，以便大家对跨境电商有一个大致的了解。

一、了解跨境电商

（一）概念

跨境电商是指分属于不同关境的交易主体，通过电子商务手段将传统进出口贸易中的商品展示、磋商、成交和履约环节电子化，并通过跨境物流或异地仓储送达商品、完成交易的一种国际商业活动。关于跨境电商的印象，大家可能第一时间会想到天猫和京东的进口美食，这两个平台可以向中国消费者提供海外食品。其实跨境电商的内涵很广泛，它泛指电子商务在对外贸易中的应用，是传统国际贸易商务流程的电子化、数字化和网络化。

（二）分类

根据不同的标准，跨境电商可以有不同的分类。根据参与交易的对象不同，跨境电商可以分为B2B模式、B2C模式、C2C模式等；根据进出口分类，跨境电商可分为出口跨境电商和进口跨境电商；根据交易平台的属性可以分为第三方平台跨境电商和自建站跨境电商。

1. 按参与交易的对象不同分类

（1）B2B模式

跨境电商B2B（Business to Business）模式是指一个企业面向分属不同关境的另一个企业开展在线产品销售和服务，通过跨境电商平台达成交易、进行支付结算，并通过跨境物流送达商品、完成交易的一种国际商业活动，这种商业活动已纳入海关一般贸易统计。跨境电商B2B模式不仅包括通过跨境交易平台实现的线上交易部分，还包括线上撮合线下交易的部分。

代表性企业：敦煌网、中国制造、阿里巴巴国际站、环球资源网等。目前，中国跨境电商市场交易规模中，B2B模式跨境电商市场交易规模占总交易规模的90%以上，在跨境电商市场中，企业级市场始终处于主导地位。

（2）B2C模式

跨境电商的B2C（Business to Consumer）模式是指企业直接面向分属不同关境的消费者个人开展在线产品销售和服务，通过电商平台达成交易、进行支付结算，并通过跨境物流送达商品、完成交易的一种国际商业活动。

代表性企业：速卖通、亚马逊、Wish、DX（DealeXtreme）、兰亭集势、米兰网、Lazada等。

（3）C2C模式

跨境电商C2C（Consumer to Consumer）模式是指分属不同关境的个人卖方和个人买方进行产品销售和服务，一般由个人卖家通过第三方电商平台发布售卖产品信息、价格等内容，个人买方进行筛选，最终通过电商平台达成交易、进行支付结算，并通过跨境物流送达商品、完成交易的一种国际商业活动。

代表性企业：eBay、Shopee、Marketplace、PChome store等。

B2C模式和C2C模式都是C类跨境电商市场，C类跨境电商市场正在逐渐发展，且在中国整体跨境电商市场交易规模中的占比不断升高，在未来，C类跨境电商市场将会迎来大规模增长。

2. 按进出境的方向不同分类

（1）跨境出口电商

跨境出口电商，是指分属于不同关境的交易主体，通过电子商务手段将传统出口贸易中的商品展示、磋商、成交和履约环节电子化，并通过跨境物流或异地仓储送达商品、完成交易的一种国际商业活动。

跨境电商出口的流程：生产商或制造商将生产的商品在跨境电商企业的平台上展示，在商品被选购下单并完成支付后（也可线上磋商线下履约），跨境电商企业将商品交付给物流企业进行投递，经过两次（出口国和进口国）海关通关商检后，最终送达消费者或企业手中，也有的跨境电商企业直接与第三方综合服务平台合作，让第三方综合服务平台代办物流、通关商检等一系列环节，从而完成整个跨境电商交易的过程。

上面列出来的B2B、B2C、C2C三种模式的代表性企业大都以跨境出口为主。

（2）跨境进口电商

跨境电商进口的流程与出口流程的方向相反，包括海淘、直购进口和保税进口等模式。代表性企业：网易考拉海购、天猫国际和京东全球购等。

海淘是跨境进口的传统模式，即中国国内消费者直接到外国B2C电商网站上购物，然后通过转运或直邮等方式把商品邮寄回国的购物方式。无论是通过直邮还是转运物流完成收货，海淘都是以个人物品的形式完成跨境进口，不利于海关监管。

直购进口模式是指符合条件的电商平台与海关联网，境内消费者跨境网购后，电子订单、支付凭证、电子运单等由企业实时传输给海关，商品通过海关跨境电商专门监管场所入境，按照个人邮递物品征税，属于B2C模式。

保税进口模式则是指国外商品整批抵达国内海关监管场所——保税港区，消费者下单后，商品从保税区直接发出，在海关、国检等监管部门的监管下实现快速通关能在几天内配送到消费者手中，属于B2B2C模式。

与传统的海淘模式相比，直购进口模式货物符合国家海关监管政策，清关操作更为阳光，消费信息也更加透明，同时，商品来源和服务都会比较有保障。

保税进口模式则借助了保税港区特殊监管园区的政策优势，采取“整批入区、B2C邮快件缴纳行邮税出区”的方式，大大降低了电商企业进口货品的价格，同时，从国内发货的形式也缩短了消费者从下单到收货的时间。

直购进口与保税进口适用于不同类型的电商企业。其中，直购进口模式对代购类、品类较宽泛的电商平台及海外电商来说比较适用，可从海外直接发货，在商品种类的多样性上具有优势。保税进口模式则在价格和时效上具有优势，适用于品类相对专注、备货量大的电商企业。

3. 按服务类型分类

（1）信息服务平台

信息服务平台主要是为境内外会员商户提供网络营销平台，传递供商或采购商等商家的商品或服务信息，促成双方完成交易。

代表性企业：阿里巴巴国际站、环球资源网、中国制造网。现在纯粹的信息服务平台已经几乎没有了，大部分的信息服务平台都有在线交易的功能。

（2）在线交易平台

在线交易平台不仅提供企业、产品、服务等多方面信息展示，并且以通过平台线上完成搜索、咨询、对比、下单、支付、物流、评价等全购物链环节。在线交易平台模式正在逐渐成为跨境电商中的主流模式。

代表性企业：敦煌网、速卖通、DX（DealeXtreme）、FocalPrice（炽昂科技）、米兰网、大龙网。

4. 按平台运营方分类

（1）第三方开放平台

平台型电商通过线上搭建商城，并整合物流、支付、运营等服务资源，吸引商家入驻，为其提供跨境电商交易服务。同时，平台以收取商家佣金及增值服务佣金作为主要盈利模式。

代表性企业：速卖通、敦煌网、环球资源、阿里巴巴国际站。

（2）自营型电商

自营型电商通过在线上搭建平台，平台方整合供应商资源通过较低的进价采购商品，然后以较高的售价出售商品，自营型平台主要以商品差价作为盈利模式。

代表性企业：兰亭集势、米兰网、大龙网、FocalPrice（炽昂科技）。

5．按终端产品的类型分类

按终端产品的类型，跨境电商可以分为综合性平台和垂直平台。

（1）综合性平台

综合性平台经营多种品类的商品进出口。代表性企业：速卖通、阿里巴巴国际站、天猫国际、亚马逊、网易考拉海购、京东全球购、唯品国际（唯品会）、苏宁海外购、小红书。

（2）垂直平台

垂直平台经营单一品类的商品进出口，如FocalPrice主营3C数码电子产品出口，蜜芽网主营母婴类产品进口，兰亭集势则在婚纱销售上占有绝对优势。

以跨境进口电商为例，国内主要的跨境进口电商企业运营模式如表1-1所示。

表1-1　国内主要的跨境进口电商企业运营模式

	独立垂直类			综合电商子频道类		
企业名称	网易考拉海购	小红书	蜜芽	天猫国际	唯品国际	京东全球购
运营模式	自营+平台	自营+平台	自营+平台	平台	自营	自营+平台

二、跨境电商的特征

（一）跨境电商与国内电子商务的区别

1．业务环节的差异

国内电子商务属于国内贸易，而跨境电商实际上是国际贸易。较之国内电子商务，跨境电商业务环节更加复杂，需要经过海关通关、检验检疫、外汇结算、出口退税、进口征税等环节。在货物运输上，跨境电商通过邮政小包、快递方式出境，货物从售出到国外消费者手中的时间更长，因路途遥远，货物容易损坏，且各国邮政派送的能力相对有限，急剧增长的邮包量也容易引起贸易摩擦。国内电子商务发生在国内，以快递方式将货物送达消费者，路途近，到货速度快，货物损坏概率低。

2. 交易主体差异

电子商务交易主体一般在国内，国内企业对国内企业、企业对个人或者个人对个人。而跨境电商交易的主体是在关境之间，可能是国内企业对境外企业、国内企业对境外个人或者国内个人对境外个人。跨境电商的交易主体遍及全球，有不同的消费习惯、文化心理、生活习俗，这要求跨境电商对国际化的流量引入、广告推广营销、国外当地品牌认知等有更深入的了解，需要对国外贸易、互联网、分销体系、消费者行为有很深的了解，要有“当地化/本地化”思维，这都远远超出日常国内的电商。

3. 交易风险差异

国内一些生产企业知识产权意识比较薄弱，再加上跨境B2C电商市场上的产品多为不需要高科技和大规模生产的日用消费品，很多企业缺乏产品定位的意识，什么产品热卖就上什么产品，大量的低附加值、无品牌、质量不高的商品和仿冒品充斥跨境电商市场，侵犯知识产权等现象时有发生。在商业环境和法律体系较为完善的国家，很容易引起知识产权纠纷，后续的司法诉讼和赔偿十分麻烦。国内电子商务行为发生在同一个国家，交易双方对商标、品牌等知识产权有统一的认识，侵权引起的纠纷较少，即使产生纠纷，处理时间较短，处理方式也较为简单。

4. 适用规则差异

跨境电商比一般国内电商需要适应的规则更多、更细、更复杂。首先是平台规则。跨境电商经营借助的平台除了国内的平台，还可能在国外的平台上开展交易，国内的B2B及B2C平台已经很多，各个平台均有不同的操作规则，海外各国的平台及其规则更是令人眼花缭乱。跨境电商需要熟悉海内外不同平台的操作规则，需要具有针对不同需求和业务模式进行多平台运营的技能，国内电子商务只需遵循一般的电子商务的规则，但是跨境电商要以国际通用的系列贸易协定为基础，或者是双边的贸易协定为基础。跨境电商需要有很强的政策、规则敏感性，要及时了解国际贸易体系、规则，进出口管制、关税细则、政策的变化，对进出口形势也要有更深入的了解和分析能力。

（二）跨境电商和传统国际贸易的区别

跨境电商与传统国际贸易模式相比，受到地理范围的限制较少，受各国贸易保护措施影响较小，交易环节涉及的中间商较少，因而价格低廉，利润率高。但同时也存在明显的通关，结汇和退税障碍，贸易争端处理不完善等劣势。通过对两者进行对比可以看出其中的差异，如表1–2所示。

表1-2 跨境电商与传统国际贸易模式对比

	传统国际贸易	跨境电商
沟通方式	面对面，直接接触	互联网平台，间接接触
运作基础	商务合同	互联网平台
订单类型	批次少、批量大	批次多、批量少
价格、利润率	价格低、利润率相对较低	价格高、利润率高
产品类目	产品类目少，更新速度慢	产品类目多，更新速度快
规模、速度	市场规模大但受地域限制，增长速度相对缓慢	面向全球市场，规模大，增长速度快
交易环节	复杂（生产商—贸易商—进口商—批发商—零售商—消费者），涉及中间商较多	简单（生产商—零售商—消费者或生产商—中间商—众多消费者），涉及中间商较少
支付与结汇	汇付、托收、信用证等	互联网金融，支付方式更多样
运输	空运、集装箱海运、铁路运输等	空运、集装箱海运、铁路运输、邮政小包快递、物流专线等，运输方式更多样
争端处理	健全的争端处理机制	争端处理不畅，效率低

归纳来看，跨境电商呈现出传统国际贸易所不具备的5大特征：多边化、小批量、高频度、高透明度、数字化。

1. 跨境电商的多边化

多边化，是指跨境电商贸易过程相关的信息流、商流、物流、资金流已由传统的双边逐步向多边的方向演进，呈网状结构。跨境电商可以通过A国的交易平台、B国的支付结算平台、C国的物流平台，实现其他国家间的直接贸易。而传统的国际贸易主要表现为两国之间的双边贸易，即使有多边贸易，也是通过多个双边贸易实现的，呈线状结构。

2. 跨境电商的小批量

小批量，是指跨境电商相对于传统贸易而言，单笔订单大部分是小批量，甚至是单件。这是由于跨境电商实现了单个企业之间或单个企业与个人之间的交易，跨境电商与传统贸易方式相比，产品类目多、更新速度快，具有海量商品信息库、个性化广告推送、支付方式便捷多样等优势，由于掌握更多的顾客数据，跨境电商企业更能设计和生产出差异化、定制化产品，更好地为顾客提供服务。

3. 跨境电商的高频度

高频度，是指跨境电商实现了单个企业或消费者能够按需采购、销售或消费。在传统国际贸易模式下，信息流、资金流和物流是分离的，而跨境电商可以将信息流、资金流和物流集合在一个平台上完成，而且可以同时进行，因此相对于传统贸易而言，交易双方的交易频率大幅提高。

4. 跨境电商的高透明度

高透明度，是指跨境电商不仅可以通过电子商务交易与服务平台，实现多国企业之间、企业与终端消费者之间的直接交易，在跨境电商模式下，供求双方的贸易活动可以采用标准化、电子化的合同，提单、发票和凭证，使得各种相关单证在网上即可实现瞬间传递，增加贸易信息的透明度，减少了信息不对称造成的贸易风险。特别是传统贸易中一些重要的中间角色被弱化甚至替代了，国际贸易供应链更加扁平化，形成制造商和消费者的“双赢”局面。通过电子商务平台，跨境电商大大降低了国际贸易的门槛，使得贸易主体更加多样化，丰富了国际贸易的主体阵营。

5. 跨境电商的数字化

数字化有两层含义，一是越来越多的传统跨境贸易借助于电子化平台开展，传统的贸易环节相关信息也更好地以无纸化的方式呈现；二是指随着信息网络技术的深化应用，数字化产品（软件、影视作用、游戏等）的品类和贸易量快速增长，且通过跨境电商进行销售或消费的趋势更加明显。与之相比，传统的国际贸易主要存在于实物产品或服务中间。

第二节 跨境电商的发展

一、跨境电商的发展阶段

跨境电商发展按照平台技术划分，主要经历了如下几个阶段。

（一）跨境电商1.0阶段（1999—2003年）

跨境电商1.0阶段的主要商业模式是网上展示、线下交易的外贸信息服务模式。在跨境电商1.0阶段，第三方平台主要的功能是为企业信息及产品提供网络展示平台，并不在网络上涉及任何交易环节。此时的盈利模式主要是向进行信息展示的企业收取会员费（如年服务费）。跨境电商1.0阶段发展过程中，也逐渐衍生出了竞价推广、咨询服务等为供应商提供一条龙的信息流增值服务。

在跨境电商1.0阶段，阿里巴巴国际站平台及环球资源网为典型代表性平台。其中，阿里巴巴成立于1999年，以网络信息服务为主，线下交易为辅，是中国较大的外贸信息黄页平台之一。环球资源网于1971年成立，前身为 Asian Source，是亚洲较早的提供贸易市场信息者。在此期间还出现了中国制造网、韩国EC21网、Kellysearch等大量以供需信息交易为主的跨境电商平台。跨境电商1.0阶段虽然通过互联网解决了中国贸易信息面向世界买家的难题，但是依然无法完成在线交易，对于外贸电商产业链的整合仅完成了信息流整合环节。

（二）跨境电商2.0阶段（2004—2012年）

2004年，随着敦煌网的上线，跨境电商2.0阶段来临。这个阶段，跨境电商平台开始摆脱纯信息黄页的展示行为，将线下交易、支付、物流等流程实现电子化，逐步实现在线交易平台。

相比较第一阶段，跨境电商2.0更能体现电子商务的本质，借助于电子商务平台，通过服务、资源整合有效打通上下游供应链，包括B2B（平台对企业小额交易）平台模式及B2C（平台对用户）平台模式。跨境电商2.0阶段，B2B平台模式为跨境电商主流模式通过直接对接中小企业商户实现产业链的进一步缩短，提升商品销售利润空间。

在跨境电商2.0阶段，第三方平台实现了营收的多元化，同时实现了后向收费模式，将“会员收费”改以收取交易佣金为主，即按成交效果来收取百分点佣金。同时，还通过平台上营销推广、支付服务、物流服务等获得增值收益。

（三）跨境电商3.0阶段（2013至今）

2013年成为跨境电商的重要转型年，跨境电商全产业链都出现了商业模式的变化。随着跨境电商的转型，跨境电商3.0“大时代”随之到来。

首先，跨境电商3.0具有大型工厂上线、B类买家成规模、中大额订单比例提升、大型服务商加入和移动用户量爆发五个方面特征。与此同时，跨境电商3.0服务全面升级，平台承载能力更强，全产业链服务在线化也是3.0阶段的重要特征，在跨境电商3.0阶段，用户群体由草根创业向工厂、外贸公司转变，且具有极强的生产设计管理能力；平台销售产品由网商、二手货源向一手货源好产品转变。

对于跨境电商3.0阶段的主要卖家群体正处于从传统外贸业务向跨境电商业务的艰

难转型期，生产模式由大生产线向柔性制造转变，对代运营和产业链配套服务需求较高。另一方面，跨境电商3.0阶段的主要平台模式也由C2C、B2C 向 B2B、M2B（Maker to Business）模式转变，批发商买家的中大额交易成为平台主要订单。跨境电商发展历程如图1-1所示。

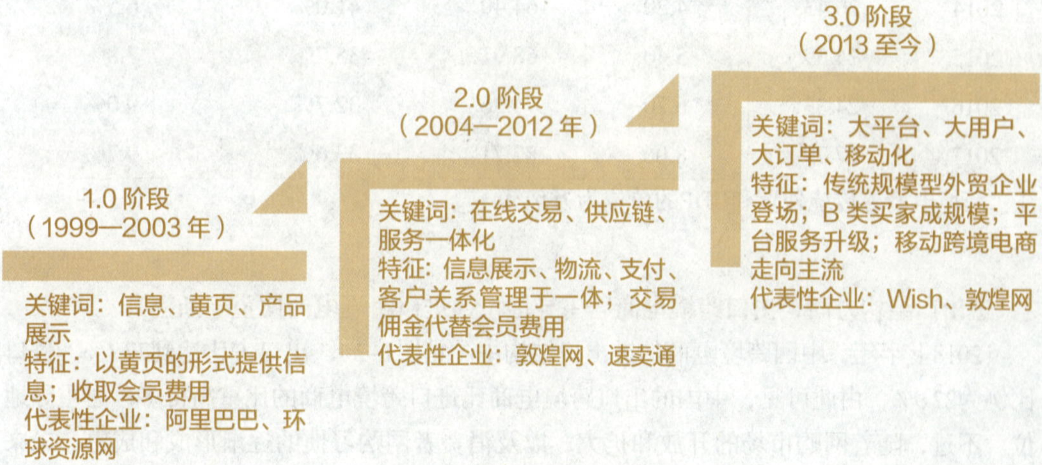

图 1-1　跨境电商发展历程

二、中国跨境电商的发展现状与趋势

（一）当前中国跨境电商的发展现状

当前中国跨境电商行业的发展主要体现出三个特征：跨境电商交易规模持续扩大，在进出口贸易中所占的比重持续升高；跨境电商以出口业务为主；跨境电商以B2B业务为主，并且B2C模式逐渐兴起且发展趋势良好。同时，中国对跨境电商的扶持力度大大提高，政府颁布了一系列相关政策，为跨境电商的未来发展提供了充足的内在动力。

1. 跨境电商交易规模持续扩大，在进出口贸易中所占比重持续提高

由于当前世界贸易趋于收敛，越来越多的企业和商家开始致力于减少流通环节，降低流通成本，缩短和国外消费者的距离以开拓国外市场，提高经济效益，而跨境电商正好为其提供了有利的渠道。

2012年中国外贸进出口规模超过美国，成为世界进出口交易规模最大的国家，与此同时，中国跨境电商迅速崛起（见表1-3）。从2012年至2017年，中国跨境电商的贸易额从2.1万亿元增加至8.06万亿元，年平均增长速度达31%，2017年跨境电商依存度（跨境电商贸易额占GDP的比重）达到9.7%，说明跨境电商不仅增长速度快，而且成为中国经济发展的重要推动力量。

表1-3　中国跨境电商发展数据

	传统外贸	跨境电商	GDP	传统外贸 /GDP	跨境电商 /GDP
2012	24.40	2.10	54.04	45.2%	3.9%
2013	25.83	3.15	59.52	43.4%	5.3%
2014	26.43	4.20	64.40	41.0%	6.5%
2015	24.59	5.40	68.91	35.7%	7.8%
2016	24.33	6.70	74.36	32.7%	9.0%
2017	27.79	8.06	82.71	33.6%	9.7%

注：跨境电商、传统外贸和GDP的单位为万亿元

2．进出口结构方面，出口跨境电商居主导地位，进口跨境电商比重不断提升

2018上半年，中国跨境电商的进出口结构中（见图1–2），出口占比达到77.1%，进口比例为22.9%，由此可见，中国的出口跨境电商比进口跨境电商的比重高得多，居主导地位。不过，随着网购市场的开放和扩大，以及消费者网购习惯的逐渐形成和成熟，未来进口跨境电商将会有很大的发展空间，预计未来几年进口跨境电商的占比将会逐渐提高。

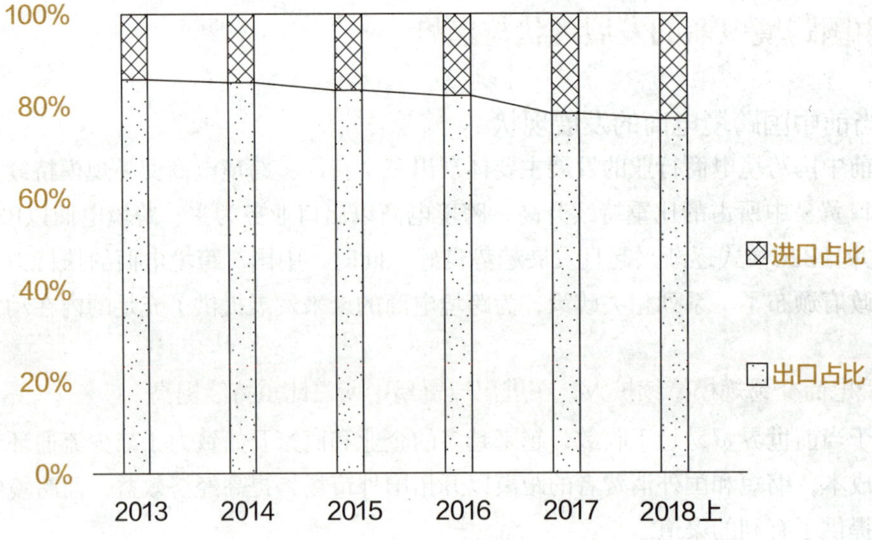

图1–2　中国跨境电商的进出口结构图

3．从业务模式来看，跨境电商以B2B业务为主，B2C模式逐渐兴起

按照参与交易的对象划分，跨境电商可分为跨境一般贸易（跨境B2B）和跨境网络零售（跨境B2C和C2C）。其中，跨境B2B模式在跨境电商中居主导地位，以阿里巴巴和

环球资源为代表的跨境B2B是以信息与广告发布为主，主要以收取会员费和营销推广费获取收益。造成这一现象的原因主要是由于跨境B2B单笔交易金额较大，大多数订单需要进行多次磋商才会达成最终协议，同时长期稳定的订单较多，而且企业一般只在线上进行信息的发布与搜索，成交和履约流程基本在线下完成。

跨境零售面对的是终端客户，目前在跨境电商中所占的比重较低。从2018年上半年中国跨境电商的交易模式来看，跨境B2B交易占比为84.6%，占据绝对主导地位（见图1-3）。

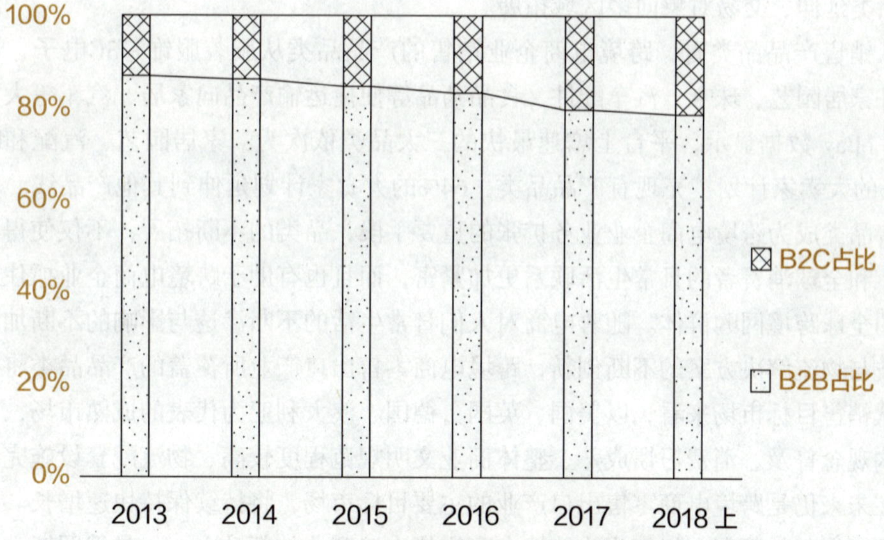

图1-3 中国跨境电商的业务结构图

（二）当前中国跨境电商的发展特点

当前跨境电商行业开始显现出新的特点，具体主要包括以下几个方面。

1. 参与主体多样化

2012年以前，跨境电商的参与者主要以小微的草根企业、个体商户及网商为主；2013年以来，传统贸易中的主流参与者如外贸企业、工厂和品牌商家开始进入这个领域并逐渐走向规模化运作。

2. 产业链逐渐完善

针对影响跨境电商发展的营销、通关商检、物流、支付等环节的问题，跨境电商企业及服务企业不断向产业链的其他环节延伸，并整合多方资源提供一体化服务，新的服务商也在不断涌现，整个产业链和生态系统的服务链条越来越清晰和完善。

3．运营方式品牌化

早期跨境电商借助中国制造大国的优势，以销售物美价廉的产品及OEM代工为主，近两年来，大量企业开始考虑走品牌化运营之路，特别是一些较大的企业开始考虑规模化，建立自己的平台，把品牌引向海外市场，通过品牌来提升自己在跨境电商中的价值。

（三）跨境电商的发展趋势

目前，中国的跨境电商正在经历行业变革，跨境电商发展呈现新的特征：交易产品向多品类延伸、交易对象向多区域拓展。

从销售产品品类看，跨境电商企业销售的产品品类从服装服饰、3C电子、计算机及配件家居园艺、珠宝、汽车配件、食品药品等便捷运输产品向家居、汽车等大型产品扩展。eBay 数据显示，平台上增速最快的三大品类依次为：家居园艺、汽配和时尚，且71%的大卖家计划扩充现有产品品类，64%的大卖家计划延伸到其他产品线。不断拓展销售品类成为跨境电商企业业务扩张的重要手段，品类的不断拓展，不仅使得“中国产品”和全球消费者的日常生活联系更加紧密，而且也有助于跨境电商企业抓住最具消费力的全球跨境网购群体。随着电商对人们日常生活的不断渗透与影响的不断加深，以及科技与物流解决方案的不断创新，跨境电商零售出口产业所覆盖的产品品类将持续扩充。从销售目标市场来看，以美国、英国、德国、澳大利亚为代表的成熟市场，由于跨境网购观念普及、消费习惯成熟、整体商业文明规范程度较高、物流配套设施完善等优势，在未来仍是跨境电商零售出口产业的主要目标市场，将持续保持快速增长。与此同时，不断崛起的新兴市场正成为跨境电商零售出口产业的新动力：一是俄罗斯、巴西、印度等国家的本土电商企业并不发达，消费需求旺盛，中国制造的产品物美价廉，在这些国家的市场上优势巨大；二是大量企业也在拓展东南亚市场，印尼则是东南亚人口最多的国家，全球人口排名位居第四，具有巨大的消费潜力。目前，eBay、亚马逊、日本乐天等电商平台巨头都开始进入印尼市场；三是在中东欧、拉丁美洲、中东和非洲等地区，电子商务的渗透率依然较低，有望在未来获得较大突破。

另外，移动技术的进步使线上与线下商务之间的界限逐渐模糊，以互联、无缝、多屏为核心的“全渠道”购物方式将快速发展。从B2C方面来看，移动购物使消费者能够随时、随地、随心地购物，极大地拉动市场需求，增加跨境零售出口电商企业的机会。从B2B方面来看，全球贸易小额、碎片化发展的趋势明显，移动可以让跨国交易无缝完成，卖家随时、随地做生意，白天卖家可以在仓库或工厂用手机上传产品图片，实现立时销售，晚上卖家可以回复询盘、接收订单。基于移动端做媒介，买卖双方沟通变得非常便捷，跨境电子商务涵盖实物流、信息流、资金流、单证流。随着跨境电子商务经济的不断发展，软件公司、代运营公司、在线支付、物流公司等配套企业都开始围绕跨境电商企业进行集聚，服务内容涵盖网店装修、图片翻译描述、网站运营、营销、物流、退换货、金融服务、质检、保险等内容，整个行业生态体系越来越健全，分工更加清晰，并逐渐呈现出生态化的特点。目前，我国跨境电商服务业已经初具规模，有力地推动了跨境电商行业的快速发展。

从物流方面来看，为了适应跨境电商的需求，兼顾成本、速度、安全，甚至包含更多售后内容的物流服务产品应运而生，大量提供一体化服务的物流整合商也开始出现，如以海外仓储为核心的跨境电子商务全程物流服务商已经出现，递四方、出口易等都强化了对物流和供应链的整合，在海外建立了物流仓储，通常小额跨境物流配送需要15～30天的时间，而通过对不同卖家需求的不同货运方式组合，这一配送时间已经大大缩短。此外，海外仓储建设的逐步完善更将提升卖家在国际贸易中的竞争地位。

从金融服务来看，国家外汇管理局向国内17家第三方支付机构授予了跨境电子商务外汇支付业务试点牌照，使得支付结算方式更加多元化，推动外贸电商发展。针对交易过程跨境电商平台eBay与太平洋保险、中银保险针对平台卖家推出跨境交易保险产品。从互联网金融方面来看，一些金融机构如中国银行、平安金科等向跨境电商企业提供无抵押的信用贷款，解决中小企业融资难的问题。

除此之外，代运营服务、营销服务等公司也大量涌现，整个行业的产业系统更为完善，配套服务设施更为健全。跨境电商的发展不仅仅需要一个电商平台，它的上游还需要信息技术的引领，下游需要快递物流的支撑，只有信息流、黄金流、物流三位一体地支撑到位，跨境电商才能颠覆传统商业式，实现迅速的增长。

第三节 跨境电商的法律法规

随着跨境电商活动的快速发展，除了给企业带来巨大的经济效益之外，在具体的交易流程和环节上，仍然面临着许多诸如知识产权、消费者权益保护、隐私权保护和安全保障等一系列的法律法规问题。这就需要我们对跨境电商相关法律法规有足够的了解，才能应对日益复杂的国际贸易。

当前，我国跨境电商可能涉及的法律类条文、规范、文件可以分为三类。第一类主要是针对跨境电商活动中的跨境贸易属性，解决涉及贸易的基础问题，主要涉及贸易、商务、运输等问题；第二类主要针对跨境电商监管过程中的通关、商检、外汇税务等问题，对跨境电商交易和服务具有约束作用；第三类主要是电商本身的一般性法律问题，其关键在于新技术带来的新空间、新模式。

《中华人民共和国电子商务法》(以下简称《电子商务法》)已于2018年8月31日由中华人民共和国第十三届全国人民代表大会常务委员会第五次会议通过，自2019年1月1日起施行。在《电子商务法》正式颁布之前，我国电子商务活动的开展主要依据《合同法》《民法通则》《民法总则》《电子签名法》《网络安全法》《侵权责任法》《消费者权益保护法》等与电子商务活动中的各种具体行为可能相关的法律法规以及监管规则;《电子商务法》是我国电商领域首部综合性法律，其施行标志着电商全面法制化时代的到来，该法一共分为七章，分别从电子商务的经营监管原则、电子商务经营者、电子商务平台经营者、电子商务合同的订立与履行、电子商务争议解决、电子商务促进以及相关法律责任等方面对电子商务领域的活动进行规范。

一、跨境电商贸易、商务、运输相关法律法规

(一)规范对外贸易主体、贸易规范、贸易监管的一般性法律

跨境电商的参与者很多具有贸易主体的地位，对跨境B2B电商而言，仍然适用于货物贸易的情形。在这个方面，我国出台的《对外贸易法》规范了贸易参与者、货物进出口、贸易秩序、知识产权法律责任等，从根本上确立了贸易参与者的备案登记，对货物进出口的许可管理和监管，保护知识产权等措施。与此同时，针对贸易参与者的登记问题，又出台了《对外贸易经营者备案登记办法》，规范了登记需要递交的材料和审核细节。针对货物进出口环节，我国还具体制定了《货物进出口管理条例》，规定了对禁止进出口、限制进出口、自由进出口等的管理措施。《电子商务法》从电子商务经营者、电子商务平台经营者两个方面对电子商务领域的活动进行了规范。

(二)贸易合同方面的法律

跨境电商的合约除了电子合同的属性外，还具有贸易合同的性质。当前国际上比较重要的公约是《联合国国际货物销售合同公约》，该公约实际规范的是一般贸易形态，商业主体之间的，非个人使用、非消费行为的货物销售合同订立。该公约具体规范了合同订立行为、货物销售、卖方义务、货物相符(含货物检验行为等)、买方义务方补救措施、风险转移、救济措施、宣布合同无效的效果等。同时，也需要参照我国《合同法》进行规范。我国《合同法》不仅规范了销售合同，而且也对商事代理方面的行为提出了专门的条款，对运输过程中的一些问题也做出了规定。《电子商务法》的第四章“电子商务争议解决”对电子商务合同的订立与履行进行了规范。

(三)知识产权方面的法律和规范

跨境电商活动需要遵守知识产权的有关规范，我国相继出台了《专利法》《商标法》

和《著作权法》。我国已加入或批准了《保护工业产权巴黎公约》及《商标国际注册的马德里协定》，在加入WTO之后，同时也受到了《与贸易有关的知识产权协定》（TRPS）的约束。这些法律及国际公约详细规定了知识产权的性质、实施程序和争议解决机制。

《电子商务法》第四十一条规定：电子商务平台经营者应当建立知识产权保护规则，与知识产权权利人加强合作，依法保护知识产权。第四十二条规定：知识产权权利人认为其知识产权受到侵害的，有权通知电子商务平台经营者采取删除、屏蔽、断开链接、终止交易和服务等必要措施，通知应当包括构成侵权的初步证据。

（四）跨境运输方面的法律法规

跨境电商交易活动后期会涉及较多的跨境物流、运输问题，涉及海洋运输、航空运输方面的法律主要应参照《海商法》《航空法》和《货物运输代理业管理规定》。这些法律法规对承运人的责任、交货提货、保险等事项做了具体规定，同时也对国际贸易中的货物运输代理行为做了规范，理清了代理人作为承运人的责任。这部分的法律规范同时还需要与我国的《合同法》进行参照，解决代理合同当中委托人、代理人、第三人之间的责任划分问题。货运代理的代理人身份和独立经营人身份/合同当事人的双重身份也需要参照《合同法》进行规范。《电子商务法》的五十一条和五十二条对快递物流做了原则性规定。

（五）产品质量和消费者权益方面的法律和其他规定

在法律实践中，跨境电商常常面临商品质量的责任和纠纷。在贸易过程中，产品商品质量问题和责任需要通过法律来规范，消费者权益需要通过法律进行保护。这些法律对生产者、销售者的责任进行了梳理，对欺诈、侵权的行为进行了规制。对于跨境电商来说，相当多的活动实质上还是跨境贸易活动，相当部分的参与者仍然是传统贸易活动中的主体，很多贸易环节、贸易问题对跨境电商仍然适用。《电子商务法》的第十三条规定：电子商务经营者销售的商品或者提供的服务应当符合保障人身、财产安全的要求和环境保护要求，不得销售或者提供法律、行政法规禁止交易的商品或者服务。《电子商务法》的第四章“电子商务争议解决”对消费者权益保护做出了相关规定。

二、跨境电商监管相关法律法规

《电子商务法》规定，电子商务经营者从事跨境电子商务，应当遵守进出口监督管理的法律、行政法规和国家有关规定。2018年12月10日，海关总署发布《关于跨境电商零售进出口商品有关监管事宜》，指出跨境电子商务企业、消费者（订购人）通过跨境电子商务交易平台实现零售进出口商品交易，并根据海关要求传输相关交易电子数据的，要按照公告接受海关监管。2018年11月30日，商务部等六部委发布《关于完善跨境电商零售进口监管有关工作的通知》，财政部等三部委发布《关于完善跨境电子商务零售进口税收政策的通知》，财政部等十三部委发布《关于调整跨境电商零售进口商品清单的公告》，进一步完善我国跨境电商零售进口监管工作，调整跨境电商零售进口税收政策，提高享受税收优惠政策的商品限额上限，扩大清单范围，并于2019年1月1日起执行。

（一）通过海关方面的法律法规

跨境电商所涉及的货物、物品需要经过海关的查验。我国出台了《海关法》，并通过《海关企业分类管理办法》《海关行政处罚条例》进一步细化。《海关法》涉及海关的监管职责，对进出境运输工具、货物、物品的查验，关税等内容。《海关企业分类管理办法》对海关管理企业实行分类管理，对信用较高的企业采用便利通关措施，对信用较低的企业采取更严密的监管措施。同时，也在通关环节，加强了"知识产权的海关保护"，出台了《知识产权海关保护条例》及其实施办法。针对目前空运快件、个人物品邮件增多的情况，也出台了一些专门的管理办法，如《快件监管办法》及《关于调整进出境个人邮递物品管理措施有关事宜》（海关总署公告［2010］43号）等。

（二）商检方面的法律法规

跨境电商所交易的较多货物都需要通过商检的检验环节，目前的依据主要是《商检法》，涉及商品检验检疫方面的进口、出口的检验以及监督管理职责等内容。同时依据《商检法》出台了《商品检验法实施条例》，对商检法各个部分拟定了细则，还出台了一些针对邮递和快件的检验检疫细则，如《进出境邮寄物检疫管理办法》《出入境快件检验检疫管理办法》等。

（三）外汇管理的有关规定

跨境电商主要涉及向外汇管理部门、金融机构的结汇问题。当前的规范主要有《外汇管理条例》等。《外汇管理条例》中所涉及的经常项目售汇、结汇条文会直接影响到跨境电商的部分支付问题。

（四）税收方面的法律法规

跨境电商进出口环节可能会面临征税问题。该类法律法规主要有《进出口关税条例》，以及涉及退税阶段的各类规章制度。《进出口关税条例》在《海关法》和国务院制定的《进出口关税税则》的基础上具体规定了关税征收的规定和细则，包括货物关税税率设置和适用、完税价格确定、进出口货物关税的征收、进境货物的进口税征收等。

针对新出现的跨境电商企业的征税和退税问题，税务总局也出台了一系列文件，跨境电商活动中货物都需要通过海关、商检，经营参与者需要进行收汇和结汇，在通关过程中还会遇到税收问题。

三、电子商务相关法律法规

跨境电商仍然需要参照电子商务的一般性法律法规。当前我国电子商务主要的法律法规可以分为以下几类。

（一）电子商务登记、准入、认定相关法律制度

当前，此类法律制度主要以部门规章或规范性指导文件的形式存在，参与交易的企业及各类第三方服务商都有一定的登记和准入要求，个人准入条件则较为模糊和宽泛。

若涉及设立网站行为，应主要依据《电信条例》和《互联网信息服务管理办法》进行审批和登记。从参与交易或服务经营的角度，应符合国家工商总局出台的《网络商品交易及有关服务行为管理的暂行办法》。电子商务各项活动的参与者应参照《电子商务模式规范》中关于成立、注册、身份认定审核的条件。第三方平台服务商还需要符合《第三方电子商务交易平台规范》的其他准入条件。

（二）电子商务合同、签名、认证相关法律制度

目前电子商务合同主要参照的是《合同法》中的相关条文。电子商务合同中的较多内容可以在《合同法》中找到对应的等同条文，还可以借鉴国际上有关电子商务法律所规定的关于电子商务合同的条文，如联合国出台的《电子商务示范法》和美国出台的《统一计算机信息交易法》等。我国已经出台了《电子签名法》，并对电子签名的适用范围、法律效力、法律责任进行了详细规定。

（三）电子商务支付相关法律制度

目前，可以参照的文件包括《电子支付指引（第一号）》，对电子支付的原则、安全、差错处理、各方法律关系和权利义务等进行了说明和规范。《电子商务法》五十三条至五十七条，也对电子商务支付进行了规范。

（四）知识产权、安全隐私等消费者权益保护类相关法律制度

知识产权相关的法律除遵守一般的《商标法》《著作权法》《专利法》的相关规定外，还需要参照一些关于域名管理、网络信息传播管理的相关规定。跨境电商作为一种电子商务活动，也需要参照上述电子商务有关的法律、法规、规章、文件进行规范。

四、已出台的跨境电商政策

有关部门出台了直接针对跨境电商的政策和部门规定，主要是解决目前跨境电商发展遇到的新问题和监管难题，内容主要包括以下几个方面。

（一）从国家对外贸易的高度出台对跨境电商的支持鼓励政策

已出台的最重要的政策基础是2013年7月国务院办公厅下发的《外贸国六条》，从外贸政策的角度，鼓励和支持跨境电商在外贸中发挥更大的作用。

2015年6月10日，国务院出台了《关于促进跨境电商健康快速发展的指导意见》，强调促进跨境电商健康快速发展，用“互联网+外贸”实现优进优出，有利于扩大消费、推动开放型经济发展升级、打造新的经济增长点。

2018年9月26日，国务院常务会议决定从当年11月1日起，降低1585个税目工业品等商品进口关税税率，主要涉及人民生产和生活所需的众多工业品，包括机电设备、零部件及原材料等，平均税率由10.5%降至7.8%，平均降幅约26%。至此，中国关税总水平从9.8%降至7.5%。

（二）针对跨境零售出口的政策

2013年8月，商务部、发展改革委等九部门出台了《关于实施支持跨境电商零售出口有关政策的意见》(以下简称《意见》)。在该《意见》中，首次针对跨境零售出口出台了支持政策，将跨境电商零售出口纳入海关的出口贸易统计，提出了确定零售出口的新型海关监管模式及专项统计、检验监管模式、收结汇、支付服务、税收政策、信用体系六项具体措施。

（三）针对跨境电商支付问题的政策

2013年3月，国家外汇管理局制定和下发了《支付机构跨境电商外汇支付业务试点指导意见》《支付机构跨境电商外汇支付业务试点管理要求》等多项文件，决定在上海、北京、重庆、浙江、深圳等地开展支付机构跨境电商外汇支付业务试点。明确了鼓励支持“支付机构通过银行为小额电子商务（货物贸易或服务贸易）交易双方提供跨境互联网支付所涉及的外汇资金集中收付及相关结售汇服务”。

2013年10月，包括财付通、支付宝、汇付天下、重庆易极付公司在内的17家第三方支付公司已接获国家外管局的正式批复，成为首批获得跨境电商外汇支付业务试点资格的企业，标志着国内支付机构跨境电商外汇支付业务迎来实质性的进展。

外汇管理局同时规定，试点支付机构为客户集中办理收付汇和结售汇业务，货物贸易单笔交易金额不得超过等值 1万美元，留学教育、航空机票和酒店项下单笔交易金额不得超过等值 5万美元。17家获得资格的公司主要分布在 5个地方，获得业务资格有所侧重，分别涉及跨境电商外汇支付业务、货物贸易、留学教育、航空机票及酒店住宿。

为积极支持跨境电商发展，防范互联网渠道外汇支付风险，在试点发展良好的基础上，2015年1月20日，国家外汇管理局又发布了《支付机构跨境外汇支付业务试点指导意见》的通知，在全国范围内开展部分支付机构跨境外汇支付业务试点，允许支付机构为电商交易双方提供外汇资金收付及结售汇服务。

（四）针对跨境电商通过海关便利化问题的政策

2014年7月23日，海关总署出台了《关于跨境电商进出境货物、物品有关监管事宜的公告》，要求电子商务企业或个人通过经海关认可并且与海关联网的电子商务交易平台实现跨境交易进出境货物、物品。

2014年1月29日，海关总署出台了《关于增列海关监管方式代码的公告》（海关总署公告［2014］12号），增列海关监管方式代码“9610”，全称“跨境电商”，简称“电子商务”；2014年7月30日，海关总署又出台了《关于增列海关监管方式代码的公告》（海关总署公告［2014］57号），增列海关监管方式代码“1210”，全称“保税跨境电商”，简称“保税电商”。

（五）针对当前保税进口新模式的政策

海关总署在2014年3月，针对上海、杭州、宁波、郑州、广州、重庆6个地方的保税区试行保税进口模式的情形，出台了《海关总署关于跨境电商服务试点网购保税进口模式有关问题的通知》，对保税进口模式的商品范围、购买金额和数量、征税、企业管理等制定了相应的条文。

1. 关于购买金额和数量

试点网购商品以“个人自用、合理数量”为原则，参照《关于调整进出境个人邮递物品管理措施有关事宜》（海关总署公告［2010］43 号）的要求，每次限值为1000元，超出规定限值的，应按照货物规定办理通关手续。单次购买仅有一件商品且不可分割的，虽超出规定限值，但经海关审核确属个人自用的，可以参照个人物品规定办理通关手续。

2. 关于征税问题

以电子订单的实际销售价格作为完税价格，参照行邮税税率计征税款。应征进口税税额在人民币50元（含50元）以下的，海关予以免征。

（六）针对跨境电商零售进口税收的政策

自2016年4月8日起，我国实施跨境电商零售（企业对消费者，即B2C）进口税收政策，这类商品不再按邮递物品征收邮税，而是按货物征收关税和进口环节增值税、消费税。

2017年4月8日，财政部联合海关总署和国家税务总局共同推出《关于跨境电子商务零售进口税收政策的通知》，规定跨境电子商务零售进口商品的单次交易限值为人民币2000元，个人年度交易限值为人民币20000元。在限值以内进口的跨境电子商务零售进口商品，关税税率暂设为0%；进口环节增值税、消费税取消免征税额，暂按法定应纳税额的70%征收。超过单次限值、累加后超过个人年度限值的单次交易，以及完税价格超过2000元限值的单个不可分割商品，均按照一般贸易方式全额征税。

2018年11月30日，财政部等三部委发布了《关于完善跨境电子商务零售进口税收政策的通知》，自2019年1月1日起，跨境电商零售进口政策将跨境电子商务零售进口商品的单次交易限值由人民币2000元提高至5000元，年度交易限值由人民币20000元提高至26000元。

（七）针对外贸综合服务模式的政策

为进一步发挥外贸综合服务企业提供出口服务的优势，支持中小企业更加有效地开拓国际市场，税务总局还出台了《关于外贸综合服务企业出口货物退（免）税有关问题的公告》（2014年第13号公告），规定了外贸综合服务退税的单独申报业务类型。公告规定的外贸综合服务企业为国内中小型生产企业出口提供物流、报关、信保、融资、收汇、退税等服务的外贸企业。公告规定，外贸综合服务企业以自营方式出口国内生产企业与境外单位或个人签约的出口货物，同时具备以下情形的，可由外贸综合服务企业按自营出口的规定申报退（免）税：出口货物为生产企业自产货物；生产企业已将出口货物销售给外贸综合服务企业；生产企业与境外单位或个人已经签订出口合同，并约定货物由外贸综合服务企业出口至境外单位或个人，货款由境外单位或个人支付给外贸综合服务企业；外贸综合服务企业以自营方式出口。

（八）跨境电子商务综合试验区的政策

中国跨境电子商务综合试验区是我国设立的跨境电子商务综合性质的先行先试的城市区域，旨在跨境电子商务交易、支付、物流、通关、退税、结汇等环节的技术标准、业务流程、监管模式和信息化建设等方面先行先试，通过制度创新、管理创新、服务创新和协同发展，破解跨境电子商务发展中的深层次矛盾和体制性难题，打造跨境电子商务完整的产业链和生态链，逐步形成一套适应和引领全球跨境电子商务发展的管理制度和规则，为推动我国跨境电子商务健康发展提供可复制、可推广的经验。

2015年3月7日，国务院同意设立中国（杭州）跨境电子商务综合试验区。2016年1月6日，国务院常务会议决定，在天津、上海、重庆、合肥、郑州、广州、成都、大连、宁波、青岛、深圳、苏州这12个城市设立第二批跨境电子商务综合试验区。2018年7月24日，国务院同意在北京、呼和浩特、沈阳、长春、哈尔滨、南京、南昌、武汉、长沙、南宁、海口、贵阳、昆明、西安、兰州、厦门、唐山、无锡、威海、珠海、东莞、义乌22个城市设立跨境电子商务综合试验区。

（九）进出境邮递物品的政策

2018年11月8日，海关总署发布了《关于启用进出境邮递物品信息化管理系统有关事宜的公告》，在全国海关推广使用进出境邮递物品信息化管理系统，海关总署与中国邮政集团公司实现进出境邮件全国联网传输数据，邮政企业办理邮件总包的进境、出境、转关手续，应当向海关传输总包路单等相关电子数据。

结语

本章以跨境电商的基本概念和特征为核心，分成了三小节。第一节介绍了跨境电商的基本概念和特征；第二节介绍了跨境电商的发展；最后一节介绍了在跨境电商活动中，需要学习和了解的国际、国内相关法律法规。这些都是跨境电商入门需要掌握的基本知识，需要注意将理论知识恰当地运用到实际工作中，具体问题具体分析。

课后练习

一、不定项选择题

1. 按参与交易的对象不同，跨境电商可以分为哪几种？（　）

A．B2B模式　　B．B2C模式

C．C2C模式　　D．A2B模式

2. 根据进出口分类，跨境电商可以分为哪几种？（　）

A．出口跨境电商　　B．第三方平台跨境电商

C．进口跨境电商　　D．自建站跨境电商

3. 根据交易平台的属性，跨境电商可以分为哪几种？（　）

A．出口跨境电商　　B．第三方平台跨境电商

C．进口跨境电商　　D．自建站跨境电商

4. 按服务类型分类，跨境电商可以分为哪几种？（　）

A．信息服务平台　　B．第三方平台跨境电商

C. 进口跨境电商　　　　D. 在线交易平台

5. 跨境电商的特征有哪些?（　）

A. 多边化　　　　B. 小批量　　　　C. 高频度

D. 高透明度　　　　E. 数字化

6. 下列（　）不属于跨境电商第三方开放平台。

A. 兰亭集势　　　　B. 速卖通

C. 敦煌网　　　　D. 环球资源

7. 综合性跨境电商平台经营多种品类的商品进出口，下列（　）不属于综合性跨境电商平台。

A. 蜜芽网　　　　B. 速卖通

C. 阿里巴巴国际站　　　　D. 亚马逊

8. 当前中国跨境电商的发展特点有（　）。

A. 参与主体多样化

B. 贸易规模不断萎缩

C. 产业链逐渐完善

D. 运营方式品牌化

9. 中华人民共和国第十三届全国人民代表大会常务委员会第五次会议于2018年8月31日通过，自2019年1月1日起施行的法律是（　）。

A.《侵权责任法》　　　　B.《电子签名法》

C.《网络安全法》　　　　D.《电子商务法》

10. 2018年11月30日，财政部等三部委发布了《关于完善跨境电子商务零售进口税收政策的通知》，自2019年1月1日起，跨境电商零售进口政策将跨境电子商务零售进口商品的单次交易限值由人民币2000元提高至（　）元，年度交易限值由人民币20000元提高至（　）元。

A. 3000，22000　　　　B. 4000，24000

C. 5000，26000　　　　D. 6000，28000

二、讨论题

据观察，你认为中国跨境电商的发展趋势是什么?

第二章

跨境电商市场调研与采购

通过本章学习，应达到以下具体目标。

1. 知识目标

（1）了解海外市场的电商发展情况；
（2）熟悉海外消费者的消费习惯和习俗；
（3）熟悉跨境电商产品属性和市场分析方法；
（4）熟悉供应商选择标准。

2. 技能目标

（1）掌握跨境电商产品的特点和选择标准；
（2）掌握海外市场的调研方法；
（3）掌握主要跨境电商的产品采购方法。

3. 素质目标

（1）培养学生发现新事物、认识新事物的能力；
（2）培养学生通过互联网平台搜索相关资料的能力；
（3）培养学生发现市场机会的能力；
（4）培养学生遵守行业法律、法规的职业道德。

第一节

跨境电商市场调研

一、跨境电商市场调研的概念

一个企业要想进入一个新市场，往往要求跨境电商市场调研人员提供与此有关的一切信息，包括该国的政治局势、法律制度、文化属性、地理环境、市场特征、经济水平等。

跨境电商市场调研是指运用科学的调研方法与手段，系统地搜集、记录、整理、分析有关跨境电商市场的各种基本状况及其影响因素，以帮助企业制定有效的市场营销决策，实现企业经营目标。

二、跨境电商市场调研的内容

（一）经济发展信息

这是企业确定跨境电商市场发展方向和目标的重要依据，包括经济环境特征、经济增长速度、通货膨胀率、工商业周期趋势等一般信息和与之相关的价格、税收、外贸等方面政策的资料。

经济环境包括宏观和微观的经济信息，如国民生产总值、人均国民生产值、价格水平、收入分配，以及竞争产品的服务与价格等。经济环境对绝大多数的消费购买决策产生影响，尤其是各国收入水平的差异、物价水平的差异、消费偏好的差异，这些都会影响消费者的消费行为。

（二）社会、政治环境信息

社会、政治环境信息包括影响企业海外业务经营的种种非经济性环境条件的一般信息，如法律体系、语言文字、政治稳定性、社会风俗习惯、有关文化方式、宗教和道德背景等。企业对跨境电商社会、政治环境的调研主要包括以下内容。

1. 国外经济环境

包括一国的经济结构，经济发展水平，经济发展前景、就业、收入分配等。

2. 国外政治和法律环境

包括政府结构的重要经济政策，政府对贸易实行的鼓励、限制措施，特别是有关外贸方面的法律法规，如关税、配额、国内税收、外汇限制、卫生检疫、安全条例等。

3. 国外文化环境

包括使用的语言、教育水平、宗教、风俗习惯、价值观念等。

4. 其他

包括国外人口、交通、地理等情况。

（三）市场信息

企业要把产品打入跨境电商市场或从国外市场进口产品，需要了解国外商品市场信息，包括有关国家市场结构与容量、交通运输条件等，还包括对本部门产品的获利能力分析、主要进出口国的需求总量、某商品进出口量在其国内消费或生产的比重等，以及市场竞争者信息（包括国内、当地及第三国的竞争者）、主要竞争对手企业的占有率、当地供货商利用政治影响提高关税和非关税壁垒的可能性等。这些信息中比较重要的是商品信息和营销信息。

1. 商品信息

（1）国外市场商品的供给情况

包括商品供应的渠道、来源，国外生产厂家、生产能力、数量及库存情况等。

（2）国外市场商品需求情况

包括国外市场对商品需求的品种、数量、质量要求等。

（3）跨境电商市场商品价格情况

包括跨境电商市场商品的价格、价格与供求变动的关系等。

2. 跨境电商市场营销情况调研

跨境电商市场营销情况调研是对跨境电商市场营销组合情况的调研，除了商品及价格外，还应包括以下内容。

（1）商品销售渠道

包括销售网络设立、批零商的经营能力、经营利润、消费者对他们的印象、售后服务等。

（2）广告宣传

包括消费者购买动机、广告内容、广告时间、方式、效果等。

（3）竞争分析

包括竞争者的产品质量、价格、政策、广告、分配路线、占有率等。企业对国外客户的调查研究可以包括以下内容：

①客户政治情况。主要了解客户的政治背景、与政界的关系、公司企业负责人参加的党派及对我国的政治态度。

②客户资信情况。包括客户拥有的资本和信誉两个方面。资本指企业的注册资本、实有资本、公积金、其他财产以及资产负债等情况。信誉主要指企业的经营作风。

③客户经营业务范围。主要指客户的公司企业经营的商品及其品种。

④客户公司、企业业务。指客户的公司企业是中间商还是使用户或专营商或兼营商等。

⑤客户经营能力。指客户业务活动能力、资金融通能力、贸易关系、经营方式和销售渠道等。

（四）科技发展的信息

科学技术的发展对实现企业长期目标有重大的战略意义。应当经常注意和搜集对本企业有用的、别人已经取得的科技成果或发明专利方面的详细信息资料。

三、跨境电商市场调研的方法

跨境电商市场调研是一项复杂细致的工作，须有严格、科学的方法。企业对跨境电商市场调研获取的资料，按其取得的途径不同，一般分为两类：一类是通过自己亲自观察、询问、登记取得的，称为原始资料；另一类是别人搜集到的，调查者根据自己研究的需要，将其取来为己所用，称为二手资料。人们又把它分为案头调研法和实地调研法。

（一）案头调研法

案头调研法就是第二手资料调研或文献调研，它是以在室内查阅的方式搜集与研究项目有关资料的过程。第二手资料的信息来源渠道很多，如企业内部的有关资料、本国或外国政府及研究机构的资料、国际组织出版的跨境电商市场资料、国际商会和行业协会提供的资料等。

（二）实地调研法

实地调研法是跨境电商市场调研人员采用实际调研的方式直接到跨境电商市场上搜集情报信息的方法，采用这种方法搜集到的资料，就是第一手资料，也称为原始资料。

实地调研常用的调研方法有三种：询问法、观察法和实验法。比如，企业进行国外市场环境、商品及营销情况调查，一般可通过下列渠道、方法进行：派出调研小组深入国外市场以销售、问卷、谈话等形式进行调查，获得一手资料。

四、跨境电商市场调研的程序

在跨境电商市场销售活动中，多数企业都是在对众多的市场进行评估的基础上，选择最有获利潜力的市场，采用集中型市场经营策略来经营，而评估则主要依赖于跨境电商市场调研。

（一）在国内进行的案头调研

国际营销市场调研首先要确定调研的任务是什么，因为任务不同调研方法也不同。在国内进行的案头调研工作主要有以下三项。

1. 进入市场的可行性分析

即在进入跨境电商市场可行性分析时，首先列出所有的潜在市场，然后分析研究该国必要的信息情报资料。

2. 获利的可能性分析

即对跨境电商市场价格、市场需求量等进行了解，以便和有关竞争者的产品成本做出比较。

3. 市场规模分析

即对目标市场的规模和潜力进行大致估测和调研。

（二）在国外进行实地调研

在国外进行的实地调研，是指在国外市场的所在地，向消费者、用户和各种工商企事业进行直接调研，取得第一手的市场和商情资料。

在国外市场进行调研时，对于出口初创阶段的市场、发展潜力大的市场以及售后服务要求高的市场，企业可派出人员或小组到国外当地市场做实地调查，抓到真实可靠的第一手材料。

在国外进行实地调研的初期阶段只需要在某些特定市场上对几个关键问题进行调研，然后再进入实地调研，这种调研只需要在少数几个能提供最大成功机会的市场上进行。

五、跨境电商市场调研的相关问题

（一）跨境电商市场调研需要新思路

随着经济全球化进程，市场及市场竞争的范围已扩展到了全球，因而跨境电商市场调研已经成为市场营销理论与实践中十分重要的内容，然而跨境电商市场调研与国内市场调研存在着很大的差别，这种差别来自对象环境及方法等各个方面，尽管营销学特别是跨境电商市场营销学对跨境电商市场调研有过不少的研究，但在解决跨境电商市场调研所面临的问题时常常会陷入困境。因此，在进行跨境电商市场调研时需要有新的思路。

（二）跨境电商市场调研面临的问题

跨境电商市场营销调研的内容不仅广泛，而且极其复杂，因而比国内市场营销调研遇到的问题更多、更特别。从总体上讲，跨境电商市场调研面临以下三个方面的问题。

1. 必须收集多个市场的信息

企业面临市场有时多达一百多个国家，而每一个国家的营销情报需求又千差万别，这样导致调研成本和调研难度增加，由于对各国的调研不能采取统一的模式，在做各国替代性研究时，调研人员可能会出现各种偏差。

2. 必须利用二手资料

有些国家的二手资料较多，而大多数国家的二手资料普遍缺乏，又由于统计概念在各国的解释口径不一样，再加上收集的数据精确性程度不同，以及二手资料的提供者态度不同，这些都影响了二手资料的有限性与不可比性。

3. 必须收集和利用原始资料

跨境电商市场调研人员在收集原始资料时经常会遇到诸如语言、各个国家社会组织多样化、市场有效反映率低、商业及通信的基础设施局限等问题，而且收集费用昂贵，其难度则不言自明。

（三）跨境电商市场调研中应注意的问题

跨境电商市场调研在实际运用中仍要处理好一些均衡性的问题，下面就这些问题进行介绍。

1. 调研的一致性

各国在社会、文化、经济、政治方面有不同程度的差异，由此所构造的调研模型也会由内因的不同而无可比性，这就会影响调研的有效性。因此，调研的各相关因素必须可比、一致。一般而言，与调研结构相关的要素可归纳为如下四个部分。

（1）行为感知

这是指各国消费者对某种消费行为的感知是否可比？举例说明，在美国，给客人递上一杯咖啡完全是出于礼貌，客人可以拒绝；而在沙特阿拉伯，这种敬咖啡的行为被赋予某种社会暗示意义，客人的拒绝可能是一种冒犯。消费行为一般可以从行为内容、行为客体、行为名称三个方面进行考查。

（2）定义变量

比较分析模型中的变量在各国会有不同的定义，这会造成搜集的数据缺乏可比性，而使模型产生偏差。例如，在英国和法国，套餐的主食后一般还附有甜点，而在中国，套餐中并不一定包括甜点。

（3）时间

市场调研在各国可以同时进行，也可以连续进行或独立进行，而绝对的同步调研是不可能的，这就会给数据造成时间差异。例如，季节、经济周期、通货膨胀等都会给同一变量带来时间差异。

（4）市场结构

对市场结构的分析特别需要市场结构化程度和市场发展阶段等因素。因为不同的分销渠道、广告覆盖率、替代品和竞争激烈程度都会影响比较分析模型的函数关系。

2. 调研结果

调研的结果与模型的构造有着十分密切的关系，但不能认为调研的构造均衡可以自动保证数据测量的均衡，因此可以重点考查以下问题。

（1）定性标准

如产品质量、安全性、等级在各国会有不同的标准。调研者要识别国别间的差异，并尽量使用国际标准。

（2）翻译

即使所构造的模型本身较为完善，但当使用同种语言进行分析时，则会产生翻译问题，从而有损模型的精确性。翻译问题包括语言翻译和非语言翻译问题。在这方面可以广泛借鉴社会学调研方法，如双向翻译法。

3. 抽样调查

调研中广泛使用抽样的方法，但在跨境电商市场调研中，抽样会面临以下两个问题。

（1）分类定义的标准问题

人口抽样根据人口资料的分类，但分类标准各国相异。例如，“社会地位”在美国主要根据对象所拥有的财产；而在英国，则主要根据对象所处的家族、党派在社会中的地位。

（2）样本范围和代表性问题

调研者在样本范围和代表性之间要做出权衡。例如，在对包含习惯进行调研时，可以选择年龄、收入、教育、职业等一般化标准，以便于分别比较。但若是在我国，则还有别一个具有代表性的标准，南方人或北方人。

从表面上看，比较分析模型与传统的营销环境因素分析十分相似，但由于二者对环境因素（环境变量）的认识存在本质上的区别，因而同样的资料所得到的结果就完全不同。当我们面临跨境电商市场调研实施中的种种问题时，比较分析模型的优越性就显现出来了。

第二节 跨境电商选品

一、跨境电商选品的要求

（一）跨境电商选品的核心要求

跨境电商选品的核心要求包括优质的商品、优势的价格、符合跨境销售特性、满足目标海外市场需求、突出自己的特色竞争优势等。具体包括以下几点。

1. 市场潜力

市场潜力巨大，利润率比较高，做跨境电子商务的产品利润率最基本在50%以上，甚至是100%的利润。

2. 产品操作简单

产品操作一定要简单，需要指导安装的产品不适合做跨境，因为后续的投诉和客户服务成本非常高。操作简单的商品售后服务也简单，基本上不需要有什么售后服务的产品最适合跨境电商。

3. 适合国际物流

产品还要适合国际物流，体积比较小、重量轻、不容易破碎产品比较适合。产品的大小和重量会直接影响到库存成本和物流运输，对同一件产品而言，尺寸也会影响到顾客的使用体验，因此合适的产品尺寸对打造爆款而言十分重要。

4. 产品性能好

产品不仅要求性能好，最好有自己独立的产品设计，企业有产品研发能力、包装设计能力等。

5. 产品没有法律纠纷

产品不能违反平台和目的国的法律法规。知识产权、盗版或者违禁品不适合跨境电商，这种产品不仅赚不了钱，甚至需要付出法律代价。

6. 产品定价

任何超过替代品售价50美元的产品都不在顾客的“冲动购买范围”，或许更高的利润可以弥补销售量的不足，但这也仅限于一定的范畴。

（二）跨境电商选品的其他要求

跨境电商选品也要注意以下几点。第一，避免产品受季节性波动，从而只能在特定季节销售的产品，例如，只能在春季销售的复活节彩蛋以及只能在冬天售卖的圣诞树；能够全年稳定销售的产品不仅可以降低业务风险，也会有更多的数据反馈，以便于卖家做相关调整。第二，避免生产过程过于复杂或时长过久的产品，一旦接到这些类目的大批量订单就意味着按时交付的生产压力以及运输损坏的风险，而且这些品类的退款和换货数量也高于一般品类。

挖掘产品亮点时需要考虑以下几点。第一，利基产品。卖家在进行选品调研时不妨考虑尚未饱和的利基市场，这意味着较弱的市场竞争、固定的需求受众和稳定的市场利润。第二，用户痛点。卖家在选品时一定要关注产品是否解决了顾客的需求痛点。尤其是在同类产品的筛选中，一些产品细节的设计或变化或许就可以解决顾客的某个痛点，从而获得顾客的喜爱和购买。

二、跨境电商选品的方法及步骤

面对国际市场变化速度之快，跨境电商首先应该做的不是如何营销，而是根据形势调整销售品结构，定期研究确定卖什么产品。在市场竞争越来越激烈的今天，跨境电商选对目标产品，首先就赢在起跑线上了。

跨境电商店铺成功的核心就是差异化的特色。做好一个跨境店铺一定要有自己的店铺特色，包括特定的目标市场选择，差异化的客户需求满足，个性化的店铺核心竞争力

（包括价格、款式、销售策略等）。

如果想缩短选品时间，可以通过数据化的工具选择品类，在运营数据工具选品的时候，同时可以给自己店铺进行店铺特色定位，店铺定位的差异化包括：店铺装修的设计（根据海外目标市场的特点设计装修）；产品款式的设计（要有自己的原创设计，特色设计）；差异化的价格策略（价格是走爆款，走利润，还是做测试款）。品牌就是做大的差异化，跨境电商2018年开始的核心关键词就是品牌化，所以，我们要用心做品牌，品牌不仅体现差异化，而且可以提升产品利润。

不仅对跨境电商来说，对于其他的生意也是如此，生意做得好不好，成功与否，产品的选择起到很重要的作用，选择大于努力。如今什么行业比较好，在这个行业中，哪些产品受欢迎，定位是什么，打算从事哪些行业，打算选择行业内的什么产品，做哪个国家的跨境电商，等等，以及我们如何选择产品能与市场对接起来。

（一）跨境电商选品的方法

1. 店铺定位

做任何事情，没有人能够随随便便成功的。有些人在某个时候突然成功了，也是在以前所付出的积累的基础上起来的。对于做跨境电商的人来说，需要去梳理下自身有哪些优势，目前有哪些客户资源、产品资源、人脉资源等。如果以前有在某个行业有积累，可以先从这个行业入手，选择合适的产品来做跨境电商。这就涉及店铺的定位了，需要从目标市场、目标客户需求以及经营者的个性化核心竞争力来确定。定位是我们做任何事情的目标和基础，有了这个我们才好延伸下去，进行深入挖掘。

2. 需求分析

店铺定位做跨境电商的行业之后，就需要针对这个行业去了解市场的需求。我们需要结合行业与国家的特点，这个国家的客户对这个行业的产品需求情况，目前国内哪些行业内产品能够与他们对接起来。因此，我们需要对目标海外市场进行需求分析，既然是分析就需要结合第三方数据信息来做，只有建立正确的数据基础上才能得出有力的证明，这些数据需要通过行业协会、行业展会等去获取。此外，还需要定期地去跟进，使得自己的产品能够与海外目标市场的需求更好的对接。

3. 通过跨境平台确定热销产品

产品的选择，需要通过来自各方面的信息去综合考虑。目前，我们做跨境电商平台的主要有亚马逊、速卖通、Wish等。我们可以在这些平台上，输入确定行业的相关关键词，在平台的搜索框会出现一些热门搜索词，通过这些词，我们再结合第三方数据工具进行分析，从而得出供参考结论。

4．浏览国外行业网站查看受欢迎款式的产品

在行业网站上，聚集着专业性较强的信息，如新闻资讯、产品款式。这些行业网站也是通过对当地的消费者进行分析之后，才提供内容来吸引消费者的关注。所以，我们在选择产品的时候，可以去看目标国家相关行业网站的产品，以作为自己做跨境电商选择产品的参考。

5．借助社交媒体了解产品需求

社交媒体，聚集了大量的终端客户，社交媒体上的人气很旺，而且与我们的生活紧密相关，看看国内的微信就知道了。我们可以通过到国外的社交媒体了解用户的习惯和兴趣，关注社交媒体的热词。可以通过社交媒体，了解所选行业和目标市场对哪些产品的品类和款式的喜爱程度。国外常见的社交媒体有Facebook、Twitter等。

6．借助做得好的跨境电商商家

在任何一个行业，有做得好的商家，我们都可以去借鉴他们。在跨境电商平台，可以通过关键词搜索到一些排名靠前的榜样店铺，进入店铺之后，可以通过买家页面去研究选品的技巧，可以研究产品的标题、关键词、市场定位以及市场活跃度。可以经常去关注这些店铺，哪些地方调整了，产品的特性，定价，等等。在借鉴商家店铺的时候，需要去了解下该店铺的产品的盈利能力如何，从而有助于自身店铺在产品的选择与定价。

7．产品的分类与产品线

任何一个商铺，不可能只销售几个产品，需要选择合适的产品分类、产品线。为了能够准时地给客户发货，做跨境电商需要做一些库存。但是，对于库存的把控，不同的产品，要求就不一样，因为这涉及资金流的问题。做得好的跨境电商，肯定不是什么产品都做，看见哪个产品卖得好就卖什么，而且有自己的定位。通过引流产品、核心盈利产品、常见产品进行合理搭配，同时做好产品之间的关联性，这样可以吸引潜在的目标客户，增加客户的黏合度。同时，也有助于占据消费者的心智。

从客户需求的角度来看，目标产品必须要先满足用户的某种效用。比如俄罗斯用户，处于北半球的较高纬度，长时间处于寒冷的环境中，对于服饰的要求就要有很好的保暖性能。

从选品自身的角度来看，选品在质量，外观和价格等方面要符合目标客户的需求。虽然经济、科技、文化、市场等方面仍在不断变化，跨境电商选择商品也是个无休止境的事，但是无论市场如何改变，跨境电商选择目标产品不能是盲目而没有依据的，而是要有切实的数据分析，最终选择能够带来最大效益的产品。

（二）跨境电商选品的步骤

1．研究行业动态

从行业的角度研究产品，每种产品都建立在中国制造或者创造的产品面向国外出口的整个行业背景下。了解中国出口贸易中该种产品的市场规模和国家分布，对于认识产品的运作空间和方向有较大的指导意义。

了解行业动态及分析目标市场，最快、最有效的方式是去找相关行业数据研究报告。去哪里找行业数据报告？又如何去发现并探究报告中的数据呢？如中国制造网、敦煌网等B2B平台以及跨境电商服务商都是获取报告的有效途径。当然，至于报告当中的数据价值还得跨境电商自己去评估。

2．挖掘分析产品数据

电子商务是在信息技术化和互联网发展的背景下迅速兴起的行业，因此，懂得快速利用互联网获取有价值的商务信息是当今跨境电商必备的生存技能。

数据驱动，是指通过对营销产品数据的提取、分析及监控，让数据作为管理者决策、员工执行的有效依据，作为跨境电商运营中的一个统一尺度和标准。一切以数据说话，一切以结果说话，即是数据驱动在跨境电商中应用的体现。

分析思路：灵活运用各种分析工具、系统等全面掌握商品的有关数据，对数据进行精细的分析研究，获取产品的有关信息，供确定目标产品的过程做决策参考。比如通过Google Trends工具分析产品的周期性特点，把握产品开发先机；借助KeywordSpy工具发现产品搜索热度和产品关键词，同时借助Alexa工具，选出至少3家该品类中以该市场作为主要目标市场的竞争对手网站，作为对目标市场产品品相分析和选择的参考，但是目前谷歌相关搜索工具在我国需要翻墙才能使用。

3．产品定位

产品定位，即目标产品确定、目标市场或目标消费群体选择。通过对产品整体定位的理解和把握，跨境电商把目标产品在目标市场上营销才能获取更大的利益。

依据行业分析和产品数据分析，先确定产品的相关属性，最后确定目标产品。

产品宽度方面：充分研究产品品类，拓展产品品类开发的维度，全面满足用户对该类产品的不同方面的需求，拓宽品类宽度的同时，也提升了品类的专业度；开发产品时，应考虑该品类与其他品类之间的关联性，提高关联销售度和订单产品数。

产品深度方面：每个子类的产品数量要有规模，品相足够丰富；产品有梯度（如高、中、低三个档次），体现在品相、价格等方面；挖掘有品牌的产品进行合作，提高品类口碑和知名度；对目标市场进行细分研究，开发针对每个目标市场的产品。

此外，还可以借助第三方信息研究报告及网络分析工具、第三方云销系统分析数据等，明确目标产品和目标产品的最优投放市场。

第三节 跨境电商产品采购

一、供应商选择标准

（一）选择供应商的概念

狭义地讲，选择供应商是指企业在研究所有的建议书和报价之后，选出一个或几个供应商的过程。广义的选择供应商则包括企业从确定需求到最终确定供应商以及评价供应商的不断循环的过程。

（二）选择供应商的因素

根据企业调查研究，影响供应商选择的主要因素可以归纳为企业业绩、业务结构与生产能力、质量系统和企业环境四类。

（三）优质供应商的特点

在全球化浪潮的进程中，中国制造低价优势渐失，中国供应商要想在竞争激烈的市场上谋求生存与发展，就必须让自己足够优秀，力争成为优质的供应商。那么优质的供应商又该具备哪些要素呢?

首先，优质的供应商不仅专注于工厂，还关注市场、工厂以外的内容。好的供应商会看市场的动向，什么产品流行，需要生产什么产品。一般的供应商只知道生产产品，只想把生产出来的产品卖掉。

其次，优质的供应商会坚持自己的定位和选择，会做出艰难的决定。比如说，美国西部的一家中等规模的采购商，他会专注于自己这个领域，会专门向他的目标客户推广和营销。有些供应商会尝试不同的渠道，看看是否可行，产品有不同的价格，他想尝试每个机会，这样做其实是非常危险的。

第三，优质的供应商会控制企业规模，更会关注现金流和利润。我国很多企业只是希望自己的企业能成长、成长、成长，他们可能会找到一个大客户，但大客户往往带来的利润微薄。反而中小规模的订单利润更多，所以多拿一些中小规模的订单，对一些大型订单应该要适当减少。

与此同时，供应商不能单独依靠一个大客户，这会非常危险。如果这个大客户公司经营状态不佳，或者换了供货商，公司就会非常危险，我们要降低运营风险，在接大单的时候要非常小心。

此外，作为一个优质的供应商，在进行自动化时，也应多加考虑，不能用机器完全取代员工，并且尽可能地避免价格战。很多中国供应商认为自己价格是最低的，这样单子就多，但总会有人比你的价格更低。

总的来说，要想成为一个优质的供应商，当然不止上述的这些情况要注意，还有很多事情值得去做，比如建立品牌、提升产品质量、把产品做得更加多样化等，走向成功的道路非常多，就看你选择怎么走了。

（四）选择供应商的原则

供应商开发的基本准则是“Q.C.D.S”原则，也就是质量、成本、交付与服务并重的原则。

这四者中，质量因素是最重要的，首先要确认供应商是否有建立一套稳定有效的质量保证体系，然后确认供应商是否具有生产所需特定产品的设备和工艺能力。其次是成本与价格，要运用价值工程的方法对所涉及的产品进行成本分析，并通过双赢的价格谈判实现成本节约。在交付方面，要确定供应商是否拥有足够的生产能力，人力资源是否充足，有没有扩大产能的潜力。最后一点，也是非常重要的，就是供应商的售前、售后服务的纪录。

二、供应商选择步骤

很多跨境电商企业在选择供应商时，主观的成分过多，有时根据供应商的印象而确定供应商的选择，供应商选择中还存在一些个人的成分；此外，也有一些跨境电商企业在供应商选择的标准上不够全面，企业的选择标准多集中在供应商的产品质量、价格、柔性、交货准时性、提前期和批量等方面，没有形成一个全面的供应商综合评价指标体系，不能对供应商做出全面、具体、客观的评价。供应商的选择可以包括以下步骤。

（一）分析市场竞争环境

这个步骤的目的在于针对产品进行市场开发、确定供应链的合作关系。在此之前，必须知道产品需求是什么，产品的类型和特征是什么，以确认用户的需求，从而确认供应商评价选择的必要性。同时分析现有供应商的现状，分析、总结企业存在的问题。

（二）建立供应商选择目标

企业必须确定供应商评价程序如何实施，信息流程如何，负责人是谁，而且必须建立一个实质性的目标。其中降低成本是主要目标之一。供应商的评价、选择不仅仅是一个简单的评价、选择过程，它本身也是企业自身和企业与企业之间的一次业务流程重构过程，实施得好，它本身就可带来一系列的利益。

（三）建立供应商评价标准

供应商综合评价的指标体系是企业对供应商进行综合评价的依据和标准，是反映企业本身和环境所构成的复杂系统不同属性的指标，是按隶属关系、层次结构有序组成的集合。根据系统全面性、简明科学性、稳定可比性、灵活可操作性的原则，建立集成化供应链管理环境下供应商的综合评价指标体系。不同行业、企业、产品需求、环境下的供应商评价应该是不一样的，但应涉及供应商的业绩、设备管理、人力资源开发、质量控制、成本控制、技术开发、用户满意度、交货协议等方面。

（四）建立评价小组

企业必须建立一个小组以控制和实施供应商评价。评价小组必须同时得到制造商企业和供应商企业最高领导层的支持。

（五）供应商参与

一旦企业决定实施供应商评价，评价小组必须与初步选定的供应商取得联系，以确认他们是否愿意与企业建立合作关系，是否有获得更高业绩水平的愿望。企业应尽可能早地让供应商参与到评价的设计过程中来。然而，因为企业的力量和资源是有限的，企业只能与少数的、关键的供应商保持紧密的合作，所以参与的供应商不宜太多。

（六）评价供应商

评价供应商的一个主要工作是调查、收集有关供应商的生产运作等信息。在收集供应商信息的基础上，可以利用一定的工具和技术方法对供应商进行评价。根据评价结果可以确定供应商，通过评价的供应商可以进行合作；如果没有供应商通过评价，则返回步骤（二）重新开始供应商的遴选和评价。

（七）实施合作关系

在实施合作关系的过程中，市场需求将不断变化，可以根据实际情况的需要及时修改供应商评价标准，或重新开始供应商评价选择。在重新选择供应商时，应给予之前合作的供应商以足够的时间适应变化。

三、跨境电商大类产品质量和包装

（一）质量检验

1. 概念

质量检验也称“技术检验”，是指采用一定检验测试手段和检查方法测定产品的质量特性，并把测定结果同规定的质量标准做比较，从而对产品或一批产品做出合格或不合格判断的质量管理方法。其目的在于，保证不合格的原材料不投产，不合格的零件不转入下一工序，不合格的产品不出厂；并收集和积累反映质量状况的数据资料，为测定和分析工序能力，监督工艺过程，改进质量提供信息。

2. 职能

根据技术标准，产品图样、作业（工艺）规程或订货合同、技术协议的规定采用相应的检测、检查方法观察、试验、测量产品的质量特性，判定产品质量是否符合规定的要求，这是质量检验的鉴别功能。鉴别是“把关”的前提，通过鉴别才能判断产品质量是否合格。不进行鉴别就不能确定产品的质量状况，也就难以实现质量“把关”，因此鉴别功能是质量检验各项功能的基础。

3. 把关

把关是质量检验最基本的职能，也可称为质量保证职能。这一职能是质量检验出现时就已经存在的，即使是生产自动化高度发展的将来，检验的手段和技术有所发展和变化，质量检验的把关作用仍然是不可缺少的。企业的生产是一个复杂的过程，人、机、料、法、环等诸要素，都可能使生产状态发生变化，各个工序不可能处于绝对的稳定状态，质量特性的波动是客观存在的，要求每个工序都保证生产100%的合格品实际上是不可能的。因此，通过检验实行把关职能是完全必要的。随着生产技术的不断提高和管理工作的完善化，可以减少检验的工作量，但检验仍然必不可少。只有通过检验，实行严格把关，做到不合格的原材料不投产，不合格的半成品不转序，不合格的零部件不组装，不合格的产品不出厂，才能真正保证产品的质量。

4. 预防

现代质量检验区别于传统检验的重要之处，在于现代质量检验不单纯是起到把关的作用，同时还起到预防的作用。

检验的预防作用主要表现在以下两个方面。

（1）通过工序能力的测定和控制图的使用起到预防作用

众所周知，无论是工序能力的测定或使用控制图表，都需要通过产品检验取得一批或一组数据，进行统计处理后方能实现。这种检验的目的，不是为了判断一批或一组产品是否合格，而是为了计算工序能力的大小和反映生产过程的状态。如发现工序能力不足，或通过控制图表明生产过程出现了异常状态，则要及时采取技术组织措施，提高工序能力或消除生产过程的异常因素，预防不合格品的发生，事实证明，这种检验的预防作用是非常有效的。

（2）通过工序生产中的首检与巡检起到预防作用

当一批产品处于初始加工状态时，一般应进行首件检验（首件检验不一定只检查一件），当首件检验合格并得到认可时，方能正式成批投产。此外，当设备进行修理或重新进行调整后，也应进行首件检验，其目的都是为了预防出现大批不合格品。正式成批投产后，为了及时发现生产过程是否发生了变化，有无出现不合格品的可能，还要定期或不定期到现场进行巡回抽查（巡检），一旦发现问题，就应及时采取措施予以纠正，以预防不合格品的产生。

5. 报告

报告的职能也就是信息反馈的职能，这是为了使高层管理者和有关质量管理部门及时掌握生产过程中的质量状态，评价和分析质量体系的有效性。为了能做出正确的质量决策，了解产品质量的变化情况，必须把检验结果用报告形式，特别是计算所得的指标，反馈给管理决策部门和有关管理部门，以便做出正确的判断和采取有效的决策措施。报告的主要内容包括以下几个方面：

①原材料、外购件、外协件进厂验收检验的情况和合格率指标；

②产品出厂检验的合格率、返修率、报废率、降级率以及相应的金额损失；

③按车间和分小组的平均合格率、返修率、报废率、相应的金额损失及排列图分析；

④产品报废原因的排列图分析；

⑤不合格品的处理情况报告；

⑥重大质量问题的调查、分析和处理报告；

⑦改进质量的建议报告；

⑧检验人员工作情况报告。

6. 改进

质量检验参与质量改进工作，是充分发挥质量把关和预防作用的关键，也是检验部门参与质量管理的具体体现。

质量检验人员一般都是由具有一定生产经验、业务熟练的工程技术人员或技术工人担任。他们熟悉生产现场，对生产中人、机、料、法、环等因素都比较了解。因此对质量改进能提出更切实可行的建议和措施，这也是质量检验人员的优势所在。实践证明，特别是设计、工艺、检验和操作人员联合起来共同投入质量改进，能够取得更好的效果。

7. 监督验证

质量监督和验证是市场经济和质量保证的客观要求，而这种监督和验证是以检验为基础的。从微观和宏观管理出发，质量监督主要分为以下5个方面。

①自我监督。企业通过内部检验系统的正常运转，对原材料和外购件进行把关的质量监督；对产品设计质量的监督；对产品形成过程的质量监督；对产品进入流通领域的质量监督，等等。

②用户监督。企业通过建立和完善用户满意度评价体系，定期对用户进行调查和访问，取得产品进入流通领域之后，用户对质量的直接评价。从而，为企业不断改进目标和策略提供科学依据。

③社会监督。企业通过各种形式和渠道，积极参与和配合消费者的民间团体组织，对自身产品和服务质量进行评价，以真正体现企业的社会责任。

④法律监督。市场经济就是法制经济。企业通过认真学习和遵守法律制度正确地约束自身的经营行为和维护自身的合法权益。同时，消费者以及全社会通过《产品质量法》《食品卫生法》《药品管理法》《计量法》《民法通则》《经济合同法》《民事诉讼法》《行政诉讼法》《刑法》《反不正当竞争法》《消费者权益保护法》《仲裁法》等相关法律监督和规范社会各类质量行为，以保护国家和生产者、销售者以及广大消费者的合法权益。

⑤国家监督。国家监督是指由国家授权，以第三方公正为立场的机构所进行的质量监督。例如，国家商检部门对进出口产品的质量标准所进行的检查监督。此外，国家对主要工业产品的监督，例如，包括食品、生活日用品等实行定期和不定期的抽查监督，起到监督企业经营行为、保护消费者合法权益，维护社会经济秩序的重要作用。

8. 检验方式

质量检验的方式可以按不同的标志进行分类。

①按检验的数量划分为全数检验、抽样检验。

②按质量特性值划分为计数检验、计量检验。

③按检验技术方法划分为理化检验、感官检验、生物检验。

④按检验后检验对象的完整性划分为破坏性检验、非破坏性检验。

⑤按检验的地点划分为固定检验、流动检验。

⑥按检验目的划分为生产检验、验收检验、监督检验、验证检验、仲裁检验。

⑦按供需关系划分为第一方检验、第二方检验、第三方检验。

（二）跨境电商的包装

很多跨境电商对产品的包装表示并不认可，这也阻碍了跨境电商的快速发展。跨境电商们要想保证产品在到达买家手中时仍完好无损，应注意以下几点。

1. 单件包装

如果有多件物品，要把每件物品都分开放置，为每件物品准备充足的缓冲材料。不能放一堆废报纸或者塑料袋，而应该使用气泡膜或者充气袋等专业的包装材料，使得买家获得良好的购买体验。需要注意的是，颗粒缓冲材料可能会在运输过程中移动，所以采用颗粒材料时，一定要压紧压实。

2. 打包

打包时最好使用一个新的坚固的箱子，并使用缓冲材料把空隙填满，但不要让箱子鼓起来。如果是旧箱子要把以前的标签移除，而且旧箱子的承重力是有一定折扣的，需要确保它足够坚固。

3. 封装

用宽大的胶带（封箱带）来封装，不要用玻璃胶，最后用封箱带把包装拉紧（封箱带用十字交叉的方法拉紧，如果是胶带至少6厘米宽）。

4. 避免大箱子

跨国运输中避免使用太大或表面有印刷物的箱子，箱子过大，产品可能在运输过程中移动，而箱子太花哨，则显得不够专业。

5. 避免旧箱子

避免使用旧的或容易变形、不牢固的箱子，使用旧箱子虽然能使一只箱子再度发挥作用，但是产品可能会因此在运输中受到损伤。同理，不要使用容易变形和不牢固的箱子。

6. 避免劣质填充物

避免使用劣质的填充物，不要将碎纸机里的废纸或其他劣质的材料用来填充箱子里的间隙，如果填充物质量不好，它们很可能无法起到缓冲的功效。

7. 避免空隙

避免在箱子和物品间留下任何空隙，如果有空隙，产品会在其间晃动，使得空隙越来越大，造成缓冲材料失去功效，产品可能会因此破损。

8. 避免奇怪包装

避免使用任何形状奇怪的包装，例如使用圆筒状的包装盒子或袋子，可能会在运输中滚落卡车或集装箱。形状样式奇特的盒子和袋子，可能会在运输中给产品带来不必要的麻烦。

9. 注意易碎品

避免使用信封寄送有价值或易碎的产品，实践证明使用信封寄送产品，它可能会被卡在信件分拣机里，而且产品不会受到任何有效的保护。

10. 地址正确书写

地址应当书写详细、准确，不要使用铅笔、水笔来书写地址，它们可能在运输过程中变得模糊不清。

结语

本章以跨境电商市场调研与采购为核心，分成了三小节。第一节介绍了跨境电商市场调研；第二节介绍了跨境电商选品；最后一节介绍了跨境电商产品采购。这些都是跨境电商入门需要掌握的基本知识，也是跨境电商运营的初始工作和基础，万里之行，始于足下，要注意把理论知识恰当地运用到实际工作中，具体问题具体分析。

课后练习

一、不定项选择题

1. 跨境电商经济环境调研包括（　）。

A. 国民生产总值　　B. 价格水平

C. 收入分配　　D. 竞争产品的服务的价格

2. 跨境电商市场营销情况调研是对跨境电商市场营销组合情况的调研，除了商品及价格外，还应包括（　）。

A. 国家气候条件　　B. 商品销售渠道

C. 广告宣传　　D. 竞争分析

3. 跨境电商市场调研的方法包括哪几种？（　）

A. 凭空想象法　　B. 案头调研法

C. 实地调研法　　D. 主观构思法

4. 在跨境电商市场调研中，调研的一致性包括哪几个方面？（　）
A. 行为感知　　B. 定义变量
C. 时间　　D. 市场结构

5. 调研中广泛使用抽样的方法，但在跨境电商市场调研中，抽样面临的问题有哪些？（　）
A. 分类定义的标准问题　　B. 样本范围
C. 样本代表性问题　　D. 抽样的技术方法

6. 跨境电商选品的核心要求包括（　）。
A. 优质的商品　　B. 优势的价格
C. 符合跨境销售特性　　D. 环球资源满足目标海外市场需求
E. 突出自己的特色竞争优势

7. 跨境电商选品的方法包括店铺定位、需求分析，以及（　）等。
A. 通过跨境平台确定热销产品
B. 借助社交媒体了解产品需求
C. 浏览国外行业网站查看受欢迎款式的产品
D. 借助产品的分类与产品线

8. 跨境电商选品的步骤包括（　）。
A. 研究行业动态　　B. 挖掘分析产品数据
C. 产品定位　　D. 学习跨境电商理论

9. 根据企业调查研究，影响供应商选择的主要因素可以归纳为（　）。
A. 企业业绩　　B. 业务结构与生产能力
C. 质量系统　　D. 企业环境

10. 供应商开发的基本准则是“Q.C.D.S”原则，也就是（　）的原则。
A. 质量　　B. 成本
C. 交付　　D. 服务

二、讨论题

通过本章内容的学习，说出一个你感兴趣的跨境电商选品，并说出理由。

第三章

外贸综合服务平台

通过本章学习，应达到以下具体目标。

1. 知识目标

（1）了解外贸综合服务的基本概念；
（2）了解外贸综合服务的发展现状；
（3）了解外贸综合服务的业务流程；
（4）了解国家对外贸综合服务的相关政策。

2. 技能目标

（1）能够熟练使用外贸综合服务平台；
（2）掌握外贸综合服务平台的业务模式；
（3）掌握主要外贸综合服务平台的特点。

3. 素质目标

（1）培养学生发现新事物、认识新事物的能力；
（2）培养学生总结和归纳的能力；
（3）培养学生不断学习的能力；
（4）培养学生热爱工作、遵守行业法律、法规的职业道德。

第一节 外贸综合服务行业介绍

跨境电商与国内电商不同，涉及进出境申报、检验检疫、出口退税、外汇结算和国际物流等环节，这些跨境电商配套服务和相关行业的发达程度，也成为衡量一个地区跨境电商发展水平的重要标志。外贸综合服务行业的发展为提高跨境电商配套服务提供了机遇。

一、了解外贸综合服务行业

（一）概念

外贸综合服务企业是指具备对外贸易经营者身份，接受国内外客户委托，依法签订综合服务合同（协议），依托综合服务信息平台，代为办理包括报关报检、物流、退税、结算、信保等在内的综合服务业务和协助办理融资业务的企业。外贸综合服务企业是代理服务企业，应具备较强的进出口专业服务、互联网技术应用和大数据分析处理能力，建立较为完善的内部风险防控体系。

外贸综合服务企业可以根据其提供的服务收取服务报酬，自身也可以从事外贸业务。外贸综合服务企业的出现，是我国外贸业务模式的创新。外贸综合服务企业通过为中小企业提供进出口环节相关服务，降低了中小外贸企业的成本，壮大了外贸企业主体，对促进我国外贸行业的发展具有积极意义。

（二）外贸综合服务企业概念的提出和完善

外贸综合服务，实际上是从传统的外贸代理发展而来的。在传统的进出口业务中，最初是实施许可制度的，在这种许可制度下，无进出口权限的企业，往往委托代理企业出口，代理企业收取代理费。在外贸经营权限放开以后，虽然从理论上讲，外贸出口已无太高门槛，但是对于中小企业来讲，一方面外贸出口涉及的环节众多、流程复杂；另一方面专门的报关、报检、退税、结汇等人员的支出较高。基于上述两个方面的考虑，中小企业仍然愿意将出口委托给代理公司来完成。于是，专门从事外贸业务的代理公司应运而生，这一类的公司就是外贸综合服务企业的雏形。但是，由于业务操作上很不规范，这类代理公司，容易成为出口骗税的“温床”。

随着对外贸易的发展，中小企业进出口代理商的发端也不断完善，这类企业，往往通过标准化的运作来实现代理业务的便捷化，通过具有丰富外贸经验的人员来审核业务中的潜在风险，这类企业在珠三角及青岛、大连等外贸发达地区发展很快。

2013年8月，国务院常务会议日前制定了促进外贸发展的“国六条”，新政策将从多方面促进外贸行业的发展，尤其是外贸电商服务业的崛起。国务院在第四条中首次正式提出“外贸综合服务企业”这一概念，这表明政府首次明确了一达通等外贸B2B服务商作为服务机构的身份，并支持它们为中小民营企业出口提供融资、通关、退税等服务。

此前，一达通等外贸综合服务企业在监管上一直被视为单一的贸易企业，而非服务机构，这不利于它们业务的正常开展。一方面，相比于出口企业，随着服务规模的提升，服务商需要处理的订单数量成倍增长，很难做到“万无一失”。但按照现行外贸管理制度，贸易企业只要出现一次大的失误就会被处罚降级，出现一次知识产权违规或退税复函异常也会被降级，这对于外贸B2B服务商来说过于苛刻。另一方面，以贸易企业的身份为中小企业提供外贸融资、通关、退税等服务，存在与现行外贸管理制度相违背的嫌疑，这为服务商的成长增加了很大的不确定性。

外贸“国六条”全新定义了“外贸综合服务企业”，外贸B2B服务业将迎来一个快速发展期。此次“国六条”的支持对象主要是中小民营企业，由于这类企业的订单分散、金额小，以线下方式提供服务成本高且效率低，所以采用电子化、信息化手段的电商服务平台将获得更多的发展机会。政府全新定义外贸综合服务企业，将推动集约式、一站式服务的综合服务企业的发展，这将促使大批外贸B2B服务商由提供单一服务向提供综合服务转变，而敦煌网、阿里巴巴国际站、中国制造网等外贸电商平台也势必将在平台上集成更多的配套服务。

2017年9月，商务部、海关总署、税务总局、质检总局、外汇管理局等5部门，联合下发了《关于促进外贸综合服务企业健康发展有关工作的通知》，首次明确了外贸综合服务企业（简称“综服企业”）的定义，为有关部门出台政策措施提供了前提。为解决综服企业反映集中的明确身份、分清责任等问题，5部门按照稳中求进、责权相当、风险可控的原则，坚持问题导向，创新监管模式，提出推动信息共享和联合监管、完善综服企业出口退（免）税管理办法、加强信用分类管理等措施。通知还要求各地方有关部门，指导综服企业强化责任意识，加强风险管控，强化贸易真实性审核，鼓励综服企业积极创新服务、产品和商业模式，提高服务水平。

（三）外贸综合服务企业具有双重身份

外贸综合服务企业不仅可以以代理人身份为中小外贸企业提供外贸综合服务，还可以以自营方式出口国内生产企业与境外单位或个人签约的出口货物。

根据国家税务总局2014年发布的《关于外贸综合服务企业出口货物退（免）税有关问题的公告》，为进一步发挥外贸综合服务企业提供出口服务的优势，支持中小企业更加有效地开拓国际市场，经财政部、商务部同意，现将有关出口货物的退（免）税事项公告如下：

第一，外贸综合服务企业以自营方式出口国内生产企业与境外单位或个人签约的出口货物，同时具备以下情形的，可由外贸综合服务企业按自营出口的规定申报退（免）税：

①出口货物为生产企业自产货物；

②生产企业已将出口货物销售给外贸综合服务企业；

③生产企业与境外单位或个人已经签订出口合同，并约定货物由外贸综合服务企业出口至境外单位或个人，货款由境外单位或个人支付给外贸综合服务企业；

④外贸综合服务企业以自营方式出口。

第二，外贸综合服务企业申报本公告第一条规定的出口货物退（免）税时，应在《外贸企业出口退税进货明细申报表》第15栏（业务类型）、《外贸企业出口退税出口明细申报表》第19栏〔退（免）税业务类型〕填写“WMZHFW”。

第三，外贸综合服务企业应加强风险控制，严格审查生产企业的经营情况和生产能力，确保申报出口退（免）税货物的国内采购及出口的真实性。外贸综合服务企业如发生虚开增值税扣税凭证（包括接受虚开增值税扣税凭证，善意取得的除外）、骗取出口退税等涉税违法行为的，应作为责任主体按规定接受处理。

第四，主管税务机关应按规定受理外贸综合服务企业的出口退（免）税申报，并加强对外贸综合服务企业的预警监控、审核、评估分析，如发现涉嫌骗取出口退税疑点的，应按现行规定进行处理。

第五，外贸综合服务企业，是指为国内中小型生产企业出口提供物流、报关、信保、融资、收汇、退税等服务的外贸企业。

第六，外贸综合服务企业出口第一条范围外的货物，继续按现行退（免）税规定执行。

通过国家税务总局的公告可以看到，外贸综合服务企业也是一个外贸企业，而且是为国内中小型生产企业出口提供物流、报关、信保、融资、收汇、退税等服务的外贸企业。外贸综合服务企业可以用自己的身份办理出口退税，退税主体是自己；也可以由国内中小型生产企业开具代办退税专用发票，作为国内中小型生产企业的代理人办理出口退税，此时的退税主体是国内中小型生产企业。

外贸综合服务企业对代办退税的出口业务，应参照外贸企业自营出口业务有关备案单证的规定进行单证备案，由外贸综合服务企业代生产企业进行收集并备案，保存年限为5年。

2018年5月，广东省国家税务局出台《关于加强外贸综合服务企业出口货物退（免）税管理的公告》，要求综服企业应对每笔代办退税出口业务涉及的合同（协议）、凭证等资料，规范装订、存放、保管并留存备查，按现行涉税资料保存期限保存10年；综服企业取得生产企业开具的代办退税专用发票后，应按规定进行认证或勾选用于代办退税，代办退税专用发票不得作为综服企业的增值税扣税凭证，也不能用于自营出口申报出口退税，只能用于代办退税业务。

二、外贸综合服务行业给跨境电商带来新机遇

随着互联网和跨境电商的发展，无数的中小企业涌入外贸市场，外贸主体飙升到现在的上百万家，未来可能达到500万家，使得第三方外贸服务的需求激增，且涵盖货运、关务、检务、退税等方面，对综合服务能力的倒逼，给传统外贸服务企业带来了新的机会。

从2013年外贸“国六条”全新定义了“外贸综合服务”行业以后，外贸综合服务与电子商务两个行业的结合成为新的发展趋势，两者的结合催生出全新的电商领域——外贸综合服务电商平台，其在为中小外贸企业降低成本、提高效率、解决融资难问题等方面发挥着先天独特的优越性。

企业外贸与内贸的交易模式不同，外贸交易流程十分复杂，企业要经历多个环节，每个环节都要办理相关的手续，处理成批的单据。企业需要经历的环节包括仓储运输，报检，通关，办理保险，融资，国际结算，出口退税等。因此在解决中小企业出口外贸交易中解决流程流程繁杂，低效操作，议价能力处弱势地位，业务成本高，缺乏接受远期付款能力，订单保留不住，融资困难且利息高、风险高，国际汇率波动导致的企业收汇结算风险增加等问题，外贸综合服务企业的产生形成了重要的作用。

外贸综合服务企业帮助中小外贸企业专注于其核心业务，为他们提供了商业服务与公共服务。商业服务包括融资，外汇，货运保险，出口信用保险，国内国际物流；公共服务包括报关，报检，出口退税。总之为中小外贸企业提供一站式服务，全过程代理。

选择外贸综合服务企业显著提高流程效率，费用减少，外贸综合服务企业的链条很长，涉及的操作环节众多，对于中小外贸企业和个人卖家来说难以吃透且工作量极其繁重，如果外贸中小企业外包给外贸综合服务企业，比起自行办理各项业务，不仅节省了人力，且大大降低了财力，且外贸综合服务企业所提供的专业性、高效性，已经在外贸交易环节中形成了良好反应，前景甚是可观，存在着巨大的发展空间。

外贸综合服务企业的崛起，标志着跨境电商发展进入信息化、集约化、核心化、专业化时代，跨境电商服务行业将迎来大发展。

近年来，国家对外贸综合服务企业的发展越来越重视。2016年1月，广州市商务委会同有关部门联合认定了广东卓志供应链服务集团有限公司等5家企业为广州外贸综合服务试点企业，并确定广州市热诚贸易有限公司等4家企业为广州外贸综合服务试点企业培育对象。2016年11月，广东省商务厅公布了2016年广东省外贸综合服务试点企业和培育对象名单。2016年，江西省认定3家企业、天津市认定5家企业为外贸综合服务试点企业。2017年，浙江省商务厅会同有关部门开展了新设外贸综合服务企业认定工作。

2019年，河南省认定首批7家外贸综合服务企业。

2017年9月，商务部等5部门联合下发了《关于促进外贸综合服务企业健康发展有关工作的通知》，体现了国家对外贸综合服务企业发展的重视，多个省市纷纷出台外贸综合服务企业的认定标准和扶持政策，但各省市对外贸综合服务企业的认定标准还存在差异。

第二节 外贸综合服务应用

很多国内的跨境B2C运营商因为订单小、手续繁杂，放弃了出口退税；如果这些运营商能与外贸综合服务企业紧密合作，不仅能获得出口退税的收益，还能大大简化业务流程，提高服务效率。

可见，高素质的外贸综合服务企业能大大促进跨境电商行业的发展，本书仅以几个企业为例，简单介绍外贸综合服务的应用，达到抛砖引玉的作用。善于利用外贸综合服务企业，提升本企业通关、物流、退税等外贸相关环节的效率并节约成本，这已成为优秀跨境电商人才的必备技能。

一、一达通

（一）企业介绍

国内从事中小微企业外贸综合服务的企业中，起步较早、市场覆盖率较高的是深圳市一达通企业服务有限公司，一达通已经开始向全国扩展，并在江苏、浙江等地组建了一达通企业服务有限公司。但是，截至2019年，一达通企业服务有限公司还没有被政府认定为外贸综合服务试点企业。

通过线上化操作及建立有效的信用数据系统、整合各项外贸服务资源和银行资源，一达通目前已成为中国国内进出口额排名第一的外贸综合服务平台，可以为中小企业提供专业、低成本的通关、外汇、退税及配套的物流和金融服务。

由于一达通参与了全程的贸易，掌握了真实有效的贸易数据，在2014年，阿里巴巴集团全资收购了一达通，并将一达通列为阿里巴巴打造外贸生态圈中的重要组成部分。基于这些贸易大数据的应用，阿里巴巴集团开始打造信用保障体系，为海外买家的生意保驾护航。

除此之外，加入阿里巴巴后，一达通也开始更茁壮的发展。在其原有产品线外，一达通还与中国7家主要商业银行合作，根据中国供应商的出口数据提供纯信用贷款的金融服务。在物流方面，通过整合船公司和货代资源，一达通为客户提供安全，及价格100%透明的整柜拼箱服务。

（二）服务内容

一达通是中国外贸服务创新模式的代表，也是全中国服务企业最多、地域最广的外贸综合服务平台。一达通以集约化的方式，为外贸企业提供快捷、低成本的通关、外汇、退税及配套的物流、金融服务，以电子商务的手段，解决外贸企业的服务难题。一达通平台的服务包括出口服务和进口服务两个方面。

进口服务是平台刚推出的服务，服务内容包括货物/资金保障、本地化服务（拍档全程贴身服务+专业报关服务）、资金服务（垫税款）、全链路（门到门一条龙服务），服务流程包括签约准入、产品预审、下单、通关、物流、结算6个环节。

一达通平台的出口服务是平台主要产品，包括通关/外汇/退税、金融、物流和质量保障4个部分。

1. 通关/外汇/退税

一达通推出“一揽子”外贸服务解决方案，即“一达通外贸综合服务”，这种服务分为2种模式，分别是一达通出口综合服务（3+N）和一达通出口代理服务（2+N）。具体内容见表3-1。

表3-1　一达通平台的通关/外汇/退税服务

	出口综合服务	出口代理服务
基础服务	通关、外汇、退税	通关、外汇
准入条件	①出口产品非一达通出口综合服务禁止操作产品 ②出口产品开票人须为生产型一般纳税人企业且满足各省份具体要求	①出口产品非一达通出口代理服务禁止操作产品 ②企业须具有《出口退（免）税资格认定》
税务操作	一达通代为退税	①客户办理《委托出口货物证明》 ②一达通办理《代理出口货物证明》 ③客户自行进行退（免）税申报
垫付退税条件	①外汇款收齐 ②若为一达通报关，报关放行即可；若为客户自行报关，则结关状态为已结关 ③增值税发票核票无误	/

2．金融服务

用户必须同时开通阿里巴巴国际站、签署一达通合作协议，并满足相关条件，才能申请一达通的金融服务，一达通的金融服务内容如图3-1所示。

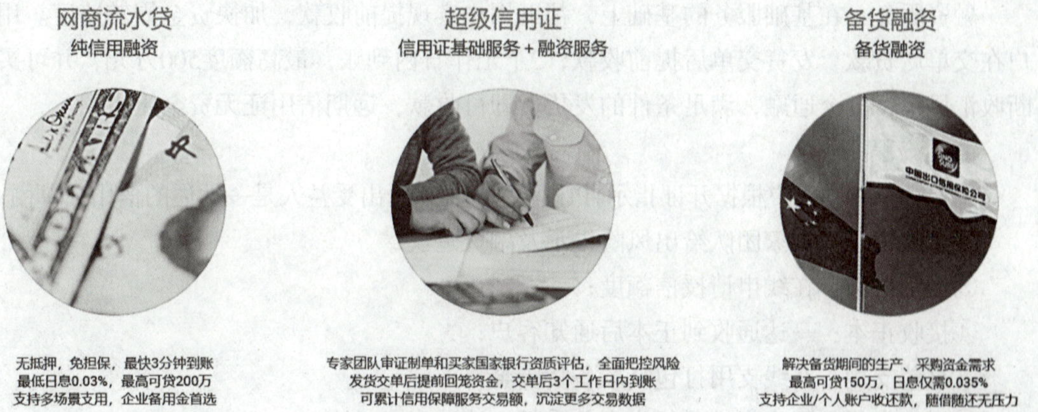

图 3-1　一达通金融服务

（1）网商流水贷

网商流水贷（网商贷）是阿里巴巴联合中国工商银行、中国建设银行、中国银行、招商银行、兴业银行等多家金融机构推出的金融产品，根据企业信用来放贷，实现“信用=资产”，助力中小微外贸企业发展。

一般银行需要抵押、担保、证明信用和还款能力资料来放贷，网商流水贷则以客户的贸易数据为贷款依据，实现了无抵押、免担保，特点是门槛低、手续简单。网商流水贷包括快速版和标准版两种产品。

快速版最高可贷款50万元，贷款流程包括提交报名表、贷款审核（最快1分钟）、在线签约3个步骤，在中国大部分地区已开通。

标准版最高可贷款200万元，贷款流程包括提交报名表、预审（约2个工作日）、上门采集资料（约2个工作日）、贷款审核（约2个工作日）、在线签约5个步骤，在中国大部分地区已开通，北京、天津、河北、江苏、浙江、泉州、上海、广东、山东、西安、郑州、长沙、武汉、厦门、漳州、合肥、福州地区的客户，可直接在线申请，由网商银行安排工作人员上门采集资料。

（2）超级信用证

超级信用证是依托阿里巴巴一达通外贸综合服务平台推出的金融服务产品，帮助中小微出口企业解决在信用证交易中面临的风险和资金问题，旨在为中小企业提供一站式的包括审证、制单、审单、交单等的信用证基础服务及融资服务。

超级信用证适用于对信用证操作不熟悉、资金周转有困难的出口企业，包括基础服务和融资服务两种产品。

基础服务：专家团队免费审证、制单，规避信用证软条款、不符点；并对开证国家（地区）和银行做专业资质评估，全面把控风险。专家团队审证、制单，满足条件即可买断收汇风险，实现信用证交易零风险。

融资服务：在基础服务的基础上，帮助用户实现提前收款，加快资金周转速度。用户在交单后贷款，发货交单后提前收款，2个工作日内到账，最高额度500万元，并可买断收汇风险；资金通融，满足条件的发货后即可收款，远期信用证无资金压力。

简要流程：

①提交草稿：客户根据开证指示+PI模板（如需）开出受益人是一达通的信用证草稿；

②风险提示：专家团队给出风险提示及融资建议；

③授信申请：在线申请授信额度；

④接收正本：一达通收到正本后通知客户；

⑤打包支用：在线支用打包贷款备货资金；

⑥生产发货：客户安排备货生产并委托一达通出口货物；

⑦制单交单：专家团队根据客户出口信息，制作并收集信用证项下要求的单据后按照信用证要求向指定银行交单；

⑧融资买断：客户根据资金需求结合单据情况在线选择出货后融资或买断类型，提前获取货款；

⑨外汇收结：一达通收到开证行支付的外汇后结算成人民币支付给客户，融资清偿。

（3）备货融资

备货融资是阿里巴巴联合网商银行推出的一款基于信用保障订单的低息短期贷款服务，帮助出口商解决备货期间的生产、采购资金需求，提升企业接单能力。在信用保障订单收齐预付款（或收到信用证正本）后即可申请放款，支持企业/个人账户收还款，随借随还无压力。

备货融资的优势：额度高，最高200万元；利率低，借款1万元，每天利息低至2.7元；放款灵活，支持企业及个人账户收还款；还款简单，随借随还，自有资金还款、外汇还款、信用证交单后融资还款均可。

备货融资是阿里巴巴优质客户专属的金融服务，申请为邀约制，需满足以下基础条件：

①企业：在中国大陆注册成立时间满12个月的企业，且已开通阿里巴巴信用保障服务；

②主申请人：企业法定代表人或个体工商户负责人必须为中国大陆公民，年龄为18～65周岁，且已开通个人支付宝账户；

③企业、法人无征信不良记录（包括阿里巴巴及其他金融机构）；

④其他阶段性数据要求。

3. 物流服务

一达通国际物流平台包括海运、国际空运、国际快递和陆运4个模块。

海运服务是阿里巴巴海运联合各大物流服务商，提供的船东专区、海运整柜及拼箱服务。同时提供拖车、报关，散货还有目的港送货到门等增值服务。操作流程包括查询价格、选择合适方案、在线下单、安排发货、付款拿提单5个步骤。

国际空运服务是阿里巴巴与全球优质空运服务商合作，提供在线查看空运运费、在线比价、在线下单的服务，航线覆盖170个目的国和区域，还包括拖车、报关等服务。操作流程包括查询价格、选择合适方案、在线下单、付款、安排发货5个步骤。

国际快递服务是阿里巴巴与国际知名快递品牌合作，在客户完成线上下单支付后，提供快递公司上门取件服务。实现北美平均3个工作日投递，支持全国36个城市上门取件服务，航线覆盖200多个目的国。操作流程包括查询价格、在线下单、冻结120%运费、上门取件、账单结算5个步骤。

陆运服务包括中港运输、集港拖车和中俄欧三种。中港运输：提供珠三角出口至香港的送货到门服务以及全国各地送货至深圳仓库集中发货到香港，可在线查询、下单和支付并及时监控货物流转状态。集港拖车：依托阿里巴巴一达通外贸出口的综合服务优势，提供有运力保障的集装箱拖车服务。中俄欧：可实现我国至俄罗斯的门到门服务，节省时间，通关安全，运价透明，操作流程包括在线查询、在线下单、接单、派车、出账单、付款、返回签收单7个步骤。

4. 质量保障服务

验货能前置风险降低贸易纠纷，彰显品质提升交易成功率。一达通与全球知名检测机构合作，目前已推出验货服务，以后可能推出产品认证、样本测试等服务。

服务类型目前包括快速验货和常规验货两种。

二、广东卓志供应链服务集团有限公司

近年来，国家很重视外贸综合服务企业的发展，多个省市纷纷出台外贸综合服务企业的认定标准和扶持政策，并认定了一批外贸综合服务试点企业及培育对象（综服试点企业一般要满足海关通关 A 类及以上、出口退税评级 B 类及以上，检验检疫信用评级B级及以上，过去 3 年无走私、骗税违法行为等条件）。本书以广东卓志供应链服务集团有限公司为例进行介绍。

（一）企业介绍

广东卓志供应链服务集团有限公司（以下简称“卓志供应链”，网址 http://www.topideal.com.cn），作为广州7家独角兽企业之一和广州市商务委会同有关部门2016年联

合认定的首批5家外贸综合服务试点企业之一，是一家以信息化为特征，以现代服务业为核心，集跨境电商、物流供应链、国际贸易、信息服务、码头仓配及供应链金融六大业务板块于一体的外贸综合服务企业集团，创始于1997年，总部在广州黄埔。卓志供应链经过20年的发展，从专注传统外贸服务到数字跨境供应链服务，推出了“一仓发全网、全网货共享”跨境+的赋能商业模式，构建了外贸综合服务生态圈。

卓志供应链拥有自建的SCM系统平台、跨境电商综合服务平台、数字通关平台、第e仓货源共享平台、全球优选海运订舱平台、跨境电商供应链金融管理服务平台、全球质量溯源服务平台等，实现了跨境电商供应链线上线下+供应链金融的服务模式。

（二）服务内容

卓志供应链的服务内容包括外贸综合服务平台、跨境电商服务平台、卓志速运，第e仓、海上丝路订舱平台、熊猫掌柜和智能通关平台等。

1. 外贸综合服务平台

卓志供应链的外贸综合服务平台包括公共物流服务、货代及第三方物流服务、供应链服务等模块。

（1）公共物流服务

公共物流服务包括港口场站、通关服务、运输服务、仓储服务4项内容。

（2）货代及第三方物流服务

（3）供应链服务

供应链服务包括采购/分销执行、供应链金融服务、行业解决方案3项内容。

2. 跨境电商服务平台

卓志供应链的跨境电商服务包括保税网购、包裹速运、溯源服务、海外仓等内容。

结语

本章以外贸综合服务平台为核心，分成了两小节。第一节介绍了外贸综合服务行业的基本概念和特征；第二节介绍了外贸综合服务平台的应用。这些都是跨境电商入门需要掌握的基本知识，要注意在实际工作中灵活运用外贸综合服务平台，降低企业外贸业务流程的成本、提高企业外贸业务流程的效率。

课后练习

一、不定项选择题

1. 外贸综合服务企业是指具备对外贸易经营者身份，接受国内外客户委托，依法签订综合服务合同（协议），依托综合服务信息平台，代为办理包括（　）等在内的综合服务业务和协助办理融资业务的企业。

A．报关报检　　B．物流

C．退税、结算　　D．信保

2. 外贸综合服务企业可以根据其提供的服务收取服务报酬，自身（　）从事外贸业务。

A．不可以　　B．也可以

C．不知道是否　　D．绝对不能

3. 外贸综合服务企业以自营方式出口国内生产企业与境外单位或个人签约的出口货物，同时具备（　）情形的，可由外贸综合服务企业按自营出口的规定申报退（免）税。

A．出口货物为生产企业自产货物

B．生产企业已将出口货物销售给外贸综合服务企业

C．生产企业与境外单位或个人已经签订出口合同，并约定货物由外贸综合服务企业出口至境外单位或个人，货款由境外单位或个人支付给外贸综合服务企业

D．外贸综合服务企业以自营方式出口

4. 2018年5月，广东省国家税务局出台了《关于加强外贸综合服务企业出口货物退（免）税管理的公告》，要求综合服务企业应对每笔代办退税出口业务涉及的合同（协议）、凭证等资料，规范装订、存放、保管并留存备查，按现行涉税资料保存期限保存（　）年。

A．5　　B．5

C．10　　D．12

5. 2016年1月，广州市商务委会同有关部门联合认定了广东卓志供应链服务集团有限公司等（　）家企业为广州外贸综合服务试点企业。

A．4　　B．5

C．6　　D．7

6. 由于一达通参与了全程的贸易，掌握了真实有效的贸易数据，在2014年，（　）集团全资收购了一达通，并将一达通列为打造外贸生态圈中的重要组成部分。

A．苏宁　　B．京东

C．腾讯　　D．阿里巴巴

7. 一达通推出“一揽子”外贸服务解决方案，即“一达通外贸综合服务”，这种服务分为2种模式，分别是（　）。

A．一达通出口综合服务（3+N）

B．一达通出口综合服务（4+N）

C．一达通出口代理服务（3+N）

D．一达通出口代理服务（2+N）

8. 网商流水贷则以客户的贸易数据为贷款依据，实现了无抵押、免担保，特点是门槛低、手续简单。网商流水贷包括快速版和标准版2种产品。快速版最高可贷款（　）万元。

A．30　　B．40

C．50　　D．60

9. 网商流水贷则以客户的贸易数据为贷款依据，实现了无抵押、免担保，特点是门槛低、手续简单。网商流水贷包括快速版和标准版2种产品。标准版最高可贷款（　）万元。

A．200　　B．300

C．400　　D．500

10. 验货能前置风险降低贸易纠纷，彰显品质提升交易成功率。一达通与全球知名检测机构合作，目前已推出验货服务，服务类型目前包括（　）两种。

A．海上丝路订舱平台　　B．快速验货

C．熊猫掌柜　　D．常规验货

二、讨论题

通过上网了解国内的外贸综合服务平台，选出你最看好的一个平台，并说出理由。

第四章

阿里巴巴国际站

通过本章学习，应达到以下具体目标。

1. 知识目标

（1）了解阿里巴巴国际站的基本概念；
（2）了解阿里巴巴国际站的基本操作；
（3）了解阿里巴巴国际站的流量来源；
（4）了解阿里巴巴国际站的营销工具。

2. 技能目标

（1）能够完成阿里巴巴国际站的产品上传等基本操作；
（2）能够运用阿里巴巴国际站的平台工具进行营销；
（3）能够运用阿里巴巴国际站的平台工具进行数据分析。

3. 素质目标

（1）培养学生发现新事物、认识新事物的能力；
（2）培养学生核算投入产出的能力；
（3）培养学生不断学习的能力；
（4）培养学生热爱工作、遵守行业法律、法规的职业道德。

第一节 国际站的介绍与操作

一、国际站简介

（一）概念

阿里巴巴国际站（www.alibaba.com）是全球企业间电子商务贸易平台（B2B），也是目前全球最大的B2B交易平台。阿里巴巴国际站通过向海外买家展示、推广供应商的企业和产品，进而获得贸易商机和订单，是出口企业拓展国际贸易的网络平台之一。

据电子商务研究中心监测数据显示，2018上半年中国B2B电商营收规模为255亿元，同比增长51.7%；中国B2B电商平台市场份额中，阿里巴巴国际站排名首位，市场份额30.07%。接下来是慧聪集团14.8%、科通芯城11.6%、上海钢联4.5%、焦点科技1.58%、其他37.45%。

（二）优劣势

优势：访问量最大的B2B网站；推广力度较强；功能较完善；轻工产品有优势；亚太地区有优势。

劣势：中国会员众多，竞争激烈；中国占据60%以上搜索量，国外买家访问量相对较小，80%以上访问量来自中文站，英文站访问量相对较小；排名没有保障；买家询盘是群发的；英文站价格较高，实际效用与宣传有一定差距；英文站采购商良莠不齐，大多是海外华裔和东南亚、中东采购商。

（三）主页结构与功能

阿里巴巴国际站4个核心功能区分布如下。

1. 导航栏（Navigation）

导航栏位于首页正上方，如图4-1所示，由3个部分组成：Sourcing solutions, Services & Membership和Help & Community。

2. 搜索栏（Search）

搜索栏位于首页正上方最醒目的位置，如图4-2所示，可以找到用户经常会用到的信息过滤和查找工具。通过Products, Suppliers等方式输入关键词可以查找到相关的信息。

图 4-1　导航栏

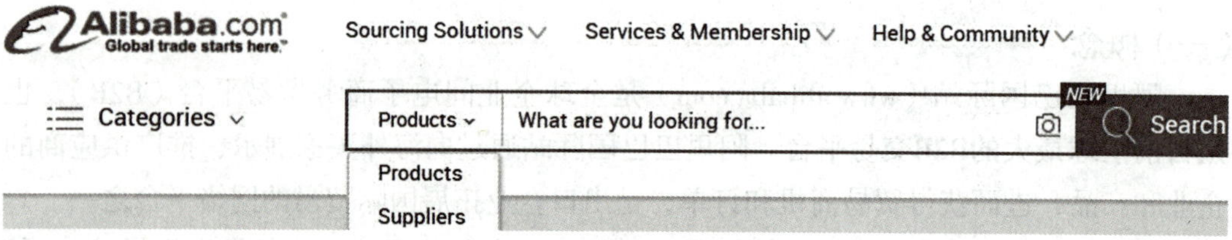

图 4-2　搜索栏

3. 类目栏（Categories）

类目栏位于首页左侧，如图4-3所示，每个类目下有若干二级和三级子类目。

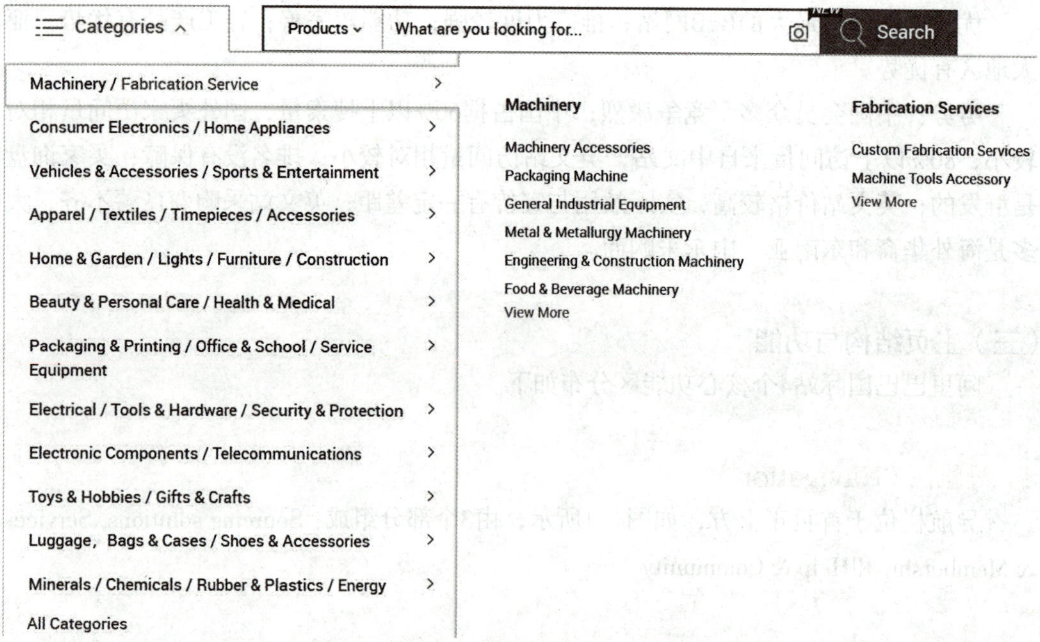

图 4-3　类目栏

4．会员快速通道（Shortcut or Members）

这是用户注册、登录区，如图4–4所示，也可通过次区域的链接快速进入订单管理及商机界面。

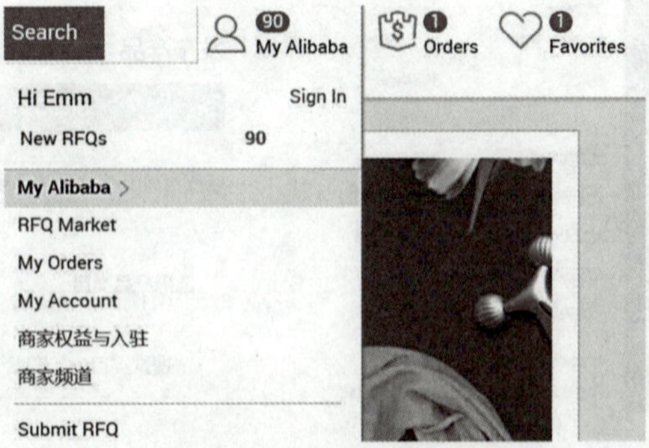

图 4–4　会员快速通道

二、平台操作

（一）注册及登录

注册阿里巴巴国际站账号需要工商营业执照，阿里巴巴国际站不允许个人注册。注册账号后，输入www.alibaba.com登录阿里巴巴国际站，从图4–4（会员快速通道）输入账号密码登录账号。

也可以直接输入网址：sh.vip.alibaba.com 或者login. alibaba.com，再输入账号密码，点击登录即可。

还可以通过千牛工作台——国际站客户端登录（分别有手机端和电脑端）。需要先下载千牛工作台（下载途径 https://good.alibaba.com/qianniu_alibaba_lp.html），下载后输入账号密码即可登录。

（二）产品管理

产品管理包括发布产品和管理产品。

1．发布产品

首先，产品的发布前期需要准备好关键词，产品名称，产品图片（上传到“图片银行”）以及产品的参数表和相应的描述性文字。

第二步：登录后进入后台，在左边蓝色导航栏中出现“产品管理”，点击“产品管理”中的“发布产品”，如图4–5所示，进入产品发布页面。

第三步：选择语言市场及类目，如图4–6所示，语言市场一般选择英语市场，类目选择有两种方法。一种方法是在“搜索类目”下的搜索框输入关键词，利用关键词搜

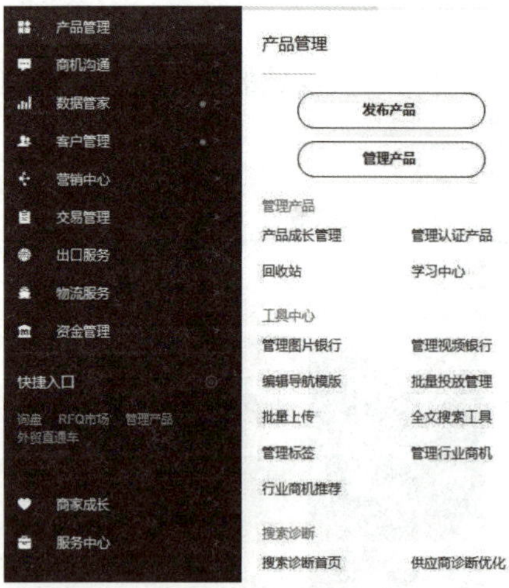

图 4-5 产品管理

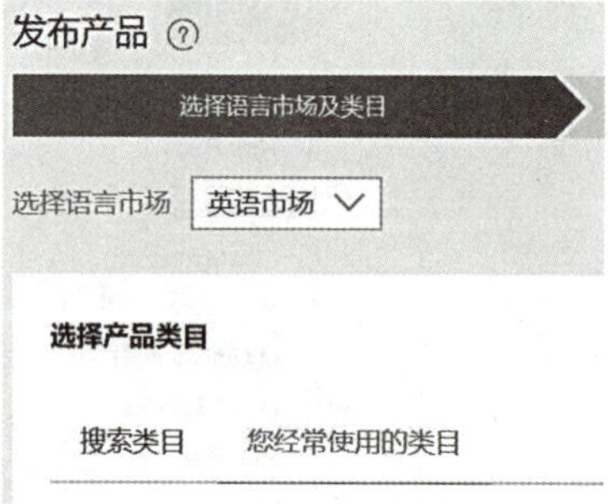

图 4-6 选择语言市场及类目

索对应类目，系统会推荐三个对应类目，以下几点需注意：准确第一，不要错放。错放会有处罚，而且错放（或放置于other）可能会导致买家找不到你的产品，流量会丢失；具有行业交叉特点的产品，可以在准确的基础上，选择多个合适类目进行产品展示，以便能获得更多的曝光机会（同一产品信息，不同的类目放置不算做重复产品）；系统推荐类目无主次先后之分。另一种方法是在“您经常使用的类目”中选择。类目选择后点击“我已阅读如下规则，现在发布产品”。

第四步：选择正确类目之后，进入产品营销信息填写页面。这部分内容较多，包括基本信息、交易信息、物流信息、商品描述、特殊服务及其他。

基本信息包括产品名称、关键词、产品分组、商品属性、产品规格、产品证书等内容；交易信息包括支持买家直接下单、计量单位、销售方式、价格设置、仓库类型等内容；物流信息包括商品外包装尺寸、毛重、发货期、运费模板等内容；商品描述包括产品图片、产品视频等内容；特殊服务及其他包括定制服务等内容。

2. 管理产品

管理产品包括产品成长管理、管理认证产品、回收站、学习中心等栏目，点击管理产品显示产品列表，如图4-7所示。

（三）商机沟通

商机沟通如图4-8所示。

（四）数据管家

数据管家如图4-9所示。

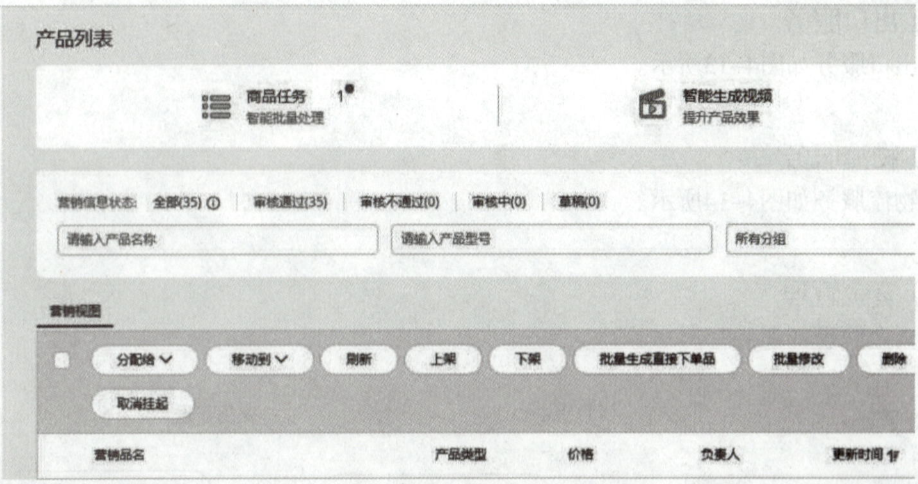

图 4-7　管理产品

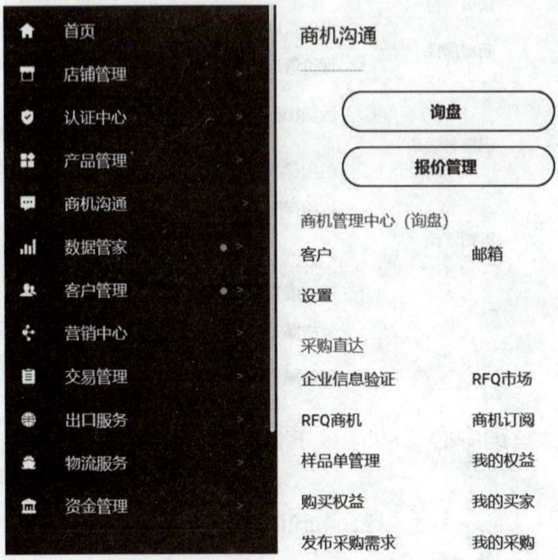

图 4-8　商机沟通

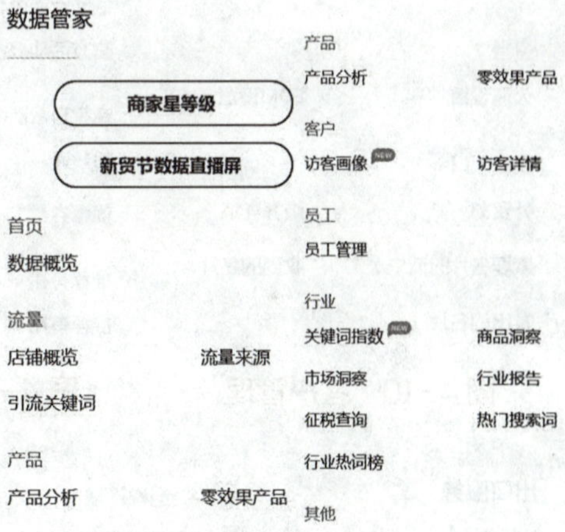

图 4-9　数据管家

（五）客户管理

客户管理如图4-10所示。

（六）营销中心

营销中心如图4-11所示。

（七）交易管理

交易管理如图4-12所示。

（八）出口服务

出口服务如图4-13所示。

（九）物流服务

物流服务如图4-14所示。

（十）资金管理

资金管理如图4-15所示。

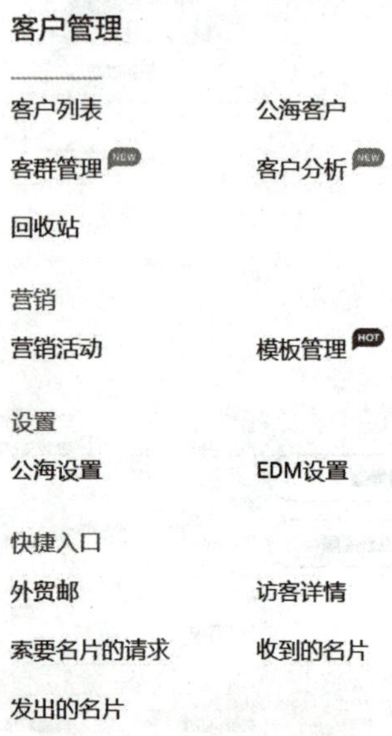

图 4-10　客户管理

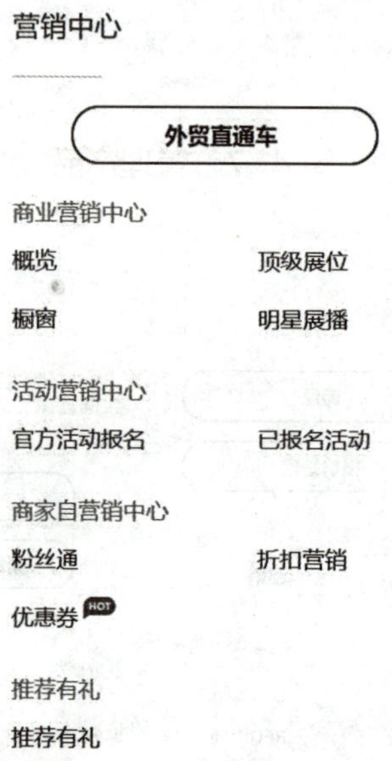

图 4-11　营销中心

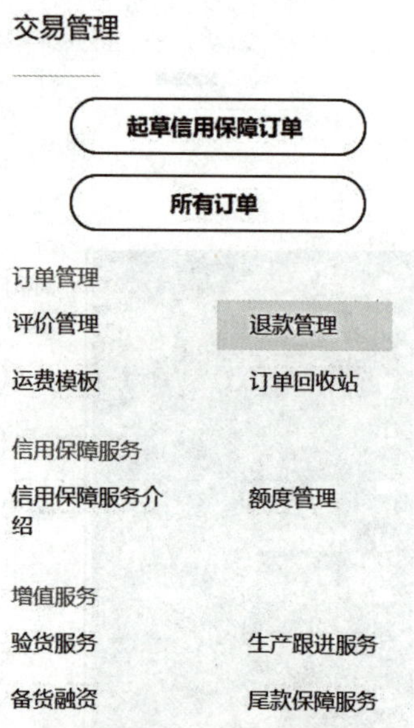

图 4-12　交易管理

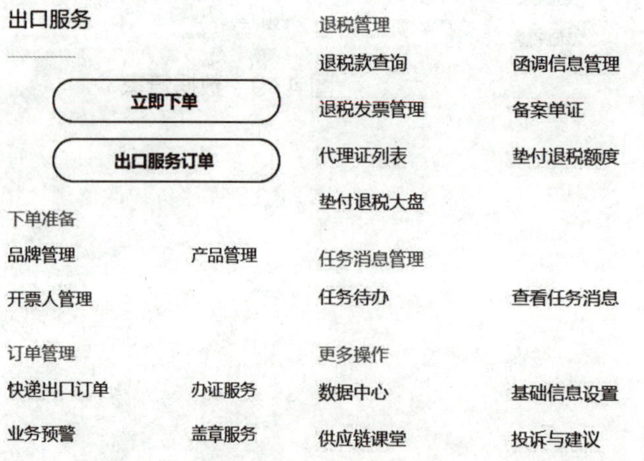

图 4-13　出口服务

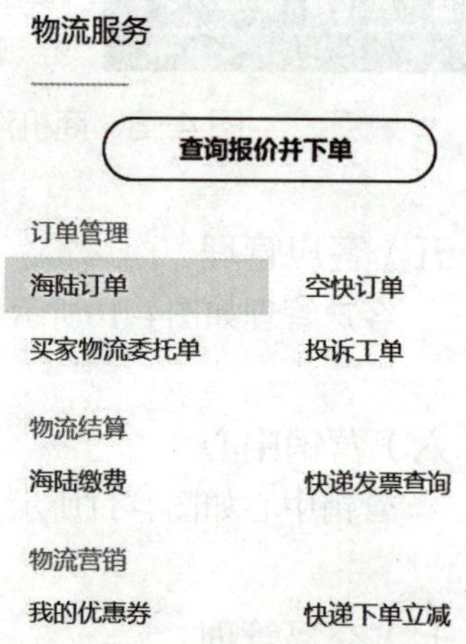

图 4-14　物流服务

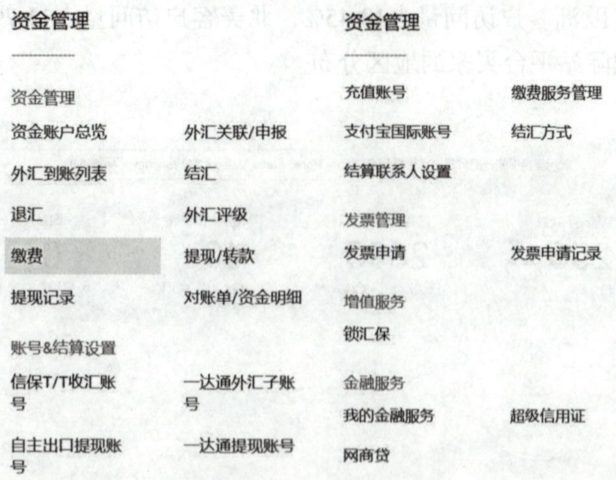

图 4-15　资金管理

第二节 国际站营销

一、认识国际站流量

我们常说要让平台积累流量、有数据沉淀，国际站上常见的一些数据分析版块中，曝光量、点击量、点击率、访客量、反馈等对应的数据是什么意思？又是怎么计算得来的呢？接下来我们一起来学习。

（一）数据概览

参考图4-9（数据管家），点击“数据概览”，打开右上角的“过滤中国大陆流量”，只分析国外流量，如图4-16所示，店铺访问人数171是昨天的店铺访问人数，同时还可以看到2019年3月23日以来店铺每天的访问人数，以及行业平均访问人数和同行优秀店铺的访问人数；256是店铺昨天的访问次数；搜索曝光次数2693，是指买家通过关键词搜索后，本店铺产品展示在搜索结果页面中的次数；搜索点击次数40，表示买家通过关键词搜索后，点击了本店铺产品40次；询盘人数和询盘个数均为0。

在图4-9（数据管家）的“数据概览”中，还可以分析店铺访问流量的国家和地区分布，如图4-17所示，本店铺访问量的前四位为：亚洲客户访问量占46.2%，南美客户访问量占17.54%，欧洲客户访问量占13.45%，北美客户访问量占11.7%；该结果也在一定程度上反映了国际站平台买家的地区分布。

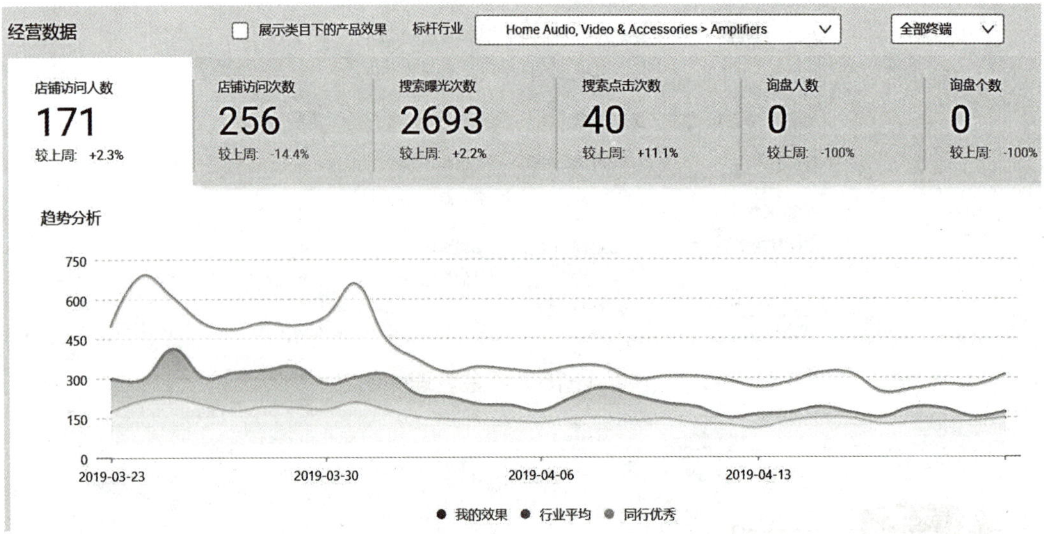

图 4-16　经营数据

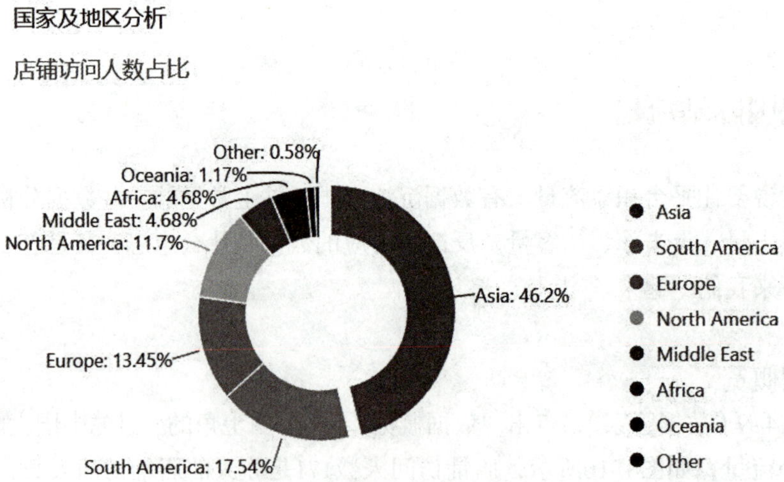

图 4-17　店铺流量的地区分布

（二）流量来源

通过上图我们知道了自己店铺流量的数量，这些流量从哪里来的呢？分析流量来源有利于我们了解营销效果，从而进行更有针对性的营销。点击图4-9（数据管家）的“流量来源”，如图4-18所示，可以看到本店铺最大的流量来源是搜索。

既然本店铺最大的流量来源是搜索，那么这些流量具体来源于哪些关键词的搜索呢，引流量大的关键词可以保留，引流量小的关键词就需要调整了。点击图4-9（数据管家）的“引流关键词”，如图4-19所示，可以看到amplifier是引流量最大的关键词。

流量来源

流量来源	店铺访问人数		店铺询盘人数		店铺TM咨询人数		店铺转化率	
首页	16	↑23.07%	0	0%	0	0%	0.0%	0%
搜索	122	↑12.96%	0	0%	1	–	0.8%	–
搜索金品诚企	0	0%	0	0%	0	0%	0.0%	0%
优商专区	0	0%	0	0%	0	0%	0.0%	0%
粉丝通	1	0%	0	0%	0	0%	0.0%	0%
Weekly Deals	1	–	0	–	0	–	0.0%	–
外服站外推广	0	0%	0	0%	0	0%	0.0%	0%
直接访问	15	↓21.05%	0	↓100%	0	0%	0.0%	↓100%
其他	58	↓20.54%	0	0%	3	–	5.2%	–

图 4-18　流量来源

引流关键词　店铺切换

2019 第16周 (PST)

请输入词　是否作外贸直通车推广　是否已设置为关键词　是否有效果　搜索

导出数据

词	产品实时排名	曝光量	点击量	点击率	外贸直通车曝光	外贸直通车点击	外贸直通车推广时长
amplifier	查查看	3386	41	1.20%	2622	26	34.7
power amplifiers	查查看	682	11	1.60%	308	8	34.7
sinbosen	查查看	463	6	1.30%	-	-	-
10000 watt power amplifier	查查看	382	6	1.60%	-	-	-

图 4-19　引流关键词

（三）产品分析

了解了本店铺的总流量，那么具体每个产品的流量如何，还需要具体分析，点击图4-9（数据管家）的“产品分析”，如图4-20所示，可以看到本店铺上周的产品总数是245，有访问的产品数是173，有询盘的产品数是11，有订单的产品数是12。长期没有访问、没有询盘的产品就要列入滞销产品，或者下架了。

具体每个产品的曝光次数、点击次数、点击率、访问人数、询盘个数、提交订单个数、词来源如图4-21所示。

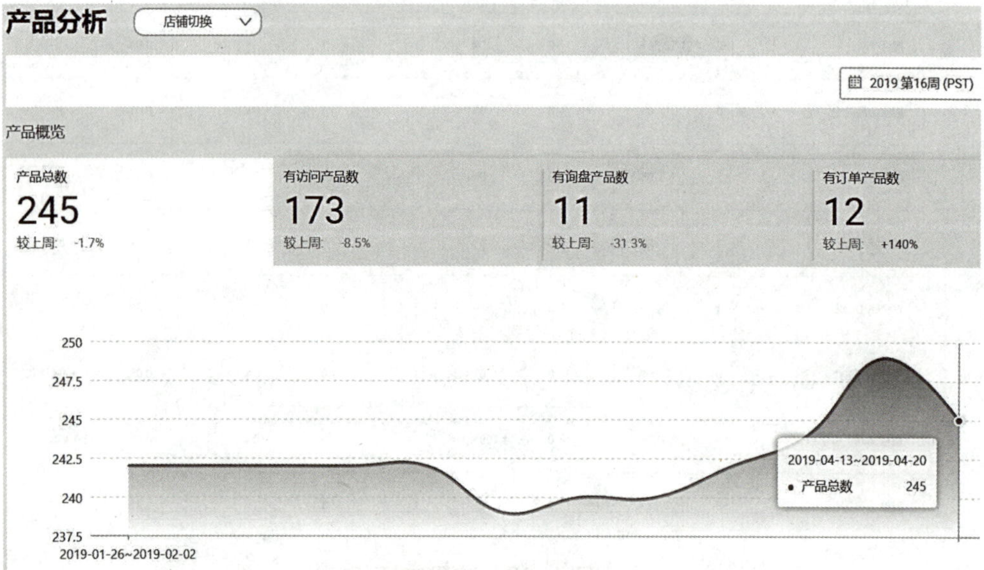

图 4-20　产品分析

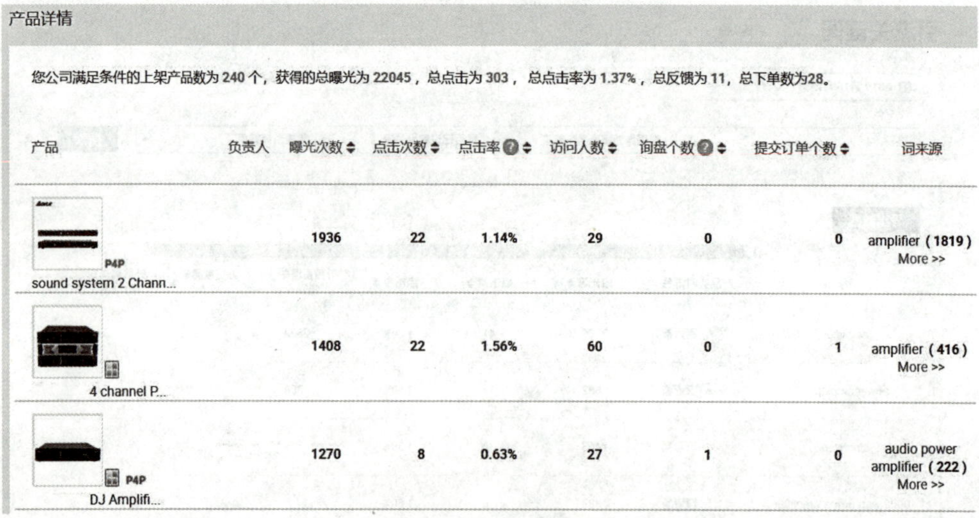

产品详情

您公司满足条件的上架产品数为 240 个，获得的总曝光为 22045，总点击为 303，总点击率为 1.37%，总反馈为 11，总下单数为28。

产品	负责人	曝光次数	点击次数	点击率	访问人数	询盘个数	提交订单个数	词来源
P4P sound system 2 Chann...		1936	22	1.14%	29	0	0	amplifier（1819）More >>
4 channel P...		1408	22	1.56%	60	0	1	amplifier（416）More >>
P4P DJ Amplifi...		1270	8	0.63%	27	1	0	audio power amplifier（222）More >>

图 4-21　产品详情

（四）其他

在图4-9（数据管家）页面还有其他数据选项，例如“访客画像”“访客详情”，可以对访问本店铺的客户进行分析，“关键词指数”“商品洞察”“行业报告”等栏目可以分析本产品的行业整体情况。

二、行业发展分析

分析行业整体发展趋势、与时俱进对于企业发展至关重要。可以利用国际站搜索、同行网站、RFQ、展会等方式分析行业。

（一）国际站搜索

本公司主要产品为“professional power amplifier”，根据图4-21（产品详情），打开阿里巴巴国际站（www.alibaba.com），在搜索栏目输入“professional power amplifier”，输入价格（600~2000美元），点击“Search”，在主要竞争产品的左下角“Add To Compare”栏目打上“√”，如图4-22所示。

点击“compare”，可以看到对比结果，如图4-23所示（省略supplier features, production capability等内容），通过对比结果可以了解主要竞争对手的产品信息和销

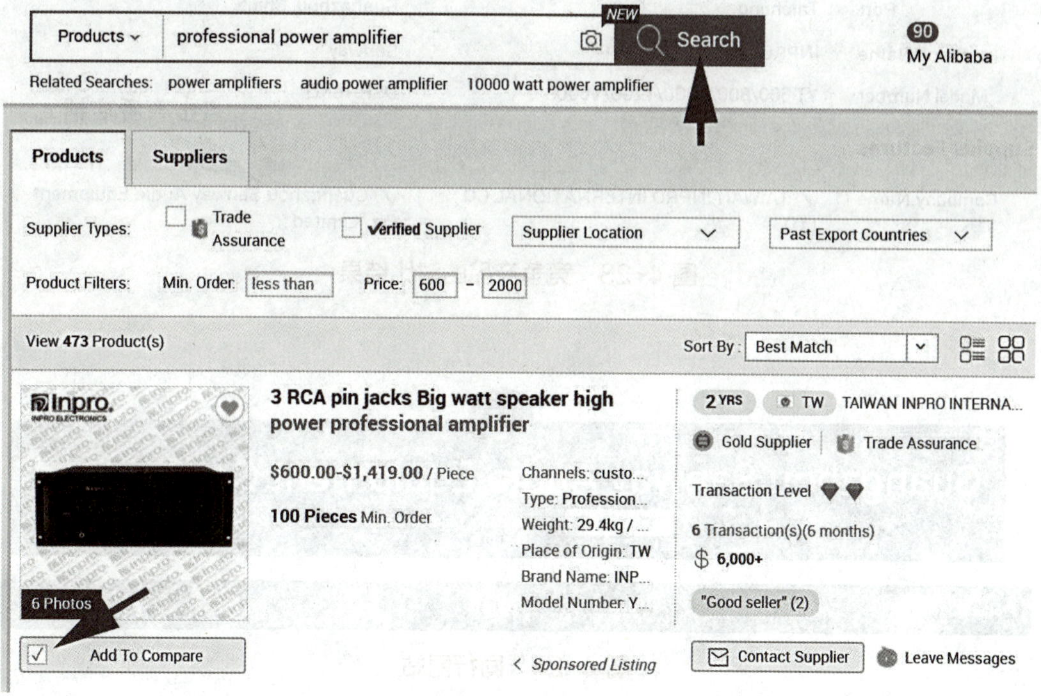

图4-22 搜索主要竞争产品

售信息。

（二）同行网站

根据图4–23（竞争产品的对比结果），在第二个产品（Sanway 4 Channel Digital Professional DSP Power Amplifier）的Supplier Features处，打开企业店铺，如图4–24所示，可以看到这个企业的产品目录、企业简介、视频介绍等信息；点击“Contacts”，可以看到企业地址、官网网址等，打开企业官网，还可以了解到更多详细的信息。根据这些信息，可以对该同行企业有一个大致的了解，通过对该同行企业产品信息和销售信息的分析，可以对本企业的生产和经营起到很好的借鉴作用。

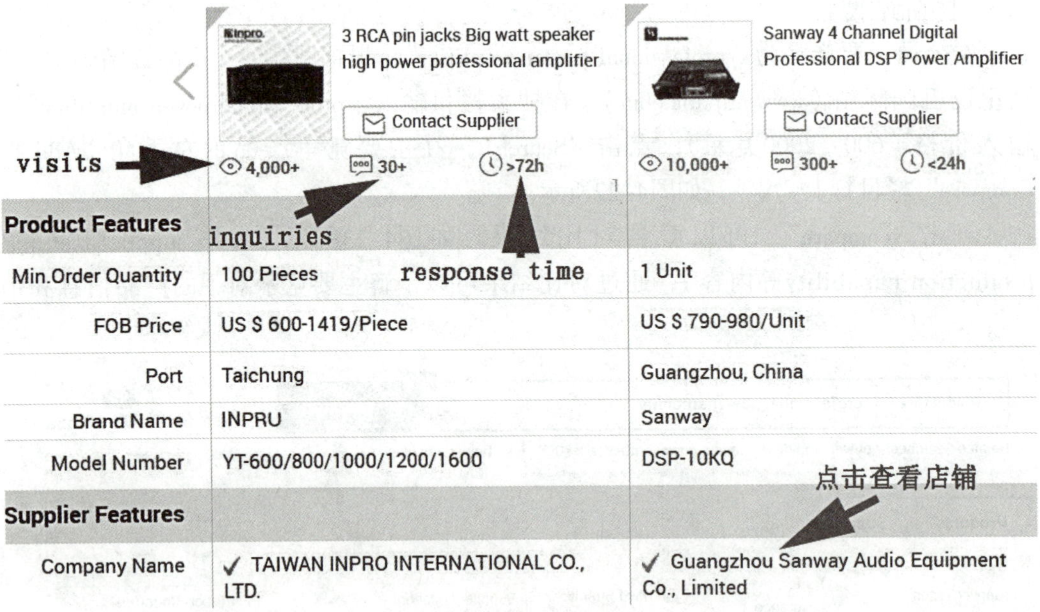

图4–23 竞争产品的对比结果

图4–24 同行网站

（三）采购直达（RFQ）

可以利用RFQ来搜索分析买家的采购需求。参考图4-8（商机沟通），点击“RFQ市场”，如图4-25所示，输入“professional power amplifier”，点击“Search”，可以看到本公司产品的采购需求，图中RFQ有230个，可以看到第一个RFQ包含的产品信息（Type，Color，Product Name等），该采购需求来自Qatar（卡塔尔）。

通过RFQ，可以估算主要需求国家有哪些，并参考买家当前具体的产品需求（款式、材质、颜色、功率等）；通过这些买家的采购需求，可以了解行业的需求，通过这些买家的国别分布，可以了解整个行业的采购国别分布。

（四）展会

为了掌握行业发展的最新动态，了解最新款产品和新的研发成果，企业还可以参加境内外的产品展览会，在展览会上掌握行业信息；通过展览会上客户的聚集程度，还可以了解哪些产品受到客户的热捧和喜爱。

（五）总结

根据以上的四种方法，可以对行业和同行有一个大致的了解，需要收集的同行信息包括工厂面积、工厂规模、产品质量、产品类别、地理位置、产品价格、交货期、包装等，通过这些信息的对比，可以知道本企业在行业中的位置；同时与采购需求对比，可以了解本企业与顾客期望之间的差距，从而为企业发展提供借鉴。

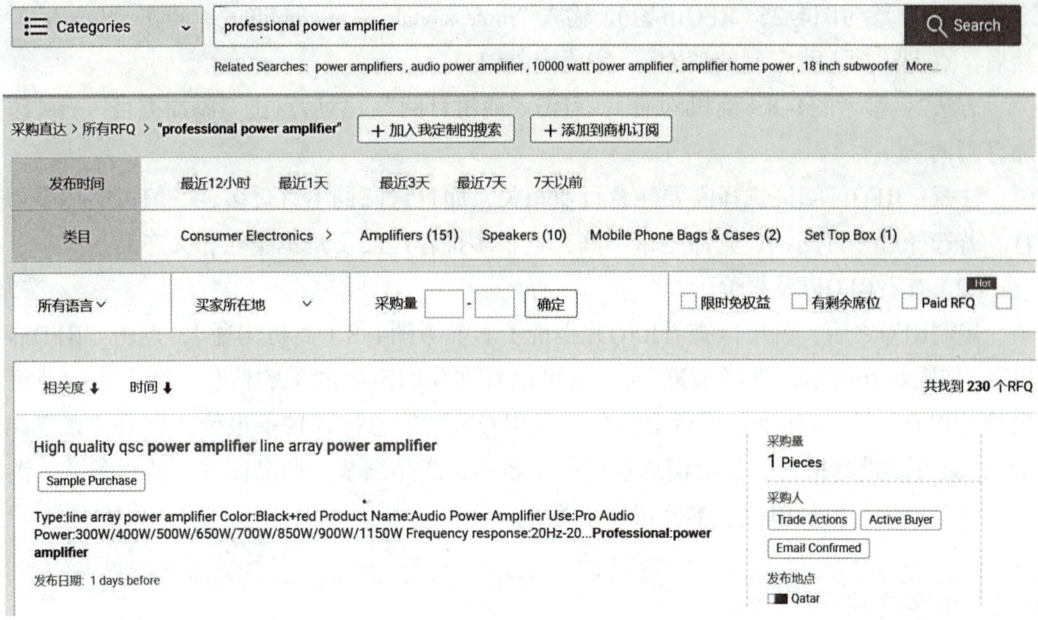

图 4-25　RFQ 市场

三、国际站营销

国际站主要营销手段主要有阿里买家采购直达、访客营销、营销中心等。

（一）采购直达（RFQ）

1. RFQ介绍

RFQ（Request for Quoting），即阿里买家采购直达，就是买家委托采购的意思，国际站只限10个供应商报名，满额后就会关闭报价窗口。RFQ和询盘的区别在于RFQ情况下，报名供应商要通过阿里巴巴的人工审核后，达到要求的才会发给买家，同时发送给供应商买家的联系方式；人工审核不过，供应商是无法知道买家的信息的。如果供应商在一段时间内报价通过率达到要求，会上升为报价直达，也就是不用审核。

阿里买家采购直达（RFQ）是很多阿里国际站供应商非常容易忽视的，RFQ 节省了买家的时间和沟通成本；缩短了买家供应商的周期，更快地促成订单，同时可以更好地锻炼团队。

2. RFQ操作

（1）定制RFQ

定制阿里买家采购需求RFQ的成单成功率非常高，所以要抓好关键词，RFQ定制要领是设置几个热度高的核心关键词，用最少的时间做最有效的事情。

方法1：参考图4-25（RFQ市场），输入“professional power amplifier”，点击“Search”。然后，点击“加入我定制的搜索”，完成定制RFQ。

方法2：参考图4-8（商机沟通），点击“商机订阅”，然后点击“添加类目”→“添加订阅词”。

注意：RFQ订阅词选择需要注意行业相关，而且订阅词不宜过多，一般以5～8个为宜。若选择过多订阅词，则命中率不高，且很多推荐产品不是本企业相关产品。

（2）查看RFQ以及报价

定制RFQ之后，就可以查看RFQ并报价了。参考图4-8（商机沟通），点击“RFQ商机”，如图4-26所示，选择最近7天，就可以看到我们定制的采购信息，图中本行业可报价的RFQ数量为484个，平台会给每一条RFQ采购信息推荐10条报价。点击“查看详情”，就可以进行报价，报价信息包括产品名称、产品细节、产品图片、装运条款、港口、货币单位、数量单位、本公司介绍等。

（二）访客营销

除了RFQ，访客营销也是阿里巴巴国际站平台上开发新客户的一个重要途径。访客

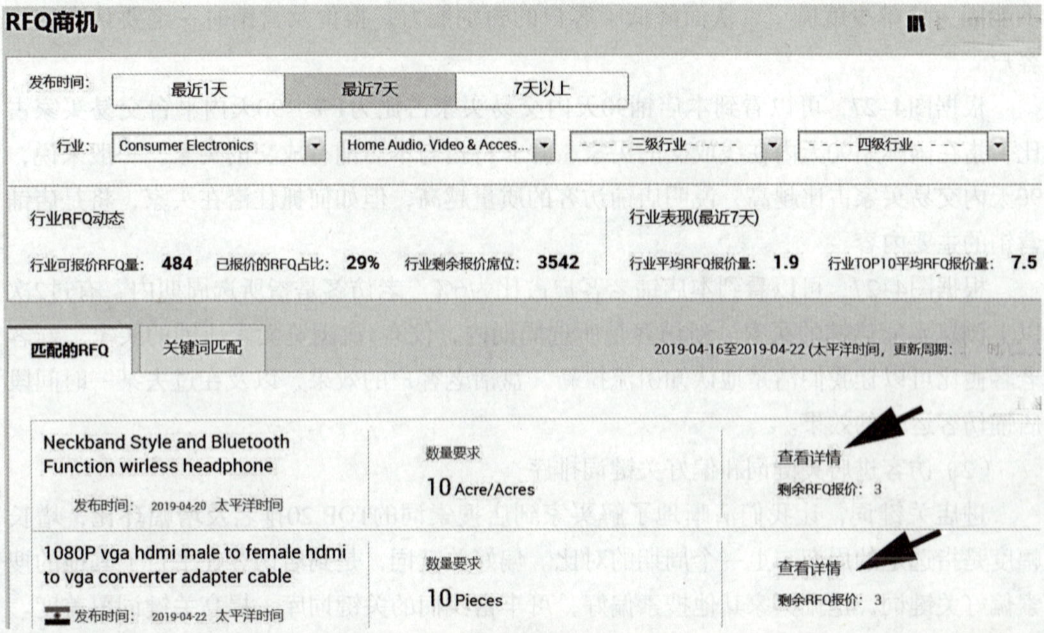

备注：太平洋时间是在美国、加拿大、墨西哥西海岸靠近太平洋的地区使用的时间，为西八区时间。

图 4-26 RFQ 商机

营销可以看成是主动出击，让访客不再成为过客，而是变成真正的客户；访客营销让供应商掌握主动权，服务买家，留住买家。访客营销中，供应商需准备营销内容，平台提供必要帮助。

1．访客画像

参考图4-9（数据管家），点击“访客画像”，选择来访时间范围（7日、30日或180日）及访问终端（pc、app或wap），可以了解到访客相关信息，如图4-27所示。

（1）访客构成分析

该功能可以通过数据了解到店访客的构成情况，查看店铺访客新老客户占比，蓝标买家占比，90天内有成交的大盘买家占比。

蓝标买家：这类买家的公司名称、公司地址、公司注册号、联系人及其职务已经被Alibaba.com或者第三方验证机构检验并确认，其依据是过去一年内的来自相关政府机构的记录或者第三方数据；这类买家过去在Alibaba.com平台发生过一定的商业行为，包括发送RFQ、网上采购、要求供应商产品检验等。但这类买家的商业身份还未经任何人检验和确认。

根据图4-27，可以看到本店铺的蓝标买家占比为47%。一般来说，蓝标买家占比越高，说明店铺访客的质量越高，但并不绝对，也有竞争对手冒充蓝标买家来骗取本企业的销售底价的情况出现。所以做外贸还是要内心强大、有韧劲、耐得住寂寞，不能因为订单少就慌了，从而降低了客户的甄别能力，报价及营销时一定要认真鉴别客户。

根据图4–27，可以看到本店铺90天内交易买家占比为1%。90天内平台交易买家占比，指在国际站90天内在线成交的买家，并非特指与本店铺有成交的买家。一般来说，90天内交易买家占比越高，说明店铺访客的质量越高，但如何抓住潜在买家，将是店铺营销的主要内容。

根据图4–27，可以看到本店铺老客户占比为6%。老访客是指所选周期内，有过2次以上浏览卖家店铺的买家。新访客是所选周期内，仅有1次浏览卖家店铺的买家。新客老客占比可以让我们清楚地认知引流拉新、盘活老客户的效果，以及在过去某一时间段店铺访客运营的效果。

（2）访客进店关键词和偏好关键词排序

进店关键词，让我们清晰地了解买家到店搜索词的TOP 20排名及增幅环比，增长幅度是指选定的周期与上一个周期的对比。偏好关键词，是到店访客在平台上其他的搜索偏好关键词，挖掘买家其他搜索偏好，可丰富我们的关键词库，提高关键词覆盖度。

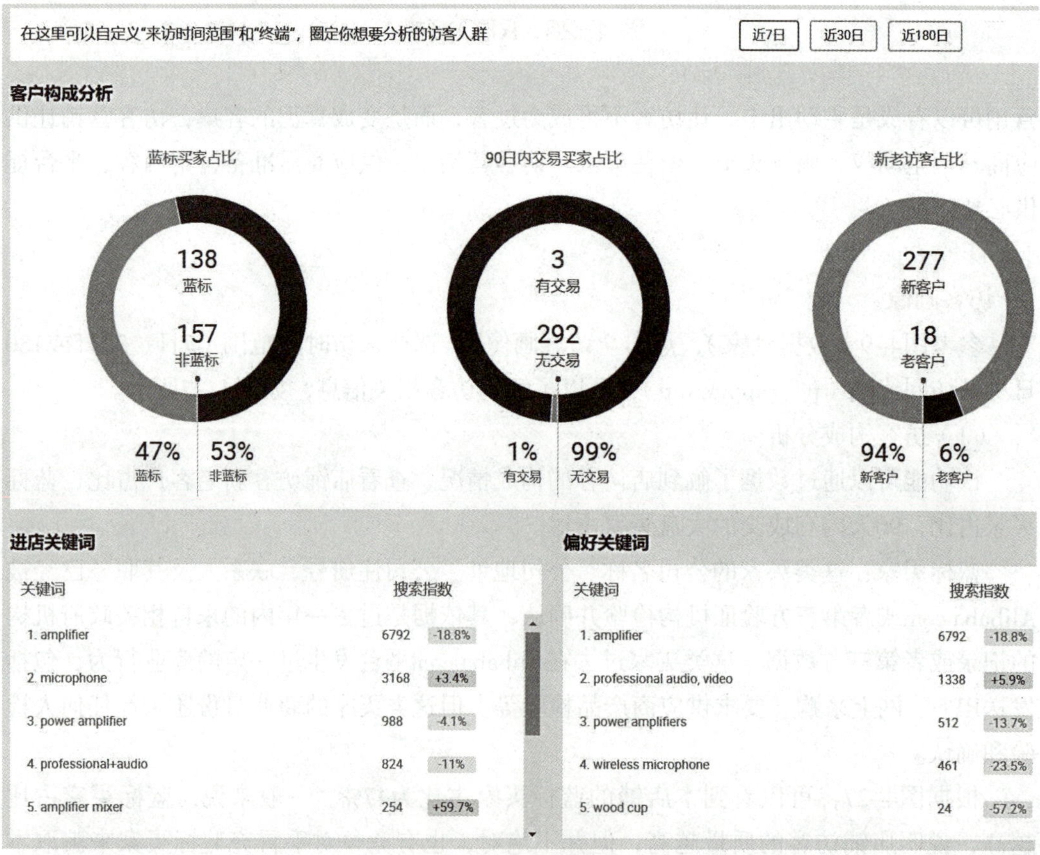

图 4–27　访客画像

2. 访客详情与营销

参考图4–9（数据管家），点击“访客详情”，选择来访时间范围（7日、30日或180日）及访问终端（pc、app或wap），可以了解到访客相关信息，如图4–27。

（1）我的访客

参考图4–9（数据管家），点击“访客详情”→“我的访客”，设置统计周期、地域等选择项，在“可营销访客”前打勾，如图4–28所示。

从界面中，我们可以看到访客来自的地域、浏览次数、停留时长、常用搜索词、旺铺行为、网站行为，通过分析这些参数，结合访客的类型，判断访客是否活跃、访客的真实需求等，点击潜在买家后面的“立即营销”，进行报价和营销。

申请营销之后，填写产品及报价信息，如图4–29所示，进入这个页面，产品的添加可以点击“添加已发布产品”，也可以点击“添加未发布产品”，最后点击“发送营销”。

注意：如果可以，建议设置阶梯报价，价格最好是真实的；在信息框里，一般不要写自己以及公司的联系信息，这样很可能导致营销的失败。

（2）营销管理

参考图4–9（数据管家），点击“访客详情”→“营销管理”，设置统计周期等选择项，营销效果如图4–30所示。相对其他营销方式，访客营销的成功率较低。

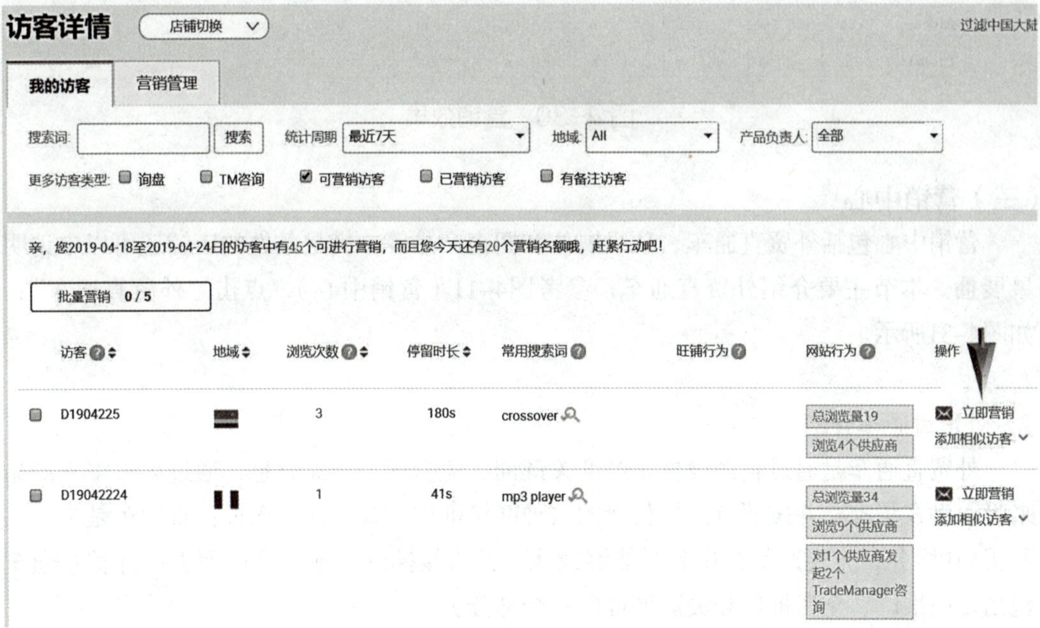

图4–28　我的访客

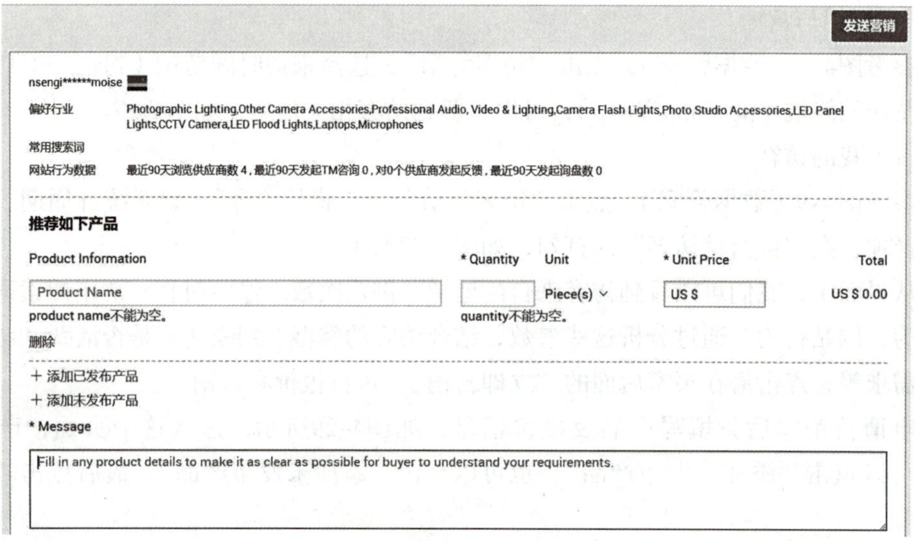

图 4-29　发送营销

每日效果

	您的营销效果					行业TOP10营销效果				
营销时间	申请营销	买家查看	点击旺铺/产品	站内信回复	TM咨询	申请营销	买家查看	点击旺铺/产品	站内信回复	TM咨询
2019-04-22	0	0	0	0	0	17	1	0	2	0
2019-04-21	0	0	0	0	0	18	3	0	3	0
2019-04-20	0	0	0	0	0	10	2	0	1	0
2019-04-19	13	0	0	13	0	15	2	1	3	0

图 4-30　营销效果

（三）营销中心

营销中心包括外贸直通车、顶级展位和橱窗产品等，满足条件的店铺还可以申请明星展播。本节主要介绍外贸直通车，参考图4-11（营销中心），点击“外贸直通车”，如图4-31所示。

1. 外贸直通车介绍

外贸直通车是通过自助设置多维度关键词，免费展示产品信息，通过大量曝光产品来吸引潜在买家，并按照点击量付费的一种网络推广方式。简单来说：直通车是为产品购买VIP服务，方便产品在排名时能够插队，并直接插到其他产品前面去。外贸直通车包括定向推广、全店推广和关键词推广三个部分。

定向推广是智能推广的一种类型，只需根据自己的营销目标灵活选择不同的推广产品，无须选词买词，完成基础设置即可轻松抢占流量，且支持建立多个选品计划，每个选品计划可以单独设置预算和出价。

全店推广是在定向推广的基础上，扩大流量、推广产品，解决选品难题，实现一站式智能推广，只需要设置出价和预算，剩下的操作由平台操作。

关键词推广是根据买家搜索行为，设定买家搜索偏好词，以词为主导的推广方式。

2. 外贸直通车操作

参考图4-31，登录外贸直通车，然后对以下三项进行设置。

（1）添加关键词

在“推广工具”→“关键词工具”中，添加分组，并把关键词填入，如图4-32所示，添加成功以后，可以对关键词进行出价。

（2）关键词出价

进入外贸直通车，点击“推广管理”，可以对已添加的关键词进行出价，如图4-33所示。填写的价格必须大于或等于平台底价+0.1，价格填写完毕后，勾选关键词前面的方框，点击启动，外贸直通车就开始出价了。外贸直通车产品扣费=（下一名出价×推广评分）/自己的推广评分+0.1。

（3）直通车的其他功能

快捷推广：开启快捷推广模式，根据自己的需要，设置出价的上线即最高出价，每

图 4-31 外贸直通车

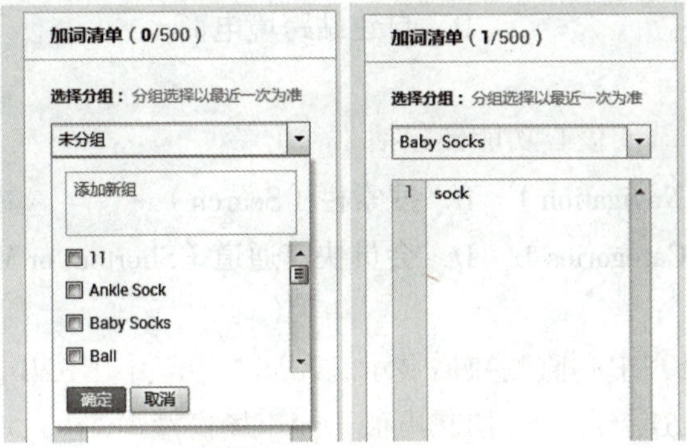

图 4-32 添加关键词

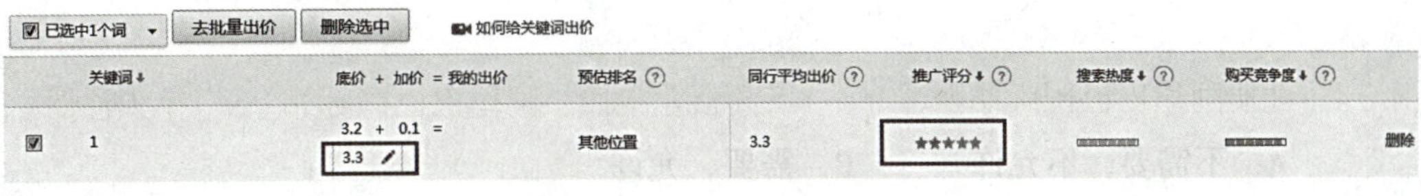

图 4-33 关键词出价

日消耗上限，和需要屏蔽的关键词。

推广工具：含有关键词工具和优化工具，关键词工具已在上文中提到，主要有重点词关注，预算工具，质量分优化，选品工具，账户清理，翻译优化助手。

直通车数据：查看P4P数据变化情况，分析数据，发现问题，采取有效的P4P操作。

直通车账户：设有常用设置和综合设置，可根据需要进行设置。

结语

本章以阿里巴巴国际站为核心，分成了两小节。第一节介绍了阿里巴巴国际站的基本概念和操作；第二节介绍了阿里巴巴国际站的营销。这些都是阿里巴巴国际站运营需要掌握的基本操作，要注意把这些基本操作恰当地运用到实际工作中，具体问题具体分析。

课后练习

一、不定项选择题

1．阿里巴巴国际站是全球企业间电子商务贸易平台，其类型属于（　）。

A．B2B模式　　B．第三方平台跨境电商

C．C2C模式　　D．自建站跨境电商

2．阿里巴巴国际站的核心功能区包括（　）。

A．导航栏（Navigation）　　B．搜索栏（Search）

C．类目栏（Categories）　　D．会员快速通道（Shortcut or Members）

3．据电子商务研究中心监测数据显示，2018上半年中国B2B电商营收规模为255亿元，同比增长51.7%；中国B2B电商平台市场份额中，（　）排名首位。

A．慧聪集团　　B．科通芯城

C．阿里巴巴国际站　　D．焦点科技

4．注册阿里巴巴国际站账号（　）工商营业执照，阿里巴巴国际站（　）个人注册。

A．不需要，不允许　　B．需要，允许

C．不需要，允许　　D．需要，不允许

5. 产品的发布前期需要准备好（　）等内容。

A. 关键词　　B. 产品名称

C. 产品图片　　D. 产品的参数表和相应的描述性文字

6. 店铺流量的数量和来源很重要，分析流量来源有利于我们了解营销效果，阿里巴巴国际站的流量来源有（　）等。

A. 首页　　B. 搜索

C. 粉丝通　　D. 站外推广

7. 分析行业整体发展趋势、与时俱进对于企业发展至关重要。可以利用（　）等方式分析行业。

A. 国际站搜索　　B. 同行网站

C. RFQ　　D. 展会

8. 国际站主要营销手段有（　）等。

A. 阿里多语言市场　　B. 阿里买家采购直达

C. 访客营销　　D. P4P直通车

9. RFQ（Request for Quoting），即阿里买家采购直达，就是买家委托采购的意思，国际站只限（　）个供应商报名，满额后就会关闭报价窗口。

A. 5　　B. 10

C. 15　　D. 20

10.（　）买家的公司名称、公司地址、公司注册号、联系人及其职务已经被Alibaba.com或者第三方验证机构检验并确认，其依据是过去一年内来自相关政府机构的记录或者第三方数据；这类买家过去在Alibaba.com平台发生过一定的商业行为，包括发送RFQ、网上采购、要求供应商产品检验等。

A. 红标　　B. 绿标

C. 黄标　　D. 蓝标

二、讨论题

说一下你对阿里巴巴国际站的看法。

第五章

全球速卖通平台操作

通过本章学习，应达到以下具体目标。

1. 知识目标

（1）了解全球速卖通的主要市场；

（2）熟悉全球速卖通的后台功能；

（3）掌握全球速卖通的定价策略；

（4）掌握全球速卖通的各类发货知识；

（5）熟悉全球速卖通的客服知识。

2. 技能目标

(1) 能够完成全球速卖通后台的基本操作;
(2) 能够完成全球速卖通的商品上架;
(3) 能够完成全球速卖通的营销推广;
(4) 能够设置物流模板和发货操作;
(5) 能够进行全球速卖通的客户沟通。

3. 素质目标

(1) 培养学生对市场的敏感度;
(2) 培养学生对各类规则的解读能力;
(3) 培养学生商业行为的规范性;
(4) 培养学生的分析问题和解决问题的能力。

第一节 全球速卖通平台介绍

一、全球速卖通平台介绍

全球速卖通（AliExpress）正式上线于2010年4月，网址为www.aliexpress.com，是阿里巴巴旗下唯一面向全球市场打造的B2C在线交易平台，被广大卖家称为“国际版淘宝”。全球速卖通面向海外买家，通过支付宝国际账户进行担保交易，并使用国际快递发货，是全球第三大英文在线购物网站。

全球速卖通是阿里巴巴帮助中小企业接触终端批发零售商，小批量、多批次快速销售，拓展利润空间而全力打造的融合订单、支付、物流于一体的外贸在线交易平台。

全球速卖通已经覆盖220多个国家和地区的买家；全球速卖通覆盖3C、服装、家居、饰品等共30个一级行业类目；其中优势行业包括服装服饰、手机通信、鞋包、美容健康、珠宝手表、消费电子、电脑网络、家居、汽车摩托车配件、灯具等。

尽管全球速卖通允许销售的商品品类较多，但以下商品禁售或限售。

1. 禁售的商品

毒品及相关用品，医药相关商品，枪支、军火及爆炸物，管制武器，警察用品，间谍产品，医疗器械，美容仪器及保健用品，烟草产品等。

2. 限售的商品

限售的商品，指发布商品前需取得商品销售的前置审批、凭证经营或授权经营等许可证明，否则不允许发布；若已取得相关合法的许可证明的，需要先提供给全球速卖通平台。

3. 侵权的商品

在全球速卖通平台，严禁用户未经授权发布、销售涉及第三方知识产权的商品，包括但不局限于以下三大类：商标侵权，未经商标权人的许可，在商标权核定的同一或类似的商品上使用与核准注册的商标相同或相近的商标的行为，以及其他法律规定的损害商标权人合法权益的行为；著作权侵权，未经著作权人同意，又无法律上的依据，使用他人作品或行使著作权人专有权的行为，以及其他法律规定的损害著作权人合法权益的行为；专利侵权，未经专利权人许可，以生产经营为目的，实施了依法受保护的有效专利的违法行为。

相比亚马逊等平台，选择全球速卖通平台虽然注册门槛稍高，但是卖家数量少，流量大，可以不做海外仓，回款快，中国公司维权容易。

二、全球速卖通平台规则

阿里巴巴全球速卖通为维护和优化速卖通平台的经营秩序，更好地保障全球速卖通广大用户的合法权益，制定了平台规则（卖家规则），包括基础规则、行业标准、知识产权规则、禁限售规则、营销规则、招商规则、卖家保护政策等，通过规则来规范平台卖家的行为。速卖通平台还会根据实际情况和相关政策调整规则，所以平台用户要经常关注平台动态。

对于速卖通的新卖家，熟悉速卖通的规则至关重要。速卖通规则非常多，要全部看下来，确实不容易。前期可以先看重点，进阶阶段再继续提升。发布类规则属于前期准备必看，除了根据自己的行业挑出重点规则来看之外，发布类规则和全球速卖通搜索作弊规则也要当作重点来学习；交易类规则和纠纷及其他类规则，属于进阶阶段，可以边上产品边学习。

第二节 全球速卖通交易流程

一、全球速卖通卖家开店流程

（一）全球速卖通入驻卖家要求

全球速卖通对入驻卖家要求如下。

第一，必须是企业。个体工商户或企业身份均可开店入驻，如果已经有企业支付宝账号或企业法人支付宝账号，须通过企业支付宝账号或企业法人支付宝账号在全球速卖通完成企业身份认证，如果没有企业支付宝账号或企业法人支付宝账号，须先注册一个企业支付宝或企业法人支付宝。

建议使用企业身份开店。企业可以申请标准销售计划，个体工商户只能申请基础销售计划，个体工商户想升级标准销售计划需要达到一定条件才可以。企业身份开店可发布最多3000个在线商品，个体工商户注册账号最多只能发布300个在线商品，经营满一年后，最多可发布500个在线商品，精品珠宝、家装、灯具、工具类目也不对个体工商户开放，个体工商户每月销售金额大于或等于3000美元时，当月将再无搜索曝光机会，需要等下个自然月初恢复搜索曝光，这无疑对个体工商户想扩大销售额造成致命影响，所以建议想通过全球速卖通获得市场竞争机会的卖家使用企业身份注册账号。个体工商户账号适合全球速卖通的新手卖家或者开拓新产品的卖家，二者区别见表5-1。

表5-1 标准销售计划与基础销售计划区别

	标准销售计划（Standard）	基础销售计划（Basic）
店铺的注册主体	企业	个体工商户/企业均可
开店数量	不管个体工商户或企业主体，同一注册主体下最多可开6家店铺，每个店铺仅可选择一种销售计划	
年费	年费按经营大类收取，两种销售计划收费标准相同	
年费结算奖励	中途退出：按自然月收费，返还未使用年费 经营到年底：返还未使用年费，使用的年费根据年底销售额完成情况进行奖励	无论中途退出还是经营到年底，均全额返还
销售计划是否可转换	一个自然年内不可切换至“基础销售计划”	当“基础销售计划”不能满足经营需求时，满足以下条件可申请“标准销售计划”（无须更换注册主体）： ①最近30天GMV≥2000美元； ②当月服务等级为非不及格（不考核+及格及以上）
功能区别	可发布在线商品数小于等于3000	①可发布在线商品数≤500 ②部分类目暂不开放基础销售计划 ③每月享受3000美元的经营额度，当月支付金额≥3000美元时，无搜索曝光机会，但店铺内商品展示不受影响；下个自然月初，恢复搜索曝光

备注：注册主体为个体工商户的卖家店铺，初期仅可申请“基础销售计划”，当“基础销售计划”不能满足经营需求时，满足一定条件后可申请并转换为“标准销售计划”。

第二，品牌很重要。卖家拥有或代理品牌的好处：可根据品牌资质，选择经营品牌官方店、专卖店或专营店店铺类型；拥有自己的品牌，可以大大提高市场竞争能力，形成差异化商品，更好地保护自己的市场。

第三，需要缴纳技术服务年费。无论是任何类型的店铺，都必须缴纳技术服务年费，但达到一定的经营绩效标准，技术服务年费可以部分或者全部返还，对卖家起到一定的激励作用。2019年全球速卖通技术服务年费真人发类目为5万元，电子烟和手机为1万元，其余类目为1万元。

（二）入驻前准备工作

（1）注册公司或个体工商户，准备好相关资料

①企业营业执照副本复印件；

②企业税务登记证复印件（国税、地税均可）；

③组织机构代码证复印件；

④银行开户许可证复印件；

⑤法定代表人身份证正反面复印件。

（2）注册企业支付宝账号或企业法人支付宝账号，并完成认证

（3）准备好至少2万元以上的起步资金

①服务费最少1万。不同的行业收费标准不同，具体可查看全球速卖通各品类划分及服务年费表；

②注册公司+注册银行对公账户+财务代记账，约3000元；

③打印机约1000元；

④注册商标，国内商标约2000元，美标约4500元（国内国外都可以，国内要等3个月，美标只需要3天）；

⑤起步周转资金至少需要准备5000元至1万元。

（4）产品资料

准备好至少50个以上产品的相关电子资料，如主图、细节图、应用场景图以及关于产品的各种文字资料等。

（三）开店注册流程

准备好了以上所有东西以后，就可以开始注册了。

第一步：打开全球速卖通卖家首页网址：http://seller.aliexpress.com，点击右上角的“立即入驻”，如图5-1所示。

图 5-1 卖家入驻首页

第二步：填写邮箱，如图5–2所示。

图5–2　填写邮箱

输入邮箱后，需要登录邮箱进行注册账号激活，如图5–3所示。

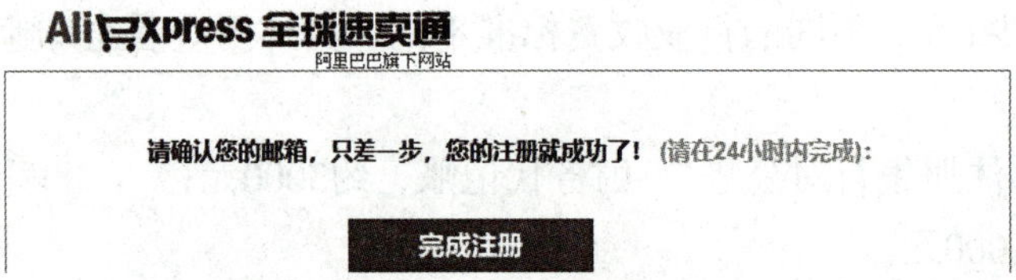

图5–3　账号激活

【建议】尽量使用稳定性好、用户广泛的国际邮箱，避免使用公司自建的域名邮箱，以防止在进行邮件处理过程中由于技术兼容等原因导致通信发生障碍，影响交易。

第三步：填写账号信息，如图5–4所示。

图5–4　填写账号信息

填写完账号信息后，点击“确认”，平台会向注册手机发送验证码，填入注册手机接收到的验证码即可完成账号注册。

第四步：企业支付宝授权认证或企业法人支付宝授权认证，如图5-5所示。

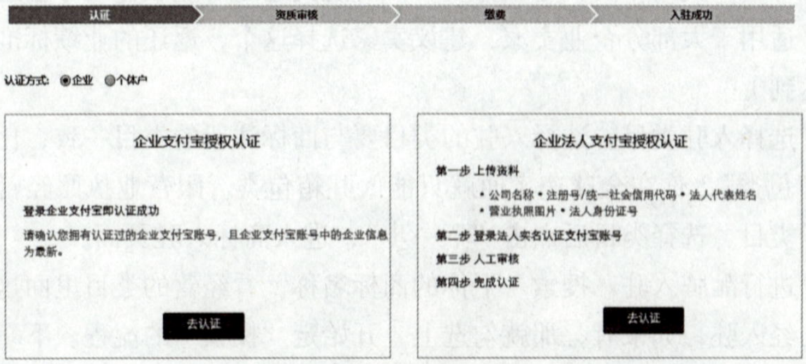

图 5-5　企业支付宝授权认证

选择认证方式：企业或个体户，如果已有企业或个体户支付宝账号，点击“企业支付宝授权认证”或“个体户支付宝授权认证”，登录支付宝企业账户并同意速卖通读取您在支付宝的认证信息：公司名称，注册号/统一社会信用代码，法人姓名，营业执照图片等，完成认证和绑定。如果选择“企业法人支付宝授权认证”，则需按照图5-6所示填写和提交相关资料，完成认证。

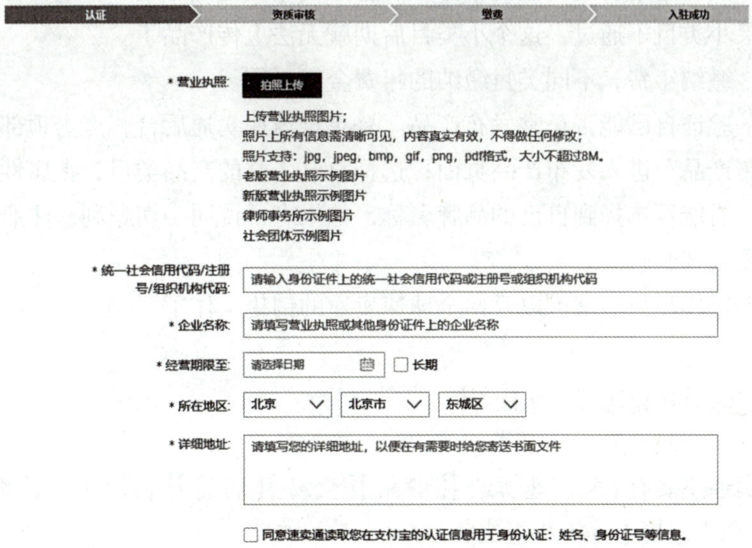

图 5-6　企业法人支付宝授权认证

第五步：选择“基础”或者“标准”计划。

选择基础计划，交的年费就相当于押金，不做了全部退给你，但是有月销售额限制（不能超过3000美元，超过3000美元后店铺将不再有流量，下个月开始才有流量。另外，半年之后才能升级到标准计划）。

选择标准计划，交的年费就是服务费，只有达到返还的业绩标准才会退给你。没有销售额限制（适用于大部分企业卖家，建议卖家选择这个，返还的业绩标准卖家通过努力基本都能达到）。

第六步：选择入驻类目。选择入驻的类目要与商标注册的类目一致，比如你的商标注册的是“箱包类”，你在全球速卖通就只能入驻箱包类。跟营业执照经营范围无关，选择相应的子类目。选择类目后点击“下一步”，进入商标入驻页面。

第七步：进行品牌入驻。搜索一下你的商标名称，看经营的类目里面这个商标是否有其他商家已经入驻，如果有，那就勾选上，开始走“授权”的流程。下一步提交商标材料就是提交商标授权书。如果搜索无结果，说明你的商标还没有入驻全球速卖通，需要将你的商标添加到全球速卖通。

第八步：添加商标证书和开通类目权限（在“账号与认证”模块进行申请）。

添加商标受理通知书（TM标）就可以了，有R标更好。提交了以后，耐心等待2～5天会出审核结果（俗称“商标初审”）。登录全球速卖通后台，可以查看审核进度和结果，商标证书审核通过后，就可以申请开通类目权限，然后继续等待审核，类目权限开通后就可以进入下一步。

【提醒】并不是所有的子类目都可以审核通过，比如做服装的平台卖家，可能裙子类目通过了，但是衬衫类目不通过，原因可能是商标类别不包含衬衫这个类目，或者商标名称与衬衫类目的某一些属性词很像，有恶意占用词汇的嫌疑，不过具体原因平台会说明的，如果小类目不通过，这个小类目后期就无法上传产品了。

第九步：缴纳年费，不同类目缴纳的年费金额不同。

第十步：验证自己能否正常发布产品。登录全球速卖通后台，点击顶部导航栏“产品”→“发布产品”进入发布产品页面；选择自己入驻的产品类目，在属性“品牌”一栏的下拉框，看能否选择到自己的品牌名称，如果有，说明一切顺利，注册完成。如果没有，就需要找客服解决。

通过以上操作步骤，就可以开始全球速卖通的销售工作了。

二、全球速卖通卖家后台介绍

全球速卖通主要有【我的速卖通】【商品】【交易】【店铺】【营销活动】【账号及认证】【生意参谋】和【违规】等模块组成。

1.【我的速卖通】

本模块是对卖家店铺的全盘概览，是卖家的后台首页工作台和全店仪表盘，如图5-7所示。

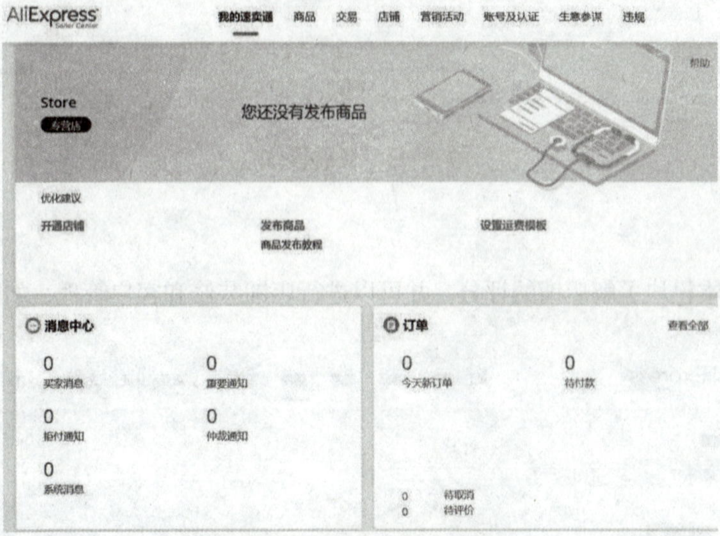

图 5-7　我的速卖通模块

2.【商品】

卖家通过本模块对商品进行上传、下架、分组、橱窗设置以及各类模板设置等管理，如图5-8所示，本版块是卖家店铺管理的重点，是销售的基础。

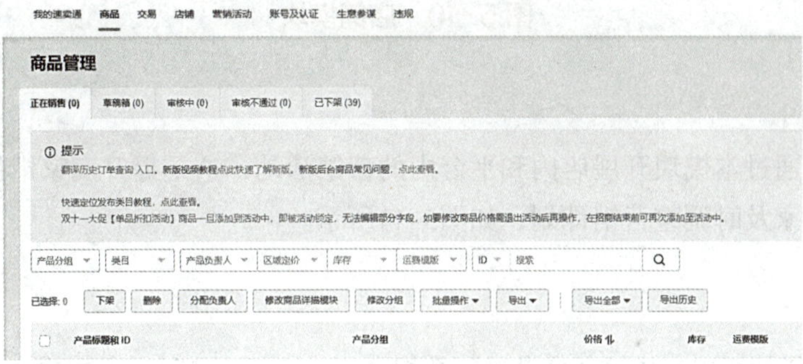

图 5-8　商品模块

3.【交易】

卖家通过本模块进行订单处理、发货处理、收付款处理、评价和纠纷处理，这是卖家进行日常店铺管理的核心版块，本部分处理的效率直接影响店铺的效益，如图5-9所示。

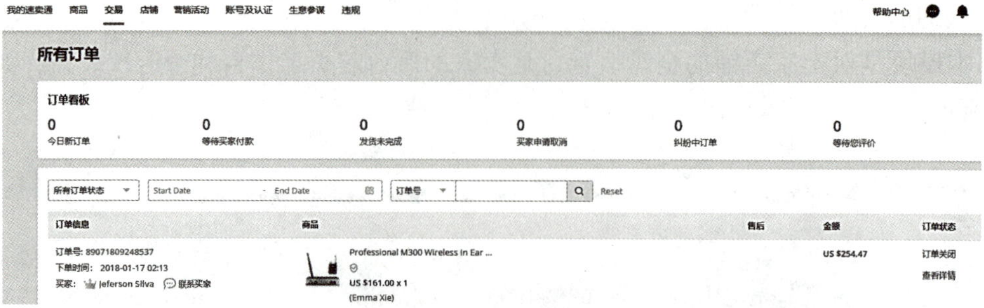

图 5-9 交易模块

4.【店铺】

卖家通过本模块了解店铺的评分，并可以进行店铺装修和客户管理，如图5-10所示。

图 5-10 店铺模块

5.【营销活动】

卖家可以通过本模块开展店内和平台内的营销活动，这是提升卖家销售业绩的核心模块，需要卖家及时调整营销计划，如图5-11所示。

6.【生意参谋】

卖家在本模块可以对店铺的经营进行数据分析，了解本店铺的客户来源及购买行为、爆款商品、同行竞争情况等，通过数据分析，查找、改进店铺的各项经营，如图5-12所示。

7.【账号及认证】

卖家可以在本模块进行店铺账号管理、店铺评分查看、商标入驻等，便对店铺经营效果评估，及时分析店铺存在的问题，以便进行改进。

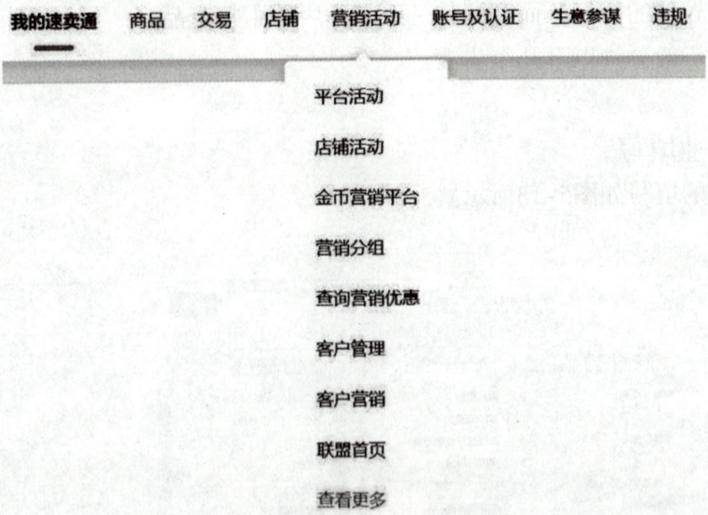

图 5-11　营销活动模块

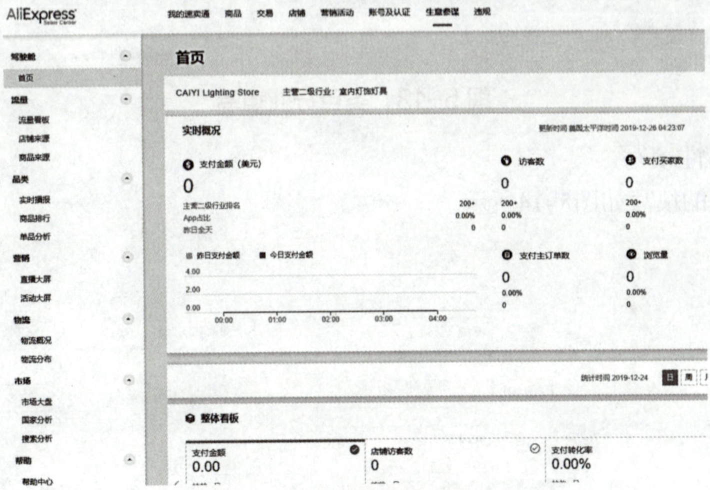

图 5-12　生意参谋模块

8.【违规】

卖家在本模块可以了解各种店铺的违规信息及原因，并及时进行处理，消除隐患和风险。

三、发布商品

发布商品包括设置标题、描述、定价和物流等内容。在发布商品前，还需要进行选品，例如哪些款是引流款，哪些是利润款，一般引流款的商品应该选择同类商品的热卖款，然后制定较低的价格，而利润款一般是本店的主打产品。

发布商品一般分为以下几个步骤。

（一）类目行业填写

类目行业的填写如图5-13所示。

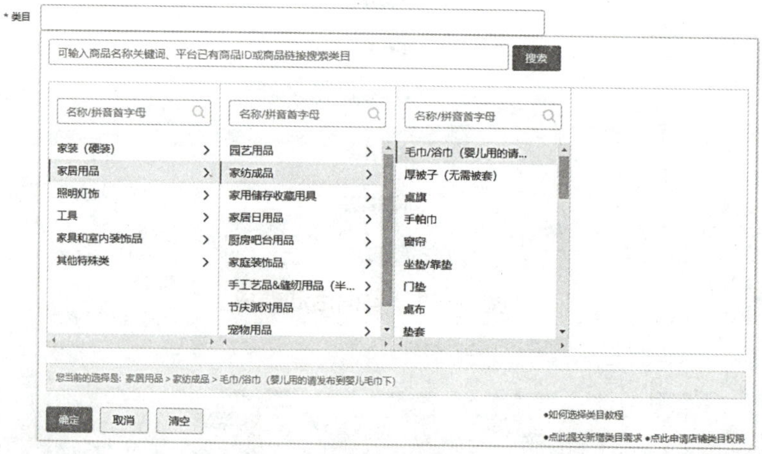

图5-13　类目行业填写

（二）产品属性填写

产品属性的填写如图5-14所示。

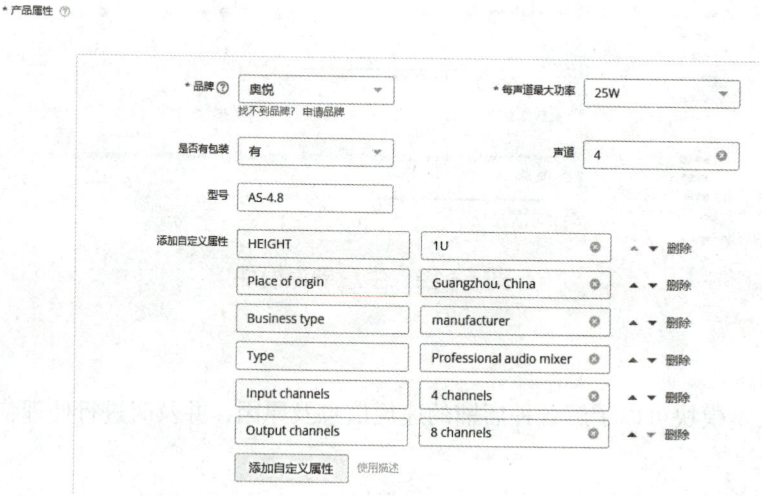

图5-14　产品属性填写

【建议】自定义属性是很好的引流工具，如“For Christmas”等节日属性。自定义属性非常重要，一定要认真填写，并对系统指定属性形成补充，方便客户更全面地了解商品信息。

（三）标题及关键词填写

标题及关键词的填写如图5-15所示。

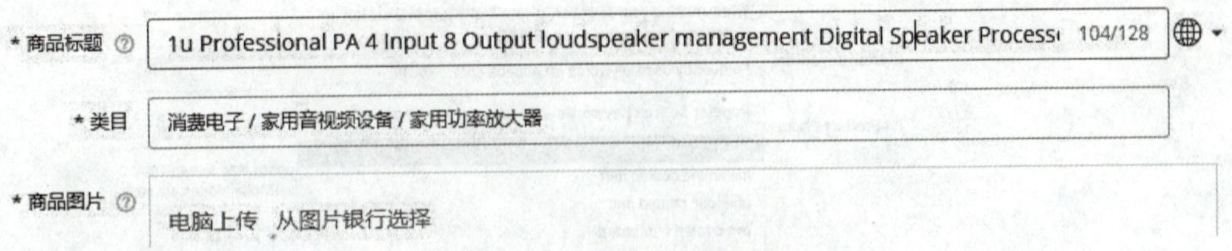

图5-15　标题及关键词填写

1. 标题书写建议

①核心词后置，修饰词2～3个字符并放前面；

②不要重复累加；

③慎用特殊符号，如“/”“－”“(　)”等，如需使用，可前后加空格；

④标题中也可使用 with/ for，核心词在with/for前面；

⑤先挖掘产品自身属性词，再去系统后台寻找买家搜索词；

⑥标题最长可输入128个字符；

⑦标题中相同单词尽量不要出现2次；

⑧标题中不能出现和实际产品属性无关的词；

⑨多放热搜属性词；

⑩核心词尽量放在靠前位置，在前35个字节内体现出产品；

⑪标题语法尽量简单；

⑫标题尽量不用符号分隔；

⑬将准备好的关键词组合起来就是标题。

2. 影响搜索排名的因素

①商品的信息描述质量；

②商品与买家搜索需求的相关性；

③商品交易转换能力；

④商品交易转化能力；

⑤搜索作弊的情况。

3. 关键词获取方法

①发布产品关键词里面的系统匹配关键词推荐，如图5-16所示。

②买家主页联想站中的关键词推荐，如图5-17所示。

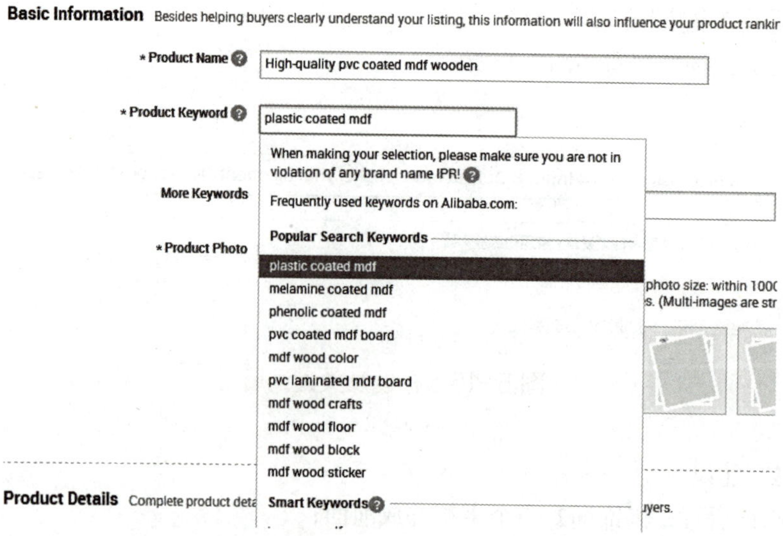

图 5-16　关键词选取（系统匹配关键词）

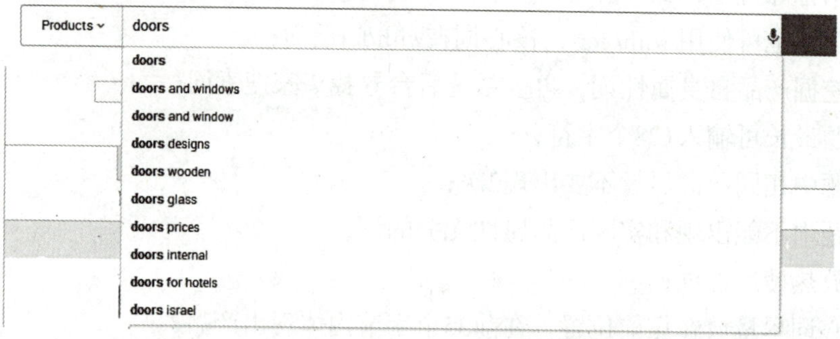

图 5-17　关键词选取（买家主页联想站）

③搜索词分析中的关键词推荐，如图5-18、图5-19所示。

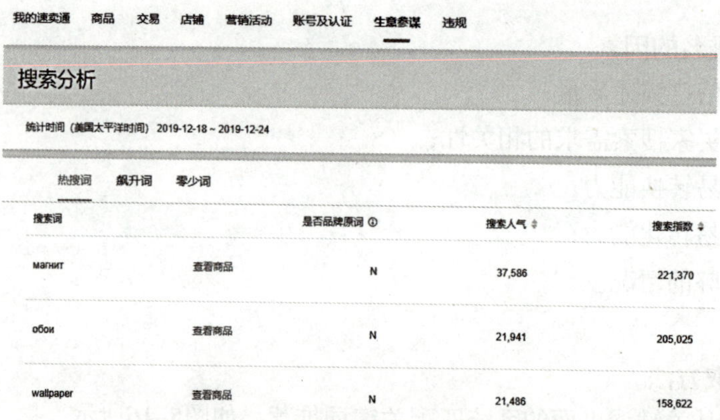

图 5-18　关键词选取（搜索词分析）

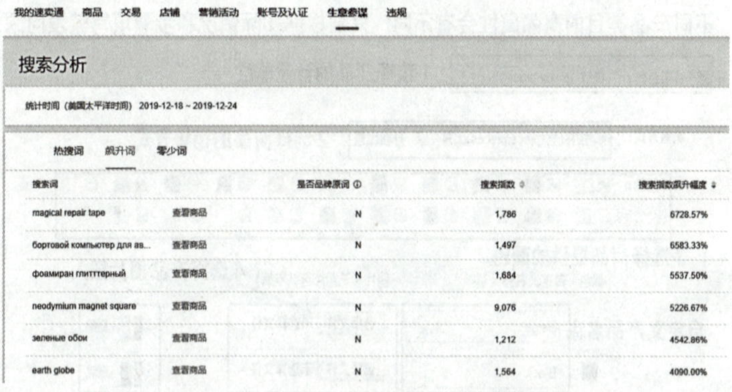

图 5-19 关键词选取（飙升词分析）

（四）产品主图选择

产品主图的选择如图5-20所示。

【建议】

①产品主图底色简单；

②主图要清晰；

③主图6张要全部使用；

④主图最好存放在图片银行。

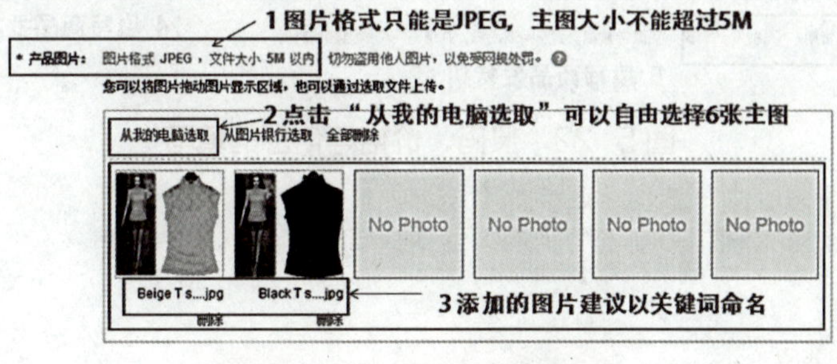

图 5-20 产品主图的选择

（五）销售属性填写

销售属性的填写如图5-21所示。

（六）尺码、价格等信息填写

尺码、价格等信息的填写如图5-22所示。

1. 尺码设置建议

根据不同的国家规则，对常规尺码进行改良，比如常规中国人款和欧美人款相比会

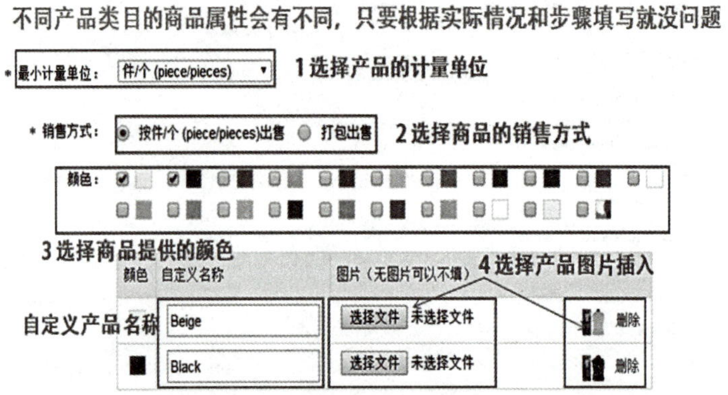

图 5-21　根据实际情况填写销售属性

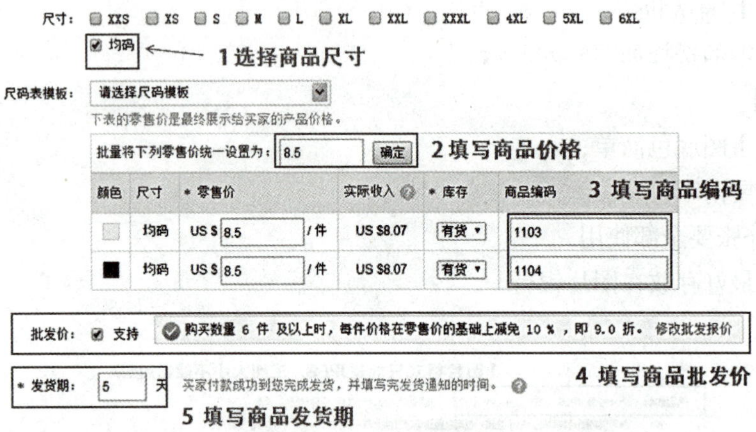

图 5-22　尺码、价格等信息的填写

小一个尺寸。

2. 发货期设置建议

一般选7天，以免造成成交不卖影响店铺评分。

3. 速卖通商品定价技巧建议

（1）有关价格的几个概念

有了产品以后，首要问题就是定价，但是目前为止，很多人都不太会定价。在全球速卖通里，对排序起着核心重要性的两点是销量以及关键词，而影响销量的最关键因素在于价格。在这里，讲价格之前先解释以下几个名词。

上架价格：很好理解，即我们在上传产品的时候所填的价格。

销售价格/折后价=上架价格×折扣，即产品在店铺折扣下显示的价格。

成交价格=销售价格-营销优惠（满立减、优惠券、卖家手动优惠等），即用户在最终下单后所支付的单位价格。

成本=产品进价+国际运费（一般以俄罗斯为例计算，价格适中）+速卖通平台佣金（当前佣金率为5%，一般定价时先不计算，算利润时计算）。

（2）定价过程

例如，某商品定价过程如下：

①成本价核算=6.83（进价）+96.3（每千克到俄罗斯的单价）×0.075（产品重量）×0.85（折扣）+8（小包的挂号费）=20.97元；

②售价核算=成本×倍数（自由设置，一般设置1.8～3倍，店铺活动的设置、折扣的设置应给自己留足利润空间，不要亏本）；

学会定价以后还应该根据全球速卖通平台竞争情况，学会制定定价策略。

（3）定价策略

①引流+爆款定价策略。研究同行业卖家、同质产品销售价格，确定行业最低价，以最低价减（5%～15%）为产品销售价格。用销售价格倒推上架价格，不计得失确定成交价。那么，上架价格又可以用以下两种思路来做：

a.上架价格=销售价格/（1-15%），此策略费钱，可以用重金打造爆款，简单、粗暴、有效。但不可持续，风险较大。

b.上架价格=销售价格/（1-30%），此策略略微保守一些，可以通过后期调整折扣来让销售价格回到正常水平。

两种定价思路都可以在15%折扣下平出或者略亏，作为引流爆款。

②稳重定价策略。比较稳妥的方式是通过计算产品的成本价，根据成本价利润来确定产品的销售价格。产品的销售价格确定后，根据店铺营销的安排，确定上架价格。

例如：产品成本是3$，按照速卖通目前的平均毛利润率（15%），还有固定成交速卖通佣金费率5%，及部分订单产生的联盟费用3%～5%。我们可以推导：

销售价格=3$÷（1-0.05-0.05）÷（1-0.15）=3.92$

再保守点，销售价格=3$÷（1-0.05-0.05-0.15）=4$

那么这其中，5%的联盟佣金并不是所有订单都会产生，但考虑到部分“满立减、店铺优惠券、直通车”等营销投入，以5%作为营销费用，基本没有差错。

当然，这其中还可以加入丢包及纠纷损失的投入，按照邮政小包1%的丢包率来算，又可以得到：

销售价格=3$÷（1-0.05-0.05-0.01）÷（1-0.15）=3.96$

再保守点，销售价格=3$÷（1-0.05-0.05-0.15-0.01）=4.05$

得到销售价格后，我们需要考虑该产品是通过活动或者作为一般款来销售。假如作为活动款，那么，按照平台通常活动折扣要求40%来计算：

上架价格=销售价格÷（1-0.4），平时打40%折扣，活动最高可以达到50%。

作为一般款销售：

上架价格=销售价格 ÷（1-0.3），平时打30%折扣。

建议折扣参数不低于15%，因为平台大促所要求的折扣是这个数字，不高于50%，因为折扣过于大了容易产生虚假折扣的嫌疑。而根据速卖通官方的统计，折扣在30%左右是买家最钟情的折扣，属于合理预期范围。对于50%折扣的活动要求，基于以上定价的模式，基本上相当于平出，不会亏本或者略亏，假如客户购买两个及两个以上，就可以赚到一笔。

（七）信息模块的填写

信息模块的填写如图5-23、图5-24、图5-25所示。

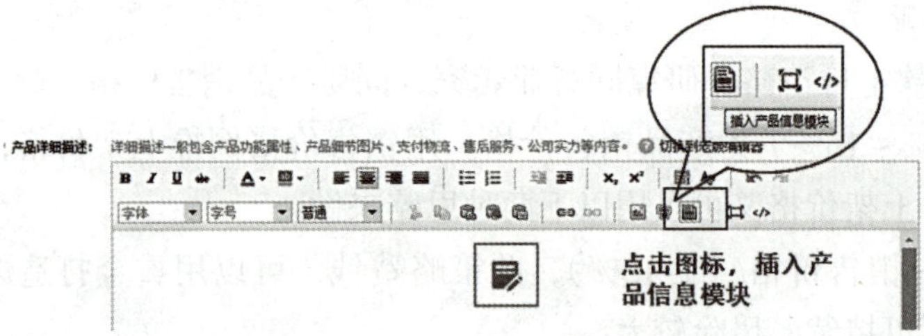

图 5-23 插入产品信息模块

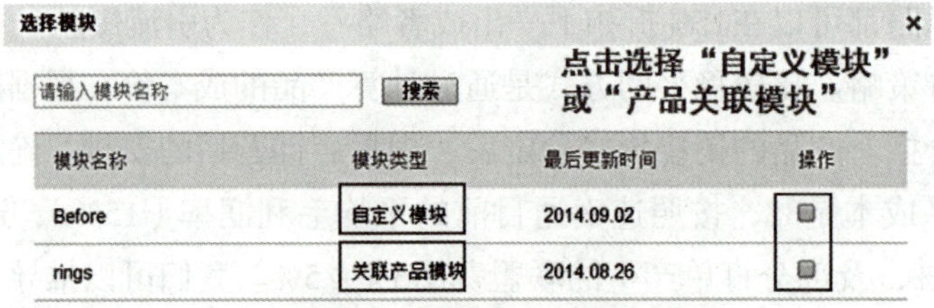

图 5-24 选择自定义模块

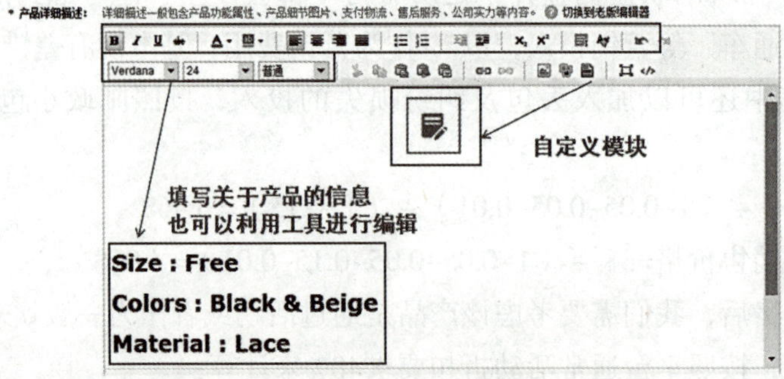

图 5-25 填写产品详细描述信息

（八）描述图片的填写

描述图片的填写如图5-26、图5-27所示。

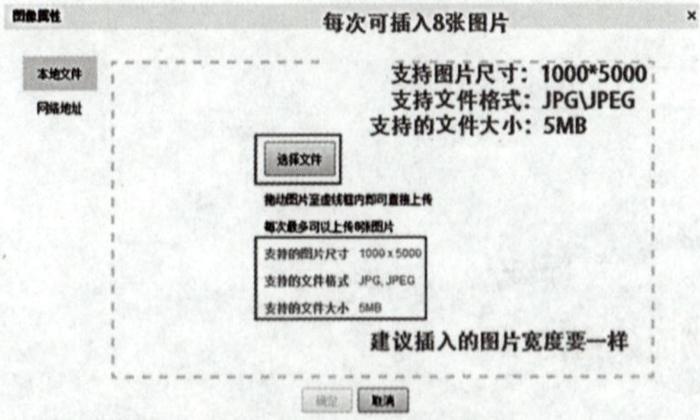

图 5-26　插入图片

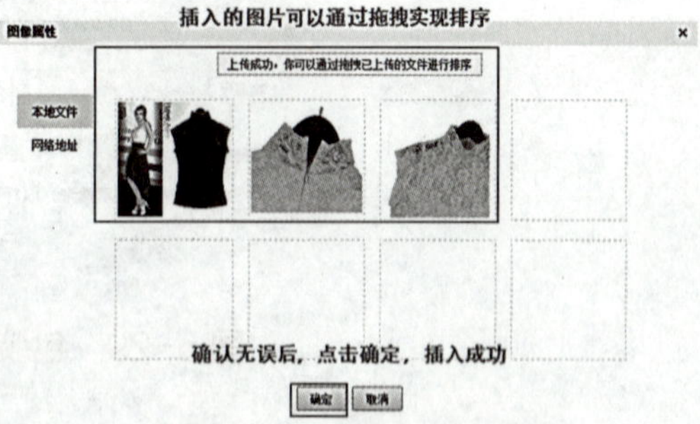

图 5-27　图片排序

【图片建议】详情页图片考虑到移动端的显示，建议不超过800×850或者700×750。

（九）详细描述中服务和售后等信息的填写

详细描述中服务和售后等信息的填写如图5-28所示。

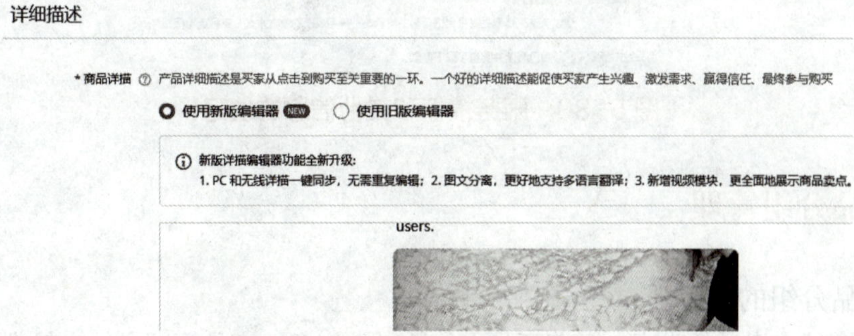

图 5-28　服务和售后等信息的填写

（十）包装信息和物流设置的填写

包装信息和物流设置的填写如图5-29所示。

（十一）服务模板和其他信息的填写

服务模板和其他信息的填写如图5-30所示。

至此，商品上传的操作就全部完成了，等全球速卖通审核通过后，就可以呈现给全球买家了。当然，全球速卖通也支持商品批量上传，只要按照批量上传模板填写相关内容即可，在此就不一一赘述了。

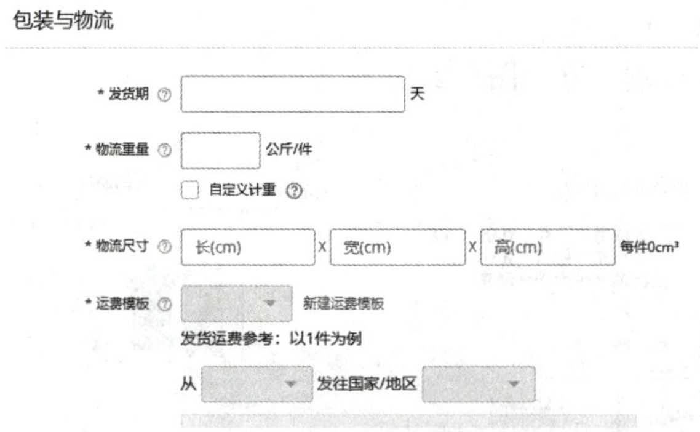

图 5-29　包装和物流设置的填写

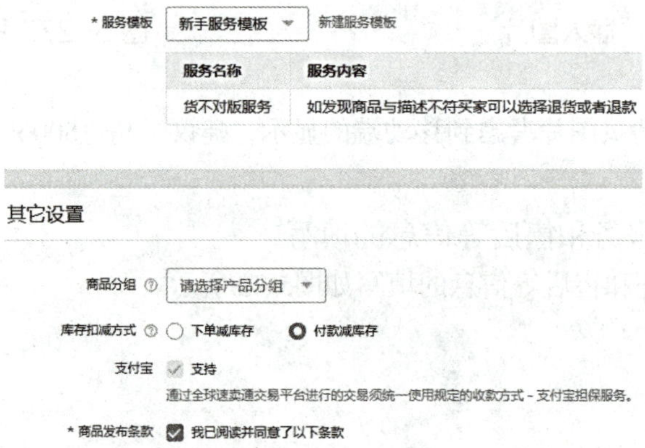

图 5-30　服务模板和其他信息的填写

四、产品分组管理

（一）产品分组的作用

作为全球速卖通的卖家，随着商品上传数量的增多，产品管理会越来越难，因此，事先建立好科学合理的分组十分重要，具体作用如下。

①不同品类产品各就其位，方便买家找到产品，如图5-31所示。

②产品线更加清晰，方便卖家管理。

③个性化的产品分组方便卖家做营销。

（二）产品分组的操作

下面来介绍产品分组，点击“新建分组”，然后输入分组名字，具体操作如图5-32、图5-33所示。

输入分组名字后，如果还无法满足产品管理需求，还可以创建子分组，当分组完成后，即可进行组内产品管理。

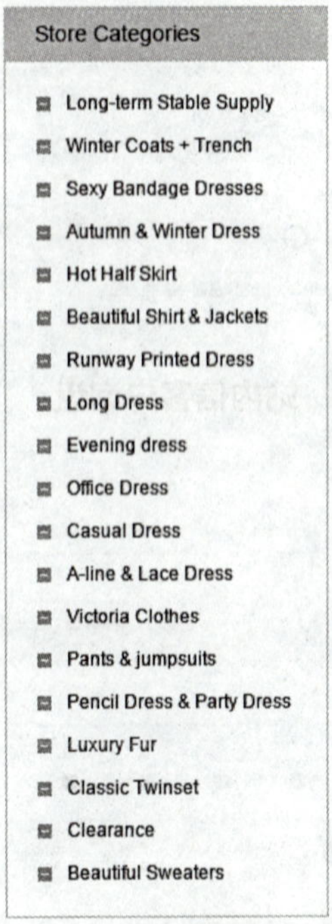

图 5-31　产品分组店铺展示效果

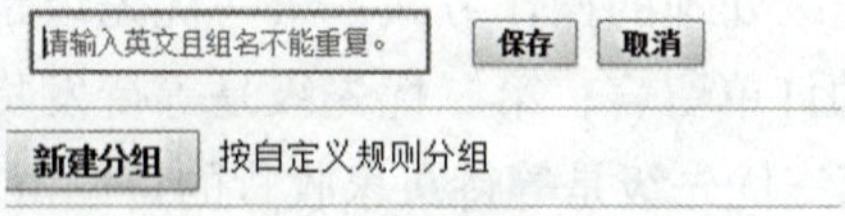

图 5-32　新建分组

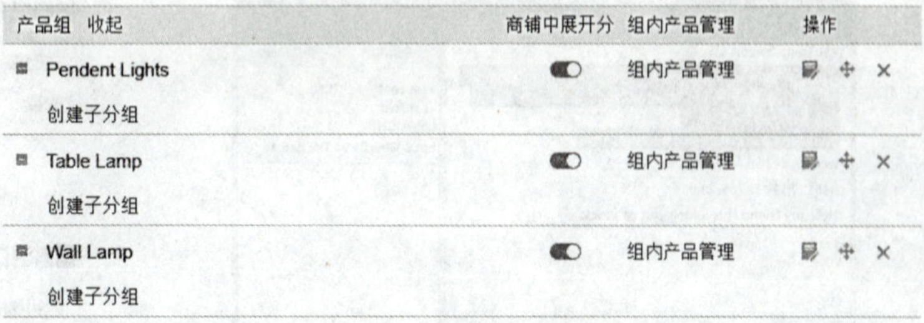

图 5-33　输入分组名字

五、商品交易主要操作

（一）交易过程操作

交易过程操作包括与客户在线沟通、邮件沟通、订单处理、平台审核与联系等，其中尤其以订单处理最为重要。

全球速卖通订单处理功能十分方便，对于买家询盘的订单可以通过【消息中心】未读留言（图5-34）、【消息中心】订单留言客户询盘（图5-35）、站内信客

图 5-34　未读留言入口

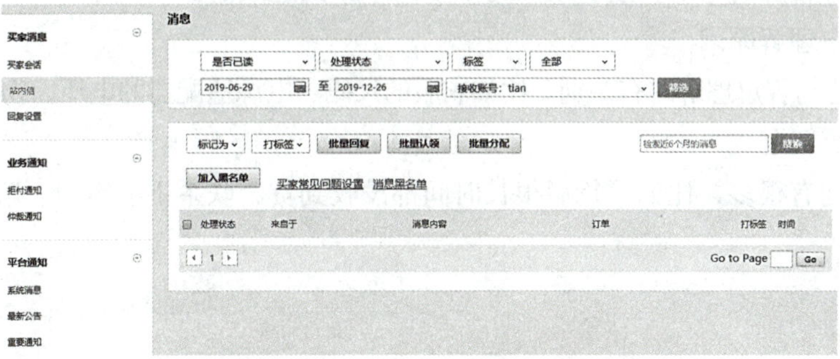

图 5-35　订单留言客户询盘

户询盘（图5-36）、旺旺客户询盘（图5-37）等途径进行询盘订单处理，询盘订单处理的核心是进行订单处理优先级标记（图5-38）和还盘回复。

订单优先级处理的操作方式：第一优先级是等待买家付款的订单留言；第二优先级是等待发货的订单留言；第三优先级是等待买家收货的订单留言；第四优先级是纠纷订单留言。

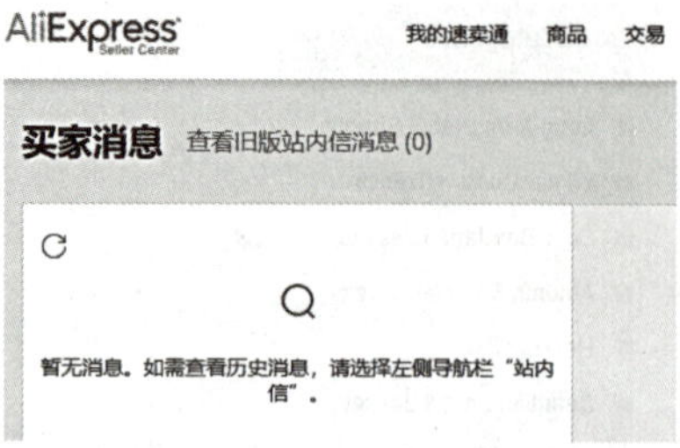

图 5-36　站内信客户询盘

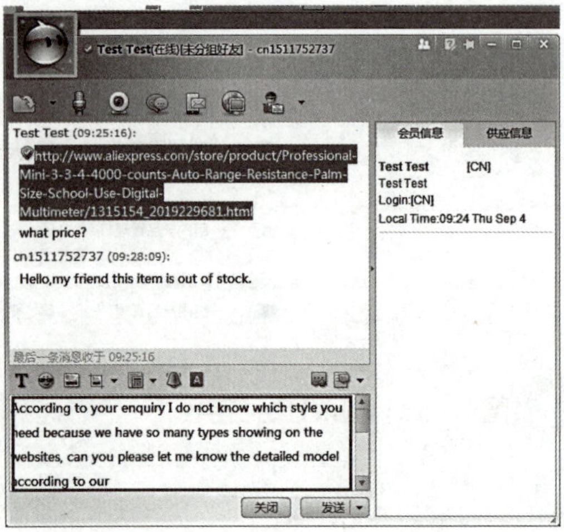

图 5-37　旺旺客户询盘

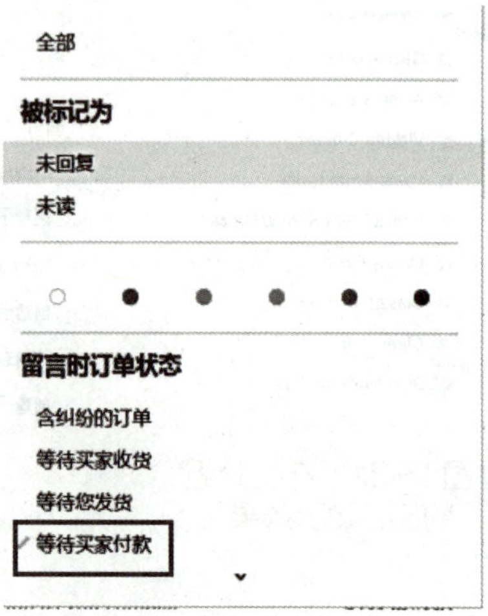

图 5-38　订单处理优先级标记

（二）发货操作

此部分内容将在第八章第二节详细介绍。

（三）纠纷处理

1. 产生纠纷的原因

速卖通平台上的纠纷，主要是因为以下两个原因造成的。

（1）客户理解原因

商品描述与客户理解的有差别。比如衣服的尺码、电源适配器的电压、物品的材质等。

（2）物流问题

物流问题有很多，比如发货后很长时间都没收到货、联系不上客服、联系不上物流公司等。

2. 纠纷处理

应该如何避免以上情况呢？

针对描述问题，卖家应尽量保证自己的宝贝描述准确，切不可直接用翻译工具将平台上的宝贝描述进行机器翻译。针对有地区差异的参数，一定要描述清楚，避免客户购买后无法使用。

针对物流问题，建议卖家在发货后，将更详尽的物流信息发给客户。虽然速卖通发货后会通知客户，但那些信息不足以解决客户的问题，卖家应将发货时使用的物流公司、物流编号、跟踪网站等信息告知客户，并留下联系方式，如贸易通、电话、电邮等，可以使用时下流行的聊天工具通知客户。

留下详尽的物流信息，能让客户更好的自助跟踪订单。以俄罗斯为例，从中国发到俄罗斯，一般5天时间就到了；但在俄罗斯国内，可能还得跑上几十天，才能到客户手上，而在俄罗斯境内的这段时间，肯定是买家自行跟踪、自行联系快递公司更方便。

留下店铺详细的联系方式，能给客人亲切感，让买家发现问题时，能尽早跟卖家联系。对卖家来说，这不仅是一次服务客户、避免纠纷的机会，也是一次提高客户印象的机会。卖家用心的服务一定能给客户留下好的印象，不仅能避免纠纷，还能让客户下次购买时更容易联系到自己，这也是一次不错的营销机会。

另外，在包裹中，最好有一张装箱清单，清楚地告诉客户他买了什么，包裹里包含什么。装箱清单上还可以附上一封感谢信，最好是用当地语言来写，避免称呼千篇一律的复印稿，信中要带上客人的称呼，信中也可以告诉客户卖家店铺的主营产品、更新产品的时间等，为下一次的交易转化打下基础。

第三节 生意参谋及应用

一、生意参谋的相关概念

生意参谋是速卖通基于平台海量数据打造的一款数据产品，卖家可以根据生意参谋提供的数据，为自己的店铺营销指导方向，做出正确决策。

全球速卖通卖家需要了解下列术语。

搜索量：某个关键词被买家搜索的次数。

曝光量：全球速卖通卖家的商品信息在速卖通网站被买家看到的次数。买家通过关键词搜索，全球速卖通卖家的信息展示在搜索结果页面中，则统计进入曝光量。买家通过类目导航浏览商品，全球速卖通卖家的信息展示在搜索结果页面中，则统计进入曝光量。

浏览量：全球速卖通卖家的商品或商铺首页被买家点击浏览的次数。

访客数：访问过全球速卖通卖家的商品或商铺的买家人数。

老访客数：生意参谋中的老访客是指到访过全球速卖通的买家。提示：到访过全球速卖通的买家相比新访客下单率更高。

询盘人数：联系过全球速卖通卖家或有联系意向的买家人数。向全球速卖通卖家发送了询盘的买家，计入询盘人数。点击过发询盘按钮或旺旺按钮，但最终未成功发送询盘的买家，也计入询盘人数。

购买率：访客数/下单买家数的比率。

二、生意参谋的商铺分析

生意参谋的商铺分析功能是一项针对卖家的商铺流量、商品及访客进行分析的工具，主要提供商铺流量概况、热门商品、访客地域分析功能。

1. 商铺流量概况

商铺流量概况展现了卖家商铺的流量数据和询盘数据，卖家能够了解商铺的整体流量以及买家的流失情况。数据指标包括曝光量、点击量、访客数、老访客数、反馈人数等方面，如图5-39所示。

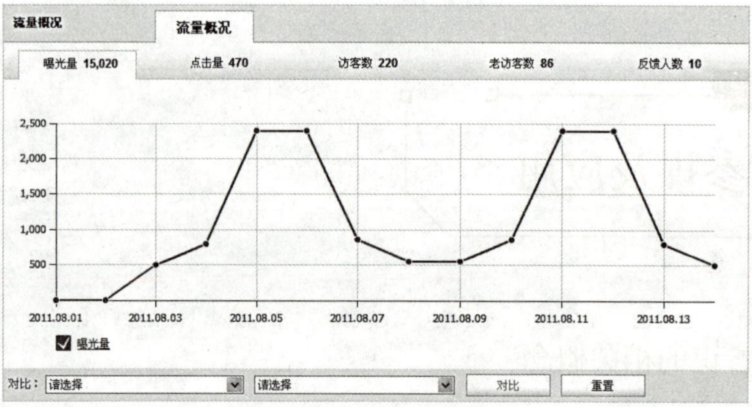

图 5-39　商铺流量概况

2. 热门商品

热门商品展示的是卖家商铺内浏览量最高的商品，卖家可以根据数据调整商铺内的产品线，制定关联营销策略，如图5-40所示。

热门商品的相关数据指标包括以下7个方面。

浏览量：该商品被买家浏览的次数总和。

浏览人数：浏览该商品的买家人数。

买家数：对该商品进行下单的买家人数。

成交量：该商品成交（支付成功）的订单量。

成交金额：该商品的成交金额。

订单转换率：成交量/浏览量，该商品的订单转化情况。

Top 3访客地区：该商品的访客来源占比最大的3个国家。

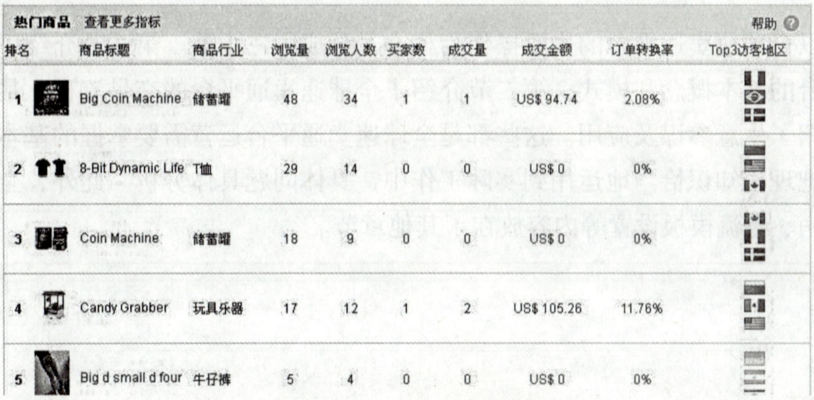

热门商品　查看更多指标　　帮助

排名	商品标题	商品行业	浏览量	浏览人数	买家数	成交量	成交金额	订单转换率	Top3访客地区
1	Big Coin Machine	储蓄罐	48	34	1	1	US$ 94.74	2.08%	
2	8-Bit Dynamic Life	T恤	29	14	0	0	US$ 0	0%	
3	Coin Machine	储蓄罐	18	9	0	0	US$ 0	0%	
4	Candy Grabber	玩具乐器	17	12	1	2	US$ 105.26	11.76%	
5	Big d small d four	牛仔裤	5	4	0	0	US$ 0	0%	

图 5-40　热门商品展示

3. 访客地域分析

访客地域分布中可以查看排名前10的访客国家，卖家可以根据访客地域制定差异化的产品线及营销策略。

访客地域分布的相关数据指标包括以下3个方面。

排名前10的访客国家：卖家商铺的流量来源中，访客占比最大的10个国家。

国家访客人数：来自该国家的访客人数。

国家访客浏览量：来自该国家访客的总浏览量。

三、生意参谋应用案例

本部分将提供一个案例，以生意参谋优化运费模板实现销售转化。

小王是全球速卖通卖家数据分析专员，负责市场数据分析，小王在使用生意参谋进行店铺分析时发现，有很多不在免运费范围内的客户浏览产品，但是只看不下单，小王进一步查看了公司运费模板的设置情况，发现公司在速卖通上共设置了2个运费模板，1个是EMS免运费，1个是CPAM免运费。EMS 以第6区为标准计算售价，1～6区的国家免运费，超过标准的不发货（也就是发DHL，FedEx，UPS那些昂贵的商业快递）；小包以第7组为标准计算售价，1～7组免运费，超过标准的不发货。但是后来发现，俄罗斯、乌克兰等第8区的国家询价，要求发EMS；科威特、秘鲁、智利等8组的国家询价，要求发小包。

面对这种情况，通过生意参谋分析，小王认为是运费模板设置出了问题，所以小王建议公司修改运费模板，修改为：没选中免运费的国家减免50%，而不是不发货。运费模板修改2天后，乌克兰、智利等国家纷纷下单了，加上运费，利润比免运费的国家高得多。

结语

本章以全球速卖通平台的主要操作为核心，分成了三小节。第一节介绍了全球速卖通平台的基本概念和模式；第二节介绍了全球速卖通平台的交易流程；最后一节简单介绍了生意参谋及应用。这些都是全球速卖通平台运营需要掌握的基本模式，要注意把理论知识恰当地运用到实际工作中，具体问题具体分析。此外，全球速卖通的营销、物流模板设置等内容放在了其他章节。

课后练习

一、不定项选择题

1. 全球速卖通（AliExpress）是（　）面向全球市场打造的B2C在线交易平台。

A. 阿里巴巴　　B. 腾讯

C. Facebook　　D. 亚马逊

2. 全球速卖通对入驻卖家要求（　）。

A. 必须是个人　　B. 必须是企业

C. 个人或企业都可以　　D. 没有规定

3. 卖家通过（　）版块进行订单处理、发货处理、收付款处理、评价和纠纷处理，这是卖家进行日常店铺管理的核心版块，本部分处理的效率直接影响店铺的效益。

A. 商品管理　　B. 交易

C. 账号及认证　　D. 店铺

4. 卖家通过（　）版块了解店铺的评分，并可以进行店铺装修和客户管理。

A. 商品管理　　B. 交易

C. 账号及认证　　D. 店铺

5. 卖家在（　）版块可以对店铺的经营进行数据分析，了解本店铺的客户来源及购买行为、爆款商品、同行竞争情况等，通过数据分析，查找改进店铺各项经营。

A. 商品管理　　B. 交易

C. 生意参谋　　D. 店铺

6. 卖家可以通过（　）版块开展店内和平台内营销活动，这是提升卖家销售业绩的核心模块，需要卖家及时调整营销计划。

A. 商品管理　　B. 交易

C. 生意参谋　　D. 营销活动

7. 影响搜索排名的因素有哪些？（　）

A. 商品的信息描述质量　　B. 商品与买家搜索需求的相关性

C. 商品交易转换能力　　D. 商品交易转化能力

E. 搜索作弊的情况

8. 根据速卖通官方的统计，折扣在（　）左右是买家最钟情的折扣，属于合理预期范围。

A. 20%　　B. 30%

C. 40%　　D. 50%

9. 订单优先级处理的操作方式中，第一优先级是（　）。

A. 等待买家付款的订单留言

B. 待发货的订单留言

C. 等待买家收货的订单留言

D. 纠纷订单留言

10. 生意参谋的商铺分析功能是一项针对卖家的商铺流量、商品及访客进行分析的工具，主要提供（　）等功能。

A. 商铺流量概况　　B. 访客收入情况

C. 热门商品　　D. 访客地域分析

二、讨论题

你认为全球速卖通平台操作中哪些步骤最重要，为什么？

第六章

Wish平台操作

通过本章学习，应达到以下具体目标。

1. 知识目标

（1）了解Wish平台的操作界面；
（2）理解Wish平台的基本规则；
（3）掌握Wish平台的基本操作技能。

2. 技能目标

（1）掌握Wish平台产品发布与营销推广技能；
（2）掌握Wish平台物流配送技能；
（3）掌握Wish平台收款、退款与客户维护技能。

3. 素质目标

（1）培养学生遵守平台规则的意识；
（2）培养学生对新平台的接纳能力和学习能力；
（3）培养学生与不同客户的人际沟通能力。

第一节 Wish平台介绍

一、Wish平台的发展历史

Wish是一款基于手机移动端的跨境电商平台，99%的交易都在移动端进行。用户可以随时随地浏览购物，用户从打开Wish手机应用到完成付款流程最快不过数秒时间。该平台支持超过30种语言，拥有超过9000万件各类商品，为70多个国家和地区提供购物服务，在全球用户已超过4亿名，日平均活跃用户超过1000名。

2011年9月，Wish的母公司ContextLogic在美国硅谷注册成立，创始人为来自欧洲的Peter Szulczewski和来自广州的Danny Zhang（张晟）。2013年3月，Wish加入商品交易系统，正式踏入电商领域。此后，Wish将业务转型到跨境电商，并取得了非常大的成功。2013年，转型不到一年的Wish，其平台交易额就达到1亿美元。

2014年，为了进一步拓展中国供应商资源，Wish在上海成立了办事处，并大举进行招商活动，Wish的跨境电商业务步入高速发展时期。2015年，Wish进行"自我革命"，先是上线了科技电子产品类Geek App和母婴类Mama App，后又推出专门针对"女性经济"的化妆美容类商品的垂直应用Cute。Wish是一个全品类的电商平台，在大获成功后，已经出现了像Bellabuy这样的模仿者。这些模仿者与Wish一样，拥有"移动端、跨境电商、智能推荐"等标签，此外，他们还更专注，Bellabuy就专注于女性消费这块。因此，Wish推出这些垂直类App，一方面是对潜在竞争对手的防御，另一方面也是自我革命，用竞争对手可能狙击自己的方法来狙击自己，以获得持续成功。

2014—2017年是Wish飞速发展的阶段，Wish连续3年都被评为硅谷最佳创新平台。在Peter和Danny两位创始人的带领下，通过Wish全体成员的不懈努力，Wish成为北美和欧洲最大的移动电商平台，同时也荣列全球第七大互联网电商平台，成为全球第五家四年内GMV达到30亿美元规模的互联网公司。

二、Wish平台规则

（一）平台注册规定

1. 注册期间提供的信息必须真实准确

如果商户在注册账户期间提供的账户信息不准确，例如提供虚假的或不在正确营业范围内的营业执照，那么账户可能会被暂停。

2. 每个实体只能有一个账户

如果公司或个人有多个账户，则多个账户都有可能被暂停。

3. 新注册店铺需要缴纳2000美元店铺预缴注册费

自2018年10月1日0时起（世界标准时间），在Wish平台新注册的店铺需缴纳2000美元的店铺预缴注册费。这项政策将适用于在2018年10月1日0时（世界标准时间）之后收到审核回复的所有商户账户。自2018年10月1日0时（世界标准时间）开始，长时间未使用的商户账户也需缴纳2000美元的店铺预缴注册费。

（二）上传产品规定

1. 产品上传时提供的信息必须准确

在Wish平台上传产品时，所提供的产品图片、库存、价格、描述等信息必须准确。如果产品的描述为背包，图片却为运动鞋，这种情况下该产品可能会被移除，且相应的账户可能面临罚款或被暂停。

2. 严禁在Wish上发布仿冒产品

如果商户推出仿冒产品进行出售，这些产品将被清除，并且其账户将面临罚款，可能还会被暂停。对于初次审核的产品被标记为仿冒品，产品将被移除。经过二次编辑的产品将重新进入审核程序，如果再被标记为仿冒品，则做下架处理，所产生的货款将被暂扣，同时商户面临罚款。

3. 产品不得侵犯他人的知识产权

知识产权包括但不限于：版权、商标和专利。商户有责任确保其产品没有侵犯他人的知识产权，并且在上传产品前积极进行知识产权检查。如果商户反复发布侵犯他人知识产权的产品，那么相关侵权产品将会被系统移除，商户账号也将面临至少500美元的罚款或被暂停交易的风险。如果商家继续反复侵犯他人的知识产权，那么该账号将面临更高的罚款、被暂停交易和（或）被终止交易的风险。

4. 产品不得引导用户离开Wish

如果商户发布的产品鼓励用户离开Wish或联系Wish平台以外的店铺，产品将被移除，其账户将被暂停。

5．严禁重复铺货

产品相同，颜色、尺寸、型号不同的必须列为同一款产品，不得上传重复的产品。如果商户上传重复的产品，产品将被移除，且其账户将被暂停。

6．严禁将原始产品修改成一个新的产品进行发布

如原来的产品是手机壳，现在把手机壳和耳机合并成一个新的产品发布，那么这个产品将被移除，账号将被处以500美元罚款并将面临暂停交易的风险。

7．禁止同一产品列表中的极端价格差异

四个月内的产品价格和运费涨幅将被限制为1美元或最高20%（以数值较高者为准）。该价格限制政策对产品价格和运费单独适用。另外，促销产品不允许涨价。

8．严禁任何操控用户评论的企图，禁止有偿评论行为

一旦发现存在受操控的评论或评级的订单，商户将被处以等同于100%订单金额的罚款，外加单个订单100美元的罚款。

（三）产品促销规定

Wish会合理选择一些产品进行促销，并增加黄钻作为标识（出单就会标记为黄钻）。加了黄钻的产品，属于Wish大力推广的促销产品。如果促销产品的定价、库存或详情不准确，商户将有可能被罚款。促销规定详情如下：

①不得对促销产品提高价格和运费。

②不得自行降低促销产品的库存。如果黄钻产品的实际库存量不准确，将会影响订单履行率。订单履行率过低，店铺将被关闭。

③店铺若禁售促销产品，将面临罚款。如果店铺禁售过去9天交易总额超过500美元的促销产品，店铺将被罚款50美元。如果店铺为一款促销产品单独屏蔽某配送国家，所屏蔽国家在过去9天内的销售额超过100美元，则店铺将被罚款50美元。

④不得对促销产品进行编辑。禁止编辑促销产品的标题、描述或图片；禁止针对部分变体进行下架或启用；禁止对促销产品添加新的尺码或颜色变体。

（四）知识产权规定

Wish对伪造品和侵犯知识产权的行为制定了严格的零容忍政策。如果Wish单方面认定商户在销售伪造产品，商户同意不限制Wish在本协议中的权利或法律权利，Wish可以单方面暂停或终止商户的销售权限，或扣留或罚没本应支付给商户的款项。

1．严禁出售伪造产品

Wish严禁销售模仿或影射其他方知识产权的产品，包括模仿其他品牌的标志、名称、图像和外观设计等。如果商户推出伪造产品进行出售，这些产品将被下架，并且其账户将面临罚款，可能还会被暂停。

2．严禁销售侵犯另一个实体的知识产权的产品

商户上传的产品图像和文本不得侵犯其他方的知识产权，这包括但不限于版权、商标和专利等。如果平台发现商户上传侵犯其他方知识产权的产品，这些商品将被下架处理，并且其账户将面临罚款，可能还会被暂停。

3．严禁提供不准确或误导性的销售授权证据

如果商户对销售的产品提供错误或误导性的授权证据，其账户将会被暂停。

4．对伪造品或侵犯知识产权的产品处以罚款

如果平台发现某款产品违反了Wish的政策，则会将其删除并扣留所有付款。商户每个仿冒品会被罚款50美元。在商户更改产品名称、产品描述或产品图片后，已通过审核的产品需要再次接受审核，看其是否为仿冒品或是否侵犯了知识产权。在产品复审期间，产品可正常销售。如果产品在编辑后被发现违反了Wish的政策，此产品将会被删除，且其所有款项将被扣留。该账户将可能面临罚款和（或）暂停交易的风险。

（五）订单履行规定

1．所有订单必须在5天内履行完成

系统确认订单履行的时长，为客户下订单到商户标记该订单为“已配送”所需的时间。如果一个订单在5天内未完成发货操作，该订单将被退款并且相关的产品将被下架，每单将被罚款50美元。如果订单履行率太低，其账户会被暂停。

2．使用虚假物流单号履行订单将面临罚款

若Wish商户使用虚假的物流单号完成订单履行，那么商户会被处以100%订单金额的罚款，外加单个订单500美元的罚款。

3．中国大陆直发订单仅接受Wish邮配送

Wish平台规定，自太平洋时间2018年10月22日17时起，Wish邮成为中国大陆直发订单唯一可接受的物流服务商。除了已经完成Wish邮线下转线上流程的物流服务商，其他所有中国大陆直发的物流服务商均不被接受，非中国大陆直发订单将不受影响。

（六）用户服务规定

商户需提供良好的用户服务以保证良好的用户体验。商户可点击“业绩”下拉菜单中的“用户服务表现”查看店铺的客户服务情况，如图6-1所示。

1．如果店铺退款率过高，该账号将被暂停交易

退款率是指在一段时间内，退款订单数除以总订单数的比率。如果这个比率极高，那么店铺将被暂停。退款率低于0.5%是正常的。

2．如果店铺的退单率非常高，其账户将被暂停

退单率是指某个时段内退单的订单数量与收到订单总数之比。如果此比率特别高，店铺将被暂停交易。

3．严禁滥用用户信息

严禁对Wish用户使用辱骂性行为和语言，Wish对此行为采取零容忍态度。

4．严禁要求用户绕过Wish付款

如果商户要求用户在Wish 以外的平台付款，其账户将被暂停。

5．禁止引导用户离开Wish

如果商户要求用户访问Wish以外的店铺，商户账户将会被暂停，并且（或者）面临每次10000美元的罚款。

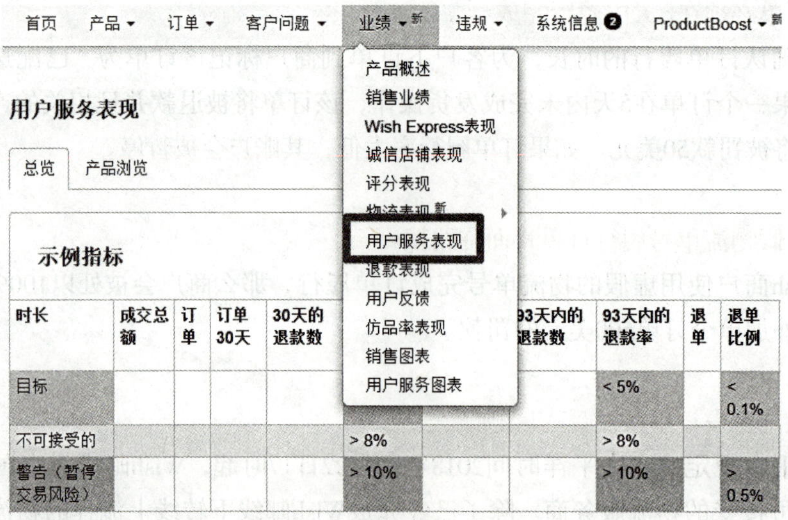

图6-1 用户服务表现

6. 严禁要求用户提供个人信息

如果商户要求用户提供付款信息、电子邮箱等个人信息，其账户将被暂停。

（七）退款规定

1. 退款发生在确认履行前的订单不符合付款条件

如果订单发货前取消订单或退款，则Wish商户将不能获得付款；如果商户向某个订单退款，商户将不能获得该笔订单的款项。

2. 对于缺乏有效或准确物流跟踪信息的订单，商户要承担全部退款成本

比如店铺某订单于3月2日生成，预计配送时长为12~15天，商户于3月3日对订单标记发货，提供了无效的物流追踪信息（即Wish无法抓取到的）；3月20日，客户反映未收到货，则Wish会向客户退款。对于这笔订单，商户将不符合付款条件。

3. 对于配送时间过度延迟的订单，商户负责承担100%的退款责任

包裹的配送及妥投时间因地区而异，若到某一个国家或地区的订单配送时间超过该国家或地区的最长配送时间仍未确认妥投，因此而产生的退款，商户需承担100%的退款费用。部分国家和地区的最长配送时间如表6-1所示。

表6-1 部分国家和地区的最长配送时间

国家	最长配送时间	国家	最长配送时间	国家	最长配送时间
美国	15天	挪威	18天	澳大利亚	14天
法国	16天	爱尔兰	23天	捷克	17天
加拿大	18天	巴西	29天	德国	16天
西班牙	21天	波兰	18天	马来西亚	20天
瑞士	17天	芬兰	17天	克罗地亚	15天
意大利	21天	新加坡	16天	波多黎各	13天
日本	13天	葡萄牙	19天	墨西哥	22天
丹麦	16天	希腊	23天	韩国	12天
比利时	16天	荷兰	15天	俄罗斯	23天
英国	12天	土耳其	22天	以色列	23天
瑞典	20天	新西兰	14天	奥地利	15天

4．出现以下情况，由商户承担全部退款成本

①用户由于尺寸问题而要求退款；
②商户实施诈骗活动或规避收入份额；
③由于商品送达时损坏而产生退款；
④由于商品与商品介绍不符而产生退款；
⑤因商品配送至错误地址而产生退款；
⑥因订单配送不完整而产生退款；
⑦若包裹跟踪记录显示妥投，但客户未收件而产生退款；
⑧商户通过非Wish认可的合作配送商配送订单而产生退款；
⑨被判定为仿冒品的产品订单产生的退款；
⑩上架了在其销售产品的国家被认为是危险或非法的产品而产生的退款。

5．对于退款率极高的产品，其在任何情况下产生的退款都将由商户承担全部退款责任

商户的每个极高退货率的产品都将会收到一条违规警告，产生的任何退款将由商户承担全部责任，退款会从上次付款中扣除。

（八）账户暂停规定

1．账户暂停后会发生的情况

①账户访问受限；
②店铺的产品不允许再上架销售；
③店铺的付款保留三个月；
④因严重违反Wish政策，店铺的销售额将被永久扣留；
⑤店铺承担所有退款责任。

2．账户被暂停的原因（包括但不限于以下内容）

①商户向顾客索取他们的个人信息（包括电邮地址）；
②商户要求用户直接打款；
③商户提供了不适当的用户服务；
④欺骗用户；
⑤商户要求用户访问Wish以外的店铺；
⑥销售假冒或侵权产品；
⑦商户利用Wish政策谋取自己的利润；
⑧商户的店铺与另一被暂停账号关联；
⑨退款率过高；

⑩自动退款率过高；
⑪拒付率过高；
⑫商户在Wish注册多个账户；
⑬使用无法证实的跟踪单号；
⑭给用户发送空包；
⑮使用虚假跟踪单号；
⑯店铺存在过多配送至错误地址的订单；
⑰订单延迟发货率过高；
⑱禁售品订单比例过高。

三、Wish平台注册操作

（一）Wish平台注册前需准备的资料

入驻Wish平台的第一步，就是注册平台账户。Wish平台账户分为个人账户和企业账户两种，注册流程大同小异，注册前需要准备的资料如下：拍照工具、店主身份证、一张A4白纸和深色笔；如果是申请企业账号，还要提前准备好企业营业执照和法人身份证信息。为了使照片容易通过验证，需要使用数码相机或拍照像素500万以上的手机（请不要使用美颜功能），照片的清晰度和文件大小需要在3MB以内，否则可能影响实名认证；整个认证有时间限制，需要在15分钟内完成。

（二）注册步骤

1. 登录 https://china-merchant. Wish. com 并点击“立即开店”

2. 在“开始创建您的Wish店铺”页面完成以下信息填写（图6-2）

①先选择习惯使用的语言，英文或者中文，选择按钮在页面的右上角。

②输入常用的邮箱开始注册流程，该邮箱也将成为商户未来登录账户的用户名。若已有Wish卖家账户，请点击“登录”。

③输入登录密码。为确保账户安全，密码必须不少于8个字符，并且包含字母、数字和符号，例如：“password100@store”。

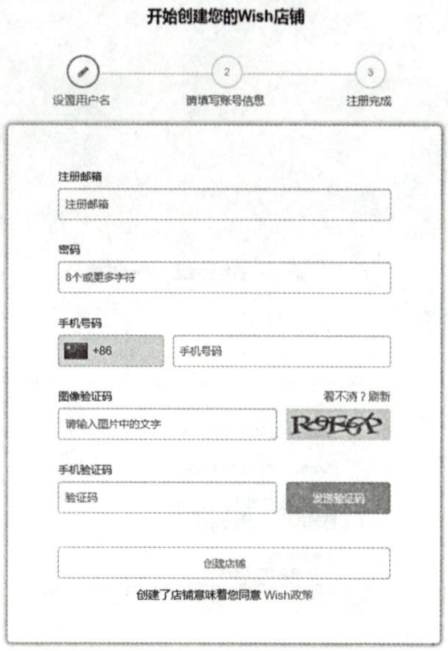

图6-2 创建Wish店铺

④输入手机号码以及右边显示的图片验证码。

⑤输入手机短信验证码。

完成以上所有步骤之后，点击“创建店铺”。

3．阅读“Wish与商户协议”

阅读商户协议，并在阅读完后点击最下方的选框。

4．邮箱验证（图6-3）

Wish将发送验证邮件至注册时使用的邮箱，点击“立即查收邮件”。

请检查邮箱，点击“确认邮箱”或者URL后会直接跳转到商户后台。

5．在“告诉我们您的更多信息”页面录入信息（图6-4）

①输入店铺名称，确认店铺名称不能含有“Wish”的字样。店铺名称一旦确定将无法更改。

②输入商户姓氏和名字。

③输入商户所在的国家、省份、城市、街道地址以及邮政编码。

④点击“下一步”继续完成注册流程。

6．实名认证

企业账号认证，需事先准备好企业营业执照、法人身份证等信息。

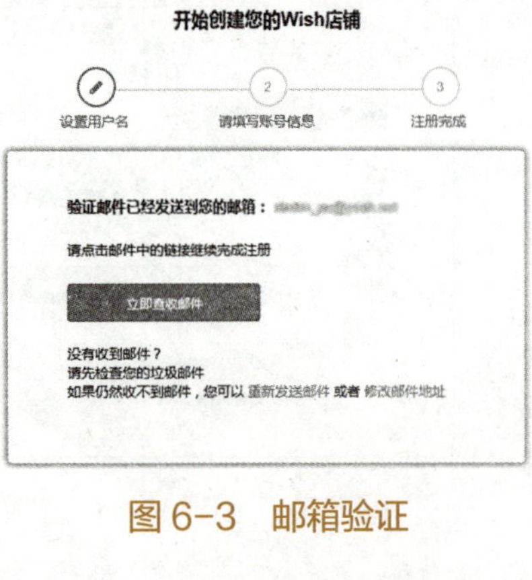

图6-3　邮箱验证

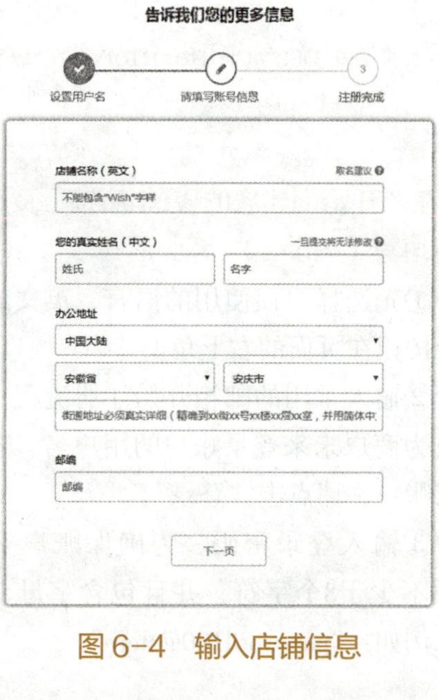

图6-4　输入店铺信息

①输入企业的公司名称。注意：个体工商户不可作为企业账户。

②输入统一社会信用代码。

③上传清晰的营业执照彩色照片。

④输入法人姓名和法人身份证号码。

⑤准备好拍照工具、法人本人身份证、深色笔及一张A4白纸。

⑥上传商户的验证照片，点击“下一步”进入支付的选择。

⑦添加收款信息，以便Wish业务开展后能正常收到货款。Wish提供了多种收款方式供商户选择，如Payoneer、Payeco等。

若使用易联（Payeco）收款，请选择易联。信息填写示例如图6-5所示。

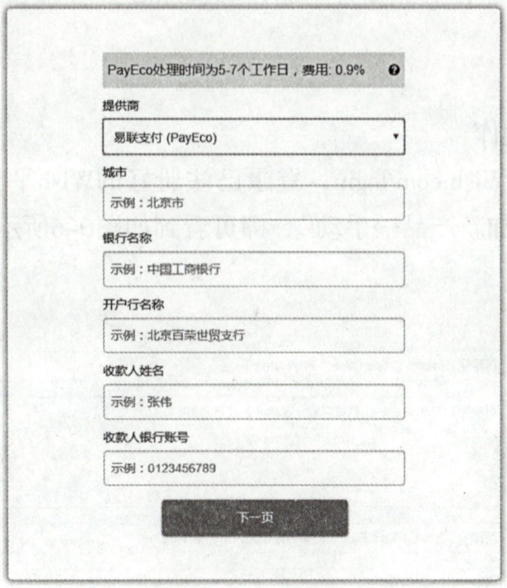

图6-5 易联收款

在确认无误后，点击“下一页”提交信息。

Wish平台规定自2018年10月1日0时（世界标准时间）起，新注册的店铺须缴纳2000美元的店铺预缴注册费，这项新政策旨在确保新注册商户账户能为用户提供优质的产品和服务。

目前有三个支付提供商可供选择：Payoneer、UMPay联动支付、PayPal。选择一个支付提供商（以UMPay为例），确认好支付提供商后，点击“继续”。

确认账单详情为$2,000.00无误后，点击“确认”，页面将跳转至第三方支付页面，商户需在线完成支付。此支付动作需在30分钟之内完成，否则可能会导致支付不成功。

完成支付后，页面会显示“交易成功”，说明已成功缴纳店铺预缴注册费。

至此，注册流程已全部完成。如果商户注册时录入的信息在审核后被退回，则需及时按照商户后台要求更新，以免耽误开通账户。

第二节

产品发布与推广

一、产品发布操作

Wish平台为商户提供了三种发布产品的方法：手动、CSV文件或者API。对于第一次登录Wish的新商户，推荐手动上传产品，以便熟悉平台流程。下面详细介绍前两种方法。

（一）手动发布产品操作

点击http://merchant.Wish.com/login，登录已注册好的Wish平台账号，在最上方的菜单栏里点击“产品→添加新产品→手动”，即可看到如图6-6所示的页面。

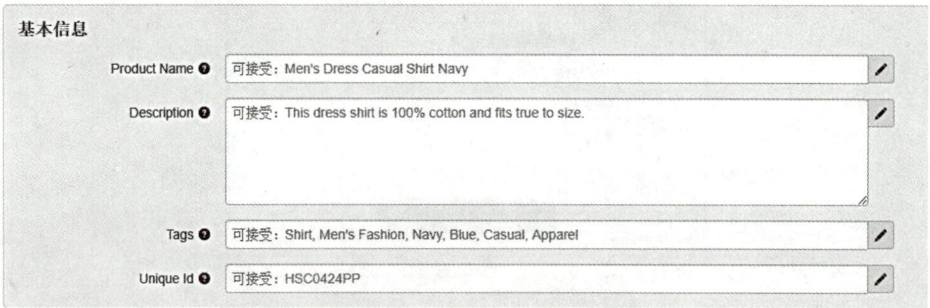

图 6-6　手动添加新产品

1. 输入产品基本信息

填写要发布的产品的所有信息，包括名称、描述、标签和唯一属性的商品ID。单击字段名称旁的问号标记会显示更多有关该字段输入内容的信息。可为产品添加最多10个标签，标签越多，用户越容易找到你发布的产品。如果填写正确，字段条目右侧会显示一个绿色的核对标记。

2. 上传产品图片（图6-7）

Wish强烈建议商户为每种产品上传多张高质量的图片。为产品上传多张高质量图片能够让潜在顾客多视角地观看商品，以实现更多的产品曝光。Wish平台提供了三种上传图片的方法：拖拽图片、从电脑上传和从网站上添加。

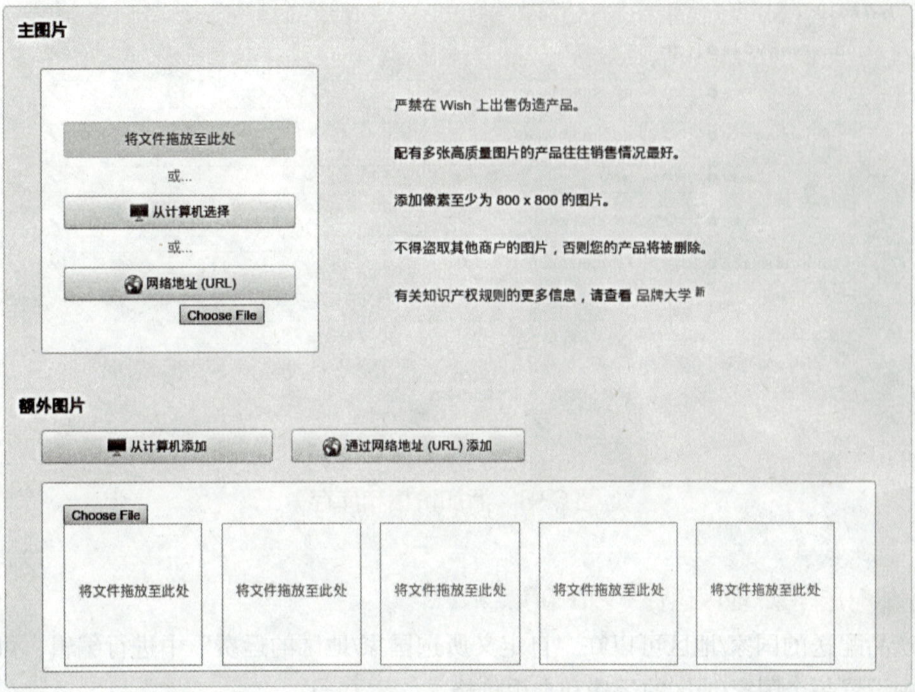

图 6-7 上传产品照片

（1）拖曳图片

拖曳图片是目前最简单的上传多张产品图片的方式。单击选择想要添加的图片，然后拖曳到主图区域。此外，通过拖曳图片到附图区域，也可以轻松地为产品添加附图。

（2）从电脑上传

若要从电脑上传图片，则要点击“从计算机选择”按钮，然后选择想为产品添加的图片。

（3）从网站上添加

如果暂时没有图片URL，可以进入已经上传该图片的网站并右击图片复制链接，来进行图片上传。

3．添加价格和库存（图6-8）

商户在这个菜单里可以填写产品的价格、数量、运费以及配送时长。从商户后台显示的时间范围内选择预设配送时长。如果配送时长范围不在可选列表内，可以手动输入配送时长范围。

快速可靠的配送是客户满意的关键因素。越快速且有保障的配送，商品就能获得越多曝光。另外，为产品添加更多高质量的图片也是增加产品曝光和好评次数的有效方法之一。

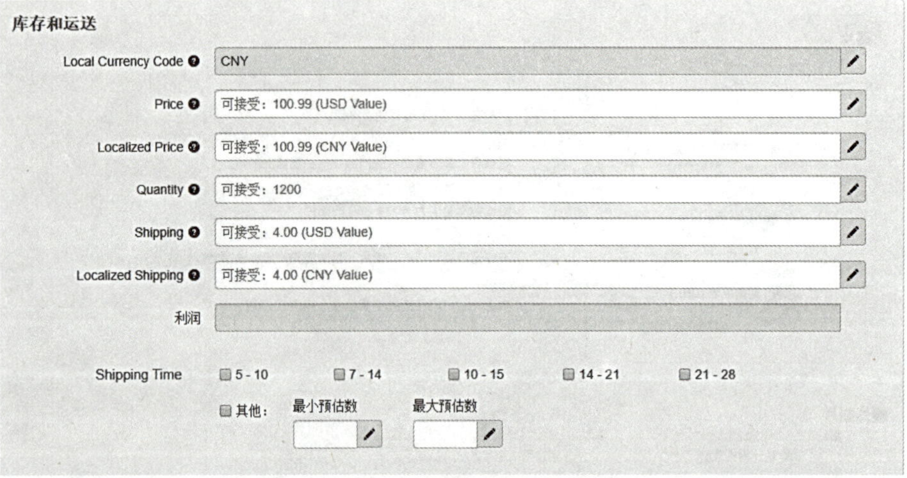

图 6-8　添加价格和库存

4. 添加配送国家/地区运费（图6-9）

产品配送的国家/地区可以在“自定义所选国家/地区的运费”中进行编辑，可在此菜单中设置每个国家/地区的运费和本币价格。

图 6-9　添加配送国家 / 地区运费

5. 添加产品尺码和颜色

增加销售量的最好方法是确保所发布的产品有合适的尺码和颜色信息。提供正确尺码和颜色信息的产品在Wish平台上可以获得更好的销量。这是为什么呢？因为客户更信赖拥有完整尺码和颜色选项信息的产品。当他们能够选择自己喜欢的尺码和颜色时，他们更有可能购买该产品。给产品添加颜色的操作如图6-10所示。

只需选中要添加的颜色旁边的复选框即可添加，也可以在“其他”字段中添加其他的颜色，添加后将显示在此界面中，如Black & White。

给产品添加尺码也很简单，操作如图6-11所示。

首先选择你要上传的产品类型，如服装、电子产品等。当你选择正确的类别时，尺码表会显示对应的尺码。在选择产品类别后，单击尺码旁边的方框即可。

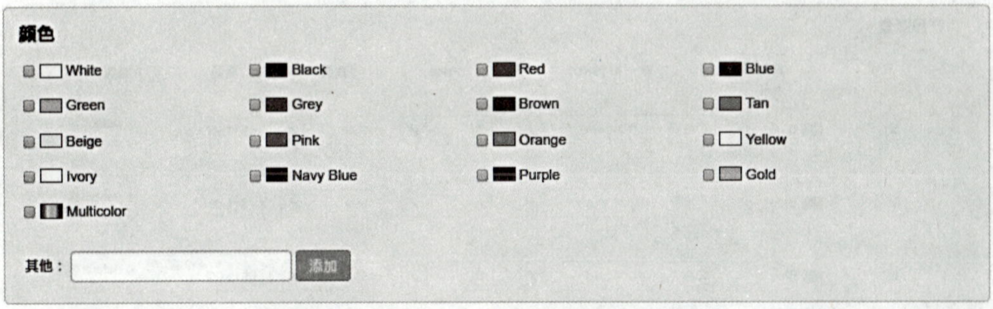

图 6-10　添加产品颜色

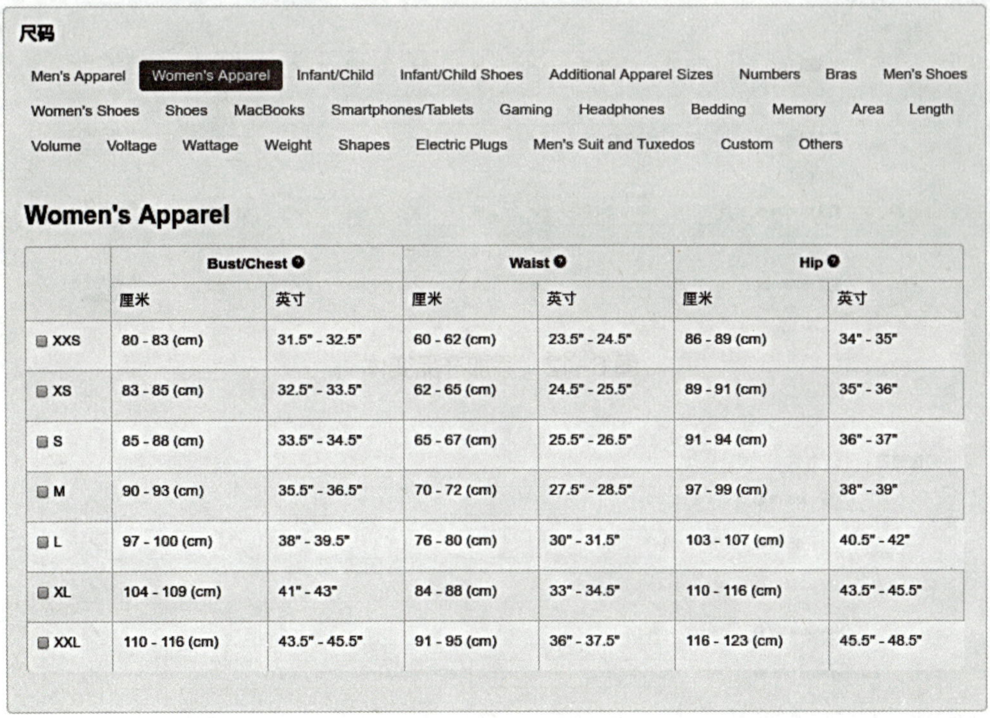

	Bust/Chest		Waist		Hip	
	厘米	英寸	厘米	英寸	厘米	英寸
XXS	80 - 83 (cm)	31.5" - 32.5"	60 - 62 (cm)	23.5" - 24.5"	86 - 89 (cm)	34" - 35"
XS	83 - 85 (cm)	32.5" - 33.5"	62 - 65 (cm)	24.5" - 25.5"	89 - 91 (cm)	35" - 36"
S	85 - 88 (cm)	33.5" - 34.5"	65 - 67 (cm)	25.5" - 26.5"	91 - 94 (cm)	36" - 37"
M	90 - 93 (cm)	35.5" - 36.5"	70 - 72 (cm)	27.5" - 28.5"	97 - 99 (cm)	38" - 39"
L	97 - 100 (cm)	38" - 39.5"	76 - 80 (cm)	30" - 31.5"	103 - 107 (cm)	40.5" - 42"
XL	104 - 109 (cm)	41" - 43"	84 - 88 (cm)	33" - 34.5"	110 - 116 (cm)	43.5" - 45.5"
XXL	110 - 116 (cm)	43.5" - 45.5"	91 - 95 (cm)	36" - 37.5"	116 - 123 (cm)	45.5" - 48.5"

图 6-11　添加产品尺码

6. 添加产品变体（图6-12）

在这里，可以自动生成之前输入的产品信息，也可以调整每个变体的价格和数量。假设你没有彩色的S号，只需将数量调整为0即可。

7. 添加可选产品属性（图6-13）

展开可选信息部分为产品添加更多信息。在这里，商户可以添加MSRP、品牌名称、登录页面URL和UPC。单击相应字段，即可为产品添加属性。

图6-12　添加产品变体

图6-13　添加可选产品属性

（二）使用CSV文件添加Wish产品

除了手工发布产品外，还可以通过使用产品CSV文件（产品→添加产品→产品CSV文件）一次性添加多个产品。可以通过如Microsoft Excel或Google Drive表格等方式创建CSV文件。本质上，CSV文件是一张每个单元格均有对应属性的电子表格。下面重点介绍如何通过Google Drive表格建立CSV文件，并上传到商户后台。

1. 创建CSV文件

①先为即将发布的产品创建一个电子表格，Wish平台提供了电子表格模板供商户参考，如图6-14所示。表格首行列出了一些商户可能需要的产品属性，带有星号（*）的都是必填项，其余的可选择性填写。

请注意，如果存在多余的属性，可将该属性从表格中删除。比如，商户添加了一个女式钱包，不需要“尺寸”这一项属性，那么可将“尺寸”属性从该电子表格中删除。商户也可以在CSV文件中使用与模板所设不同的属性名称，例如，可以使用“库存”这一词组代替“数量”。

②填入产品及其属性。如果商户是第一次使用CSV文件上传产品，建议先尝试上传10至20个少量产品。如果产品具有如颜色、尺码等多个属性，初始可控制在10个产品左右。如图6-15所示的CSV文件中添加了一些示例产品。

③完成产品信息的填写后，将其存为CSV文件。若商户使用的是Excel表格，点击

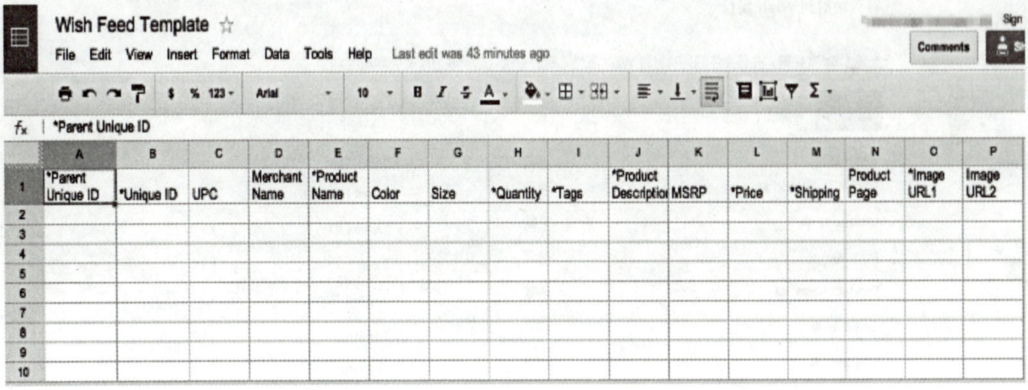

图 6-14　CSV 电子表格模板

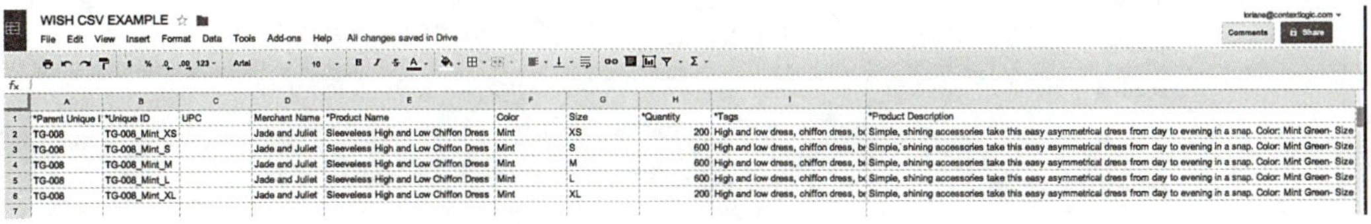

图 6-15　录入产品信息

“文件→另存为”，然后选择“逗号分隔符（.csv）”作为存储格式。若商户使用的是Google Drive表格，点击“文件→下载为→逗号分隔符（.csv）”。

2. 上传CSV表格（图6-16）

①在商户后台登录账号，点击“产品→添加新产品→产品CSV文件”，页面跳转至：http://merchant.Wish.com/feed-upload，选择要上传的CSV文件然后点击上传。

②所上传的表格首行仅为产品属性名称，可将上传的属性名称与系统属性名称进行匹配，这称之为“映射”。可在页面左侧进行属性映射，而在页面右侧会看到正在上传的产品信息的预览。完成映射后，点击“继续”。在完成所有所需字段的映射后，该按钮将由蓝变灰从而可被点击，如图6-17所示。

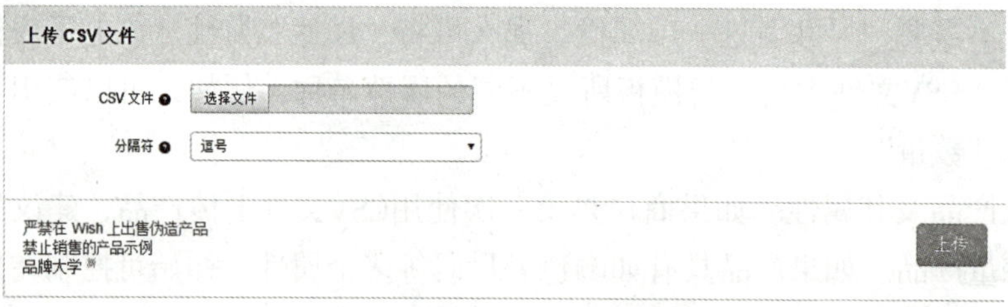

图 6-16　上传 CSV 文件

图 6-17　映射属性

③产品完成上传时会收到一条即时确认信息。

④为检查产品的录入状态，可点击蓝色按钮“查阅录入状态页”，如图6-18所示。亦可通过点击“产品→产品CSV文件状态”找到该页面，然后选择“查阅报告”检查产品上传状态。

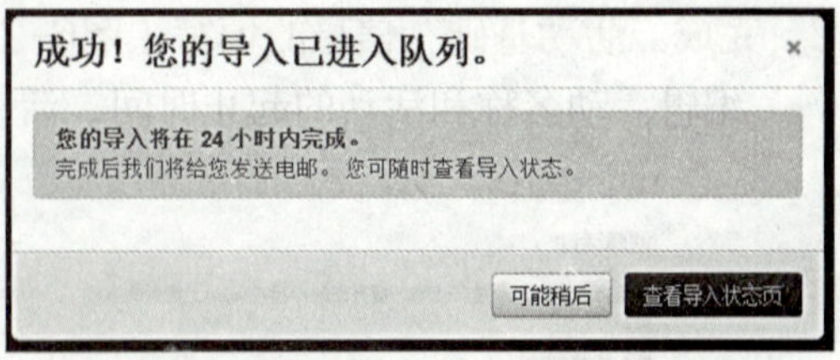

图6-18 产品上传成功提示

二、产品营销推广

Wish平台提供了产品推广（ProductBoost）、诚信店铺、Wish认证产品等方式帮助商户助长销量。

（一）产品推广（ProductBoost）

产品推广活动（ProductBoost，简称PB推广）是一种能为商家的产品吸引更多流量的广告形式，它是通过商户自设活动预算和竞价，对每千次流量展现记费的推广形式。产品推广能为商户带来多个好处，比如，增加产品的流量和销售，如果商户的产品与消费者相关，就会获得更多流量；提高产品的排名，参加推广的产品会在排名中获得更多的曝光和更好的位置；更快地发现商户的热销产品和购买人群，商户最了解自己的产品，当商户选择好的产品来做产品推广时，产品会更加热销。

创建产品推广活动步骤如下。

1. 菜单里点击“ProductBoost→创建活动”（图6-19）

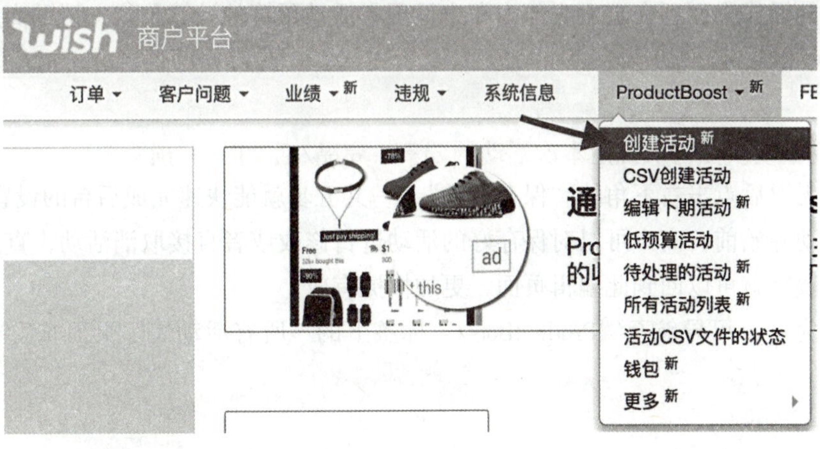

图6-19 产品推广活动创建

2. 完成“活动基础”信息的填写（图6-20）

编辑活动名称和活动的起止时间，活动页面自动选择“自动更新”和“智能版”。

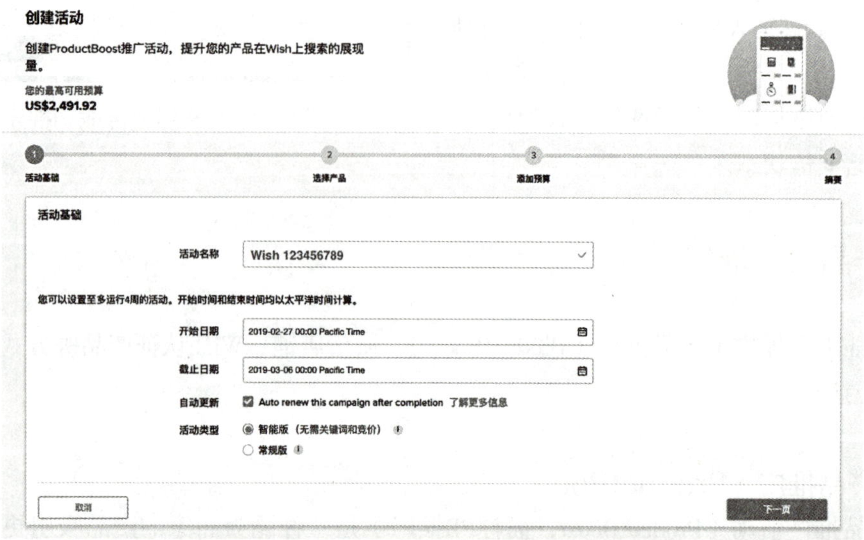

图6-20　填写产品推广活动信息

3. 选择参加产品推广（ProductBoost）的商品

商户可以通过产品的ID/SUK或者产品名称来编辑，一次活动最多可选择200个活动商品。

4. 根据商品的特性和商户的预期设定本次活动的预算

系统会根据商品的特性自动建议最低预算，若预算金额低于系统建议，预算将在计划的结束日期之前用完。

最新的操作界面还在页面底部为商户呈现了活动预算的计算公式，帮助商户更有效地完成活动的设定。

5. 在活动摘要页面再次确定本次活动的要素（商品/活动时间/预算）

确认无误后点击右下角的“保存活动”，一共五步就能快速完成后台的设置。

在活动开始前，商户可以对保存好的活动进行修改或者直接取消活动，直接点击步骤上方的数字就可以回到此编辑页面，更加快捷有效。

创建完毕，可导航至“ProductBoost”标签下的“所有活动表”页面查看正在进行中的活动。

（二）诚信店铺活动

Wish历来都非常重视诚信经营，对于在平台上出售侵权产品或上传侵权产品图片等行为，Wish都会予以严厉的打击，可以说Wish对侵权行为是零容忍。另一方面，在严厉打击侵权行为的同时，Wish对于诚信店铺也有很多的扶持政策。

想要在Wish平台上成为诚信店铺，需要满足这些要求：物流有效跟踪率≥95%；延迟发货率≤10%；30天平均评分≥4分；63～93天平均退款率≤10%；仿品率≤0.5%。

成为诚信店铺后会有许多益处，其中之一便是浏览量的增加。诚信店铺未被审核的产品可以直接销售，同时审核通过的产品会有更多的浏览量。以下示例说明了成为诚信店铺后是如何帮助店铺获得更多浏览量的：

本例中店铺A是诚信店铺，店铺B不是诚信店铺。

店铺A在1月1日上传了一件新产品，这件产品可在还未被审核的情况下立即进行售卖，且也会获得相应的浏览量支持；店铺B在1月1日上传了一件新产品，这件产品在通过产品审核前不会获得任何浏览量。

店铺A在1月3日售出一件新上传产品，这件产品会持续获得浏览量的增加；店铺B的新上传产品在1月3日仍无法售卖。

店铺B的新上传产品在1月10日通过产品审核开始售卖，但店铺B仍不是诚信店铺，无法获得流量支持。

（三）Wish认证体系

诚信店铺中的产品，如果收到特别好的客户反馈，该产品将被授予Wish认证标志。客户在Wish浏览这些产品时能看到这一特殊的标志。另外，有Wish认证标志的产品将会获得更多的销售。

第三节 收款、退款、退货及客户维护操作

一、Wish收款操作

（一）Wish支持的收款方式

Wish支持商户使用以下方式收款：联动支付（UMPAY）—直达中国账户、PayEco

（易联支付）、AllPay、Payoneer、PayPal以及PingPong一直达中国账户。各种收款方式特点如下。

1．联动支付（UMPAY）一直达中国账户

①手续费1%；

②手续费将从完整的支付款项中扣除；

③5～7个工作日内将款项转入商户的银行账户；

④须在中国大陆有一个银行账户（借记账户）；

⑤不需要拥有UMPay账户；

⑥不收取货币兑换手续费（汇率以UMPay合作银行实时汇率为准）。

2．PayEco（易联支付）

①手续费1%；

②直接支付人民币；

③5～7个工作日内将款项转入商户的银行账户；

④手续费将从完整的支付款项中扣除；

⑤需在中国拥有一个银行账户；

⑥每月1日及15日向商户支付款项。

3．AllPay

①手续费0.8%；

②结算款将在平台放款后5～7个工作日直接进入商户的银行账户；

③直达中国大陆个人银行账号（借记卡）；

④收款转换汇率，采用交易发生时合作银行（平安银行）的公开汇率，汇率透明优惠；货币兑换时没有任何额外附加费用。

4．Payoneer

①手续费1%或更低；

②支付款项将直接以美元为货币单位转入商户的Payoneer账户；

③可从Payoneer账户中提款至商户的本地银行账户（如人民币账户、欧元账户等）；

④从Payoneer账户提款操作需要数个工作日；

⑤可使用商户已拥有的或创建一个新的Payoneer账户来收款；

⑥每月1日及15日向商户支付款项。

5. PayPal

①手续费0.1%；

②服务费直接从账款总额中扣除；

③账款将以美元形式在5~7个工作日内到达商户的银行账户；

④可使用已有PayPal账户或创建一个新的账户。

6. PingPong—直达中国账户

①手续费1%或更低（没有隐性费用）；

②已经是PingPong用户的商户可以通过点击几个按钮来进行收款（新用户需要先注册账户）；

③款项进入商户的当地银行账户可能需要6个工作日；

④根据提款金额进行收费。

（二）付款设置

商户登录Wish后台后点击“账户”→“付款设置”，完成或修改付款信息设置。通过这个页面，可以选择联动支付（UMPAY）—直达中国账户、PayEco（易联支付）、AllPay、Payoneer、PayPal或PingPong—直达中国账户进行收款。

对于联动支付（UMPAY）—直达中国账户，商户必须输入银行名称、收款人姓名、银行账号、电话号码以及身份证号码。银行账户必须是中国大陆开设的借记卡账户。

对于PayEco（易联支付），商户要输入银行信息，包括银行所在城市、银行名称、开户行、收款人和银行账号。

对于AllPay，商户必须输入银行信息，包括银行所在城市、银行名称、开户行、收款人、银行账号以及身份证号码。

对于Payoneer，商户需要有一个Payoneer账户。在切换支付方式时可使用已有账户或注册一个新的账户。

对于Paypal，商户需要有一个Paypal账户。可以使用已有账户或注册新的账户。

对于PingPong—直达中国账户，商户需要一个PingPong账户。在切换支付方式时可使用已有账户或注册一个新的账户。

二、退款、退货操作

（一）退款操作

商户收到订单并发货后，如果产品被退回或用户反馈收到损坏的产品时，商户应对该订单进行退款处理。

1．查找订单ID（图6–21）

如果用户曾发起过客户问题，商户可以在客户问题中找到订单ID。

2．查阅订单

在复制订单ID后，通过点击顶部导航栏的“订单”→“历史记录”查阅订单历史，在搜索栏里粘贴订单ID，然后点击回车，即可找到需要退款的订单。

3．订单退款

在订单中点击“措施”按钮，然后在弹出的选项中点击“退款”，如图6–22所示。

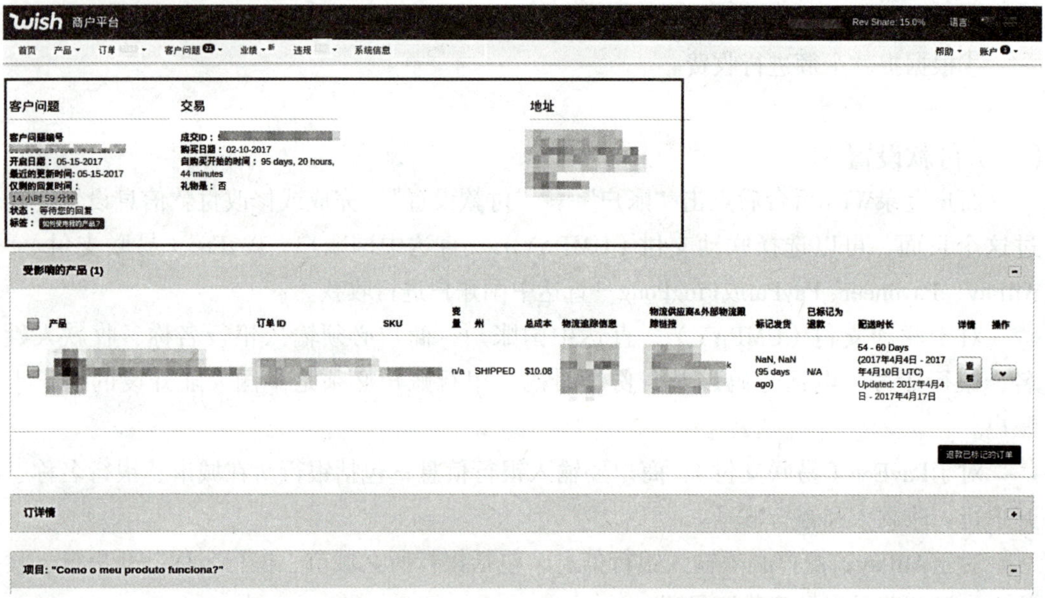

图6–21　在“客户问题”界面查找订单ID

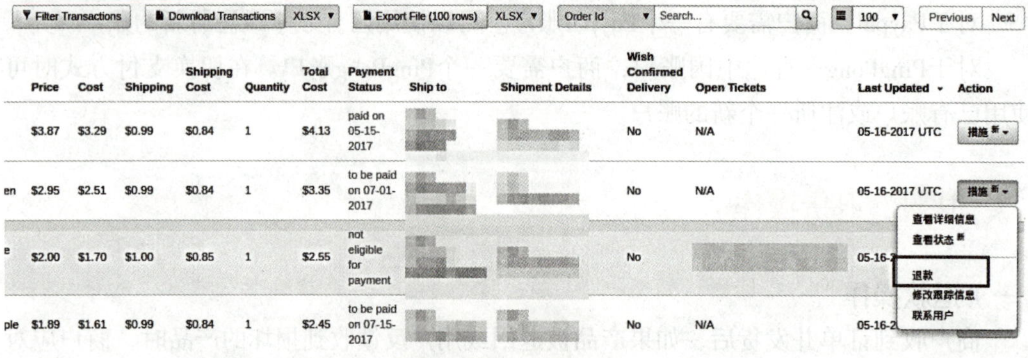

图6–22　退款操作

此处，商户可提供退款原因并提交退款。Wish将会立即为商户发起退款，用户会在银行处理完退款流程后的5～7天内收到退款。

请注意，该操作将在商户的下个付款周期内扣除这笔Wish订单货款。

（二）退货操作

美国或欧洲用户以Wish认可的退款原因之一（如质量相关问题）发起退款后，那么他需要在退款之前先将产品退回至商户指定的退货地址。Wish将根据产品的物流信息生成预付的退款标签，用户将用此标签进行退货，而退货标签的费用将从商户的账户余额中扣除。

商户要先将产品加入退货项目后才可以办理退货操作。Wish平台上凡带有物流信息的产品均可参加退货项目。目前，只有美国路向和部分欧洲国家路向的产品享有退货资格。对于美国路向，商户必须在美国设有退货仓库，方可接收美国用户的退货。美国退货仓库仅可接收美国路向的退货。对于欧洲国家路向，商户要在Wish平台支持退货的任意欧洲国家或地区内设有退货仓库，以接收这些欧洲国家中任何一国用户的退货。与美国路向不同，欧洲国家路向的退货无须与该订单的目的国一致。

商户先登录Wish商户平台，前往“产品”→“查看所有产品”页面，在商户后台启用产品的退货功能，目前支持单个产品或批量开启退货功能。请注意，如果使用批量启用功能，那么所有含有物流信息的有效产品的退货设置都会更新，包括已参与退货项目的产品。如果商家针对美国路向退货使用批量加入选项，则仅更新其产品的美国退货设置；类似设置逻辑同样适用于欧洲。

1. 开启单个产品的退货功能

①在商户后台的导航栏，通过“产品”→“查看所有产品”进入。对于要加入到退货计划的产品，请单击“已加入退货”列下的“参加”。

②被引导到“Wish退货计划服务条款”页面后，单击“同意”继续。

③若商户还未为产品添加物流信息，下一步将提示进行添加。商户还可以为所选产品手动输入物流信息，或者为多个产品批量上传CSV文件，也可以使用API为多个产品上传物流信息，如图6-23所示。

请注意，对于欧洲国家的退货，如果产品超出了特定的尺寸限制，则不能通过Wish退货。商户仍然可以保存尺寸信息，但在输入欧洲国家的退货仓库地址时，将在下面的步骤④中收到警告消息，并且商户无法继续将产品加入到欧洲国家的退货计划中。

填写完所有信息后，请单击“保存并下一步”按钮。

④接下来，系统将提示输入退货仓库地址。选择退货仓库的区域（美国或欧洲国家），并填写其余信息，如图6-24所示。

图 6-23 添加物流信息界面

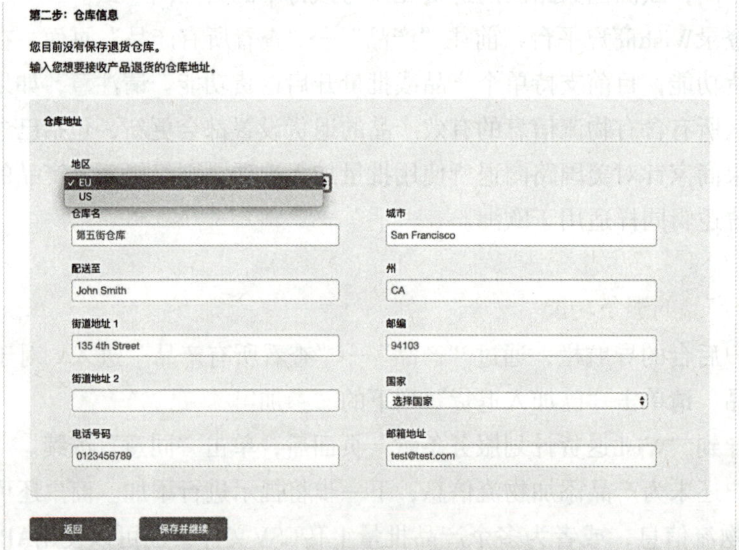

图 6-24 输入退货仓库地址

请注意，如果商户的退货仓库地址在欧洲国家，则需要在此步骤中提供电话号码和电子邮件地址。美国退货仓库地址不需要此信息。

若商户在第三步填写的物流尺码信息超过欧洲退货上限，则在此页面填写欧洲地址后会收到如图6-25所示的警告信息。

此警告信息表示商户的产品尺寸超出了启用欧洲国家的仓库退货可接受的最大限度，因此目前无法将此产品加入到欧洲国家的退货计划中。

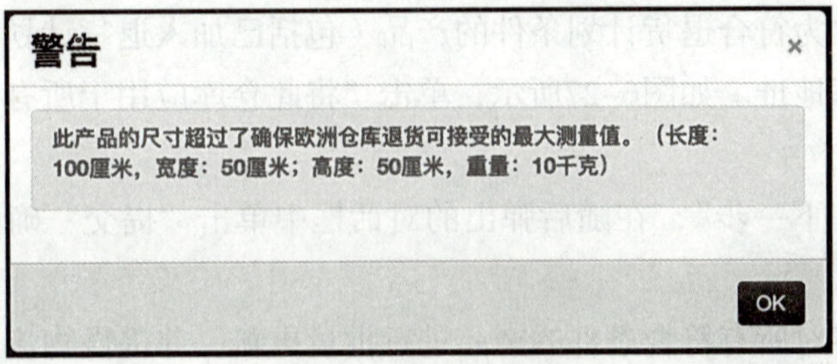

图6-25 警告信息

⑤正确输入退货仓库地址后，将能够查看退货仓库地址并为欧洲国家或美国退货选择一个地址，还可以在此页面上添加新的退货仓库，因为可以为一个产品添加多个退货仓库。

请注意，Wish在本页还向商户提供了预履行退货标签，因此商户就可知道每一笔客户退货将从自已账户余额中扣除的大概费用。单击“保存并下一步”继续。

⑥产品退货功能已启用，下一页显示产品物流信息摘要、预履行退货标签和相应的退货仓库地址，供商户查看。

商户还可以通过导航到“产品”→“查看所有产品”，并在已加入到Wish退货计划的产品的“已加入退货”列下选择“查看”来访问产品的上述摘要页面。

商户也可以通过右侧的“操作”列，单击“操作”下拉列表并选择“查看退货设置”以查看上面的相同信息。

2. 批量启用产品退货

从上面的“查看退货设置”视图中，导航到“仓库地址”部分，然后单击“编辑”，如图6-26所示。

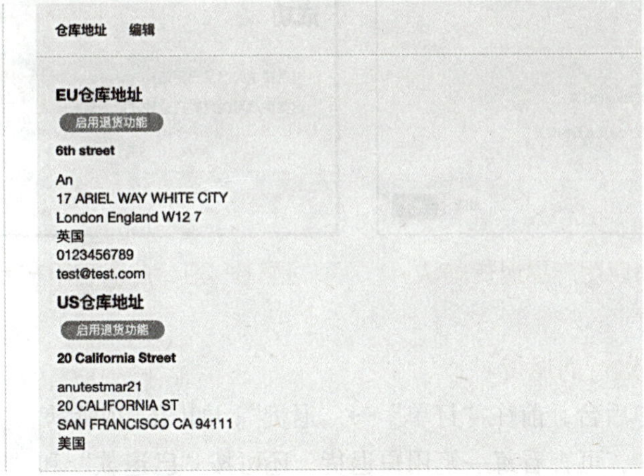

图6-26 批量启用产品退货操作界面

在下一步中，为符合退货计划条件的产品（包括已加入退货计划的任何产品）选择商户要使用的仓库地址。如图6–27所示，单击“将此仓库应用于所有符合条件的产品”复选框。

单击“保存并下一步”，在随后弹出的对话框中单击“提交”确认更新，如图6–28所示。

一旦确认，将对所有符合条件的产品进行批量更新，并提供物流信息，信息需等待几分钟的更新时间，然后会体现在商户后台中，如图6–29所示。

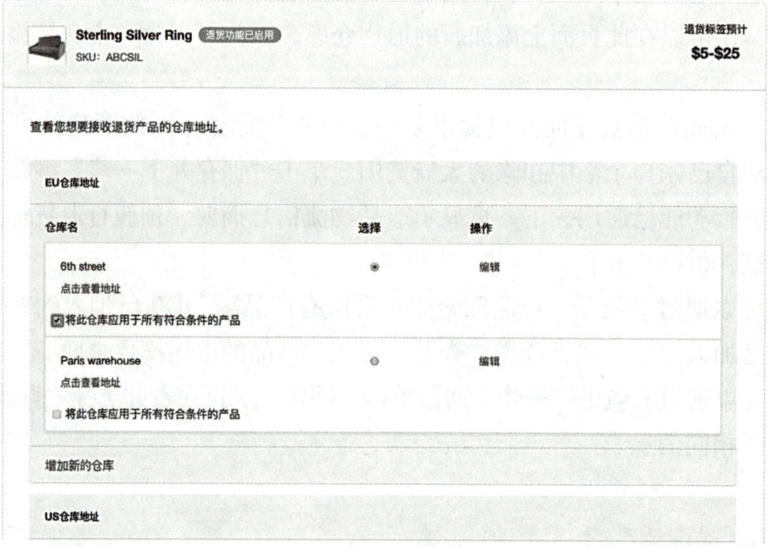

图6–27 批量启用产品退货编辑界面

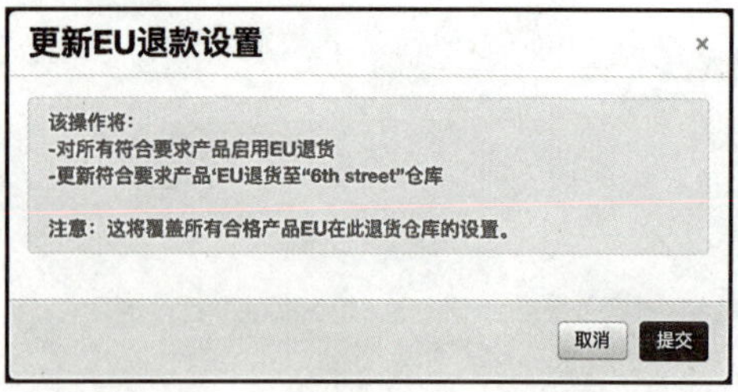

图6–28 批量启用产品退货确认

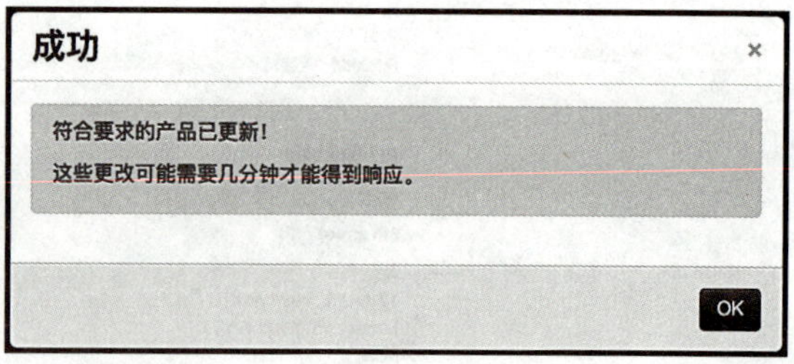

图6–29 批量启用产品退货成功提示

3. 如何查看正在进行的退货

登录Wish商户后台，前往“订单”→“退货”，如图6–30所示。

在退货页面中，可查看每一笔用户退货，还可按“已退款”和“正在进行的退款”状态来筛选，如图6–31所示。

另外，点击“退货ID”将会前往“退回详情”页，在此可以查看该退货的历史记录或详情，如图6-32所示。

请注意，对于“历史记录”下的“已确认履行”部分，可以看到两条物流跟踪ID的轨迹（“物流跟踪ID 1”和“物流跟踪ID 2”）。当商户的仓库和用户处于同一个国家

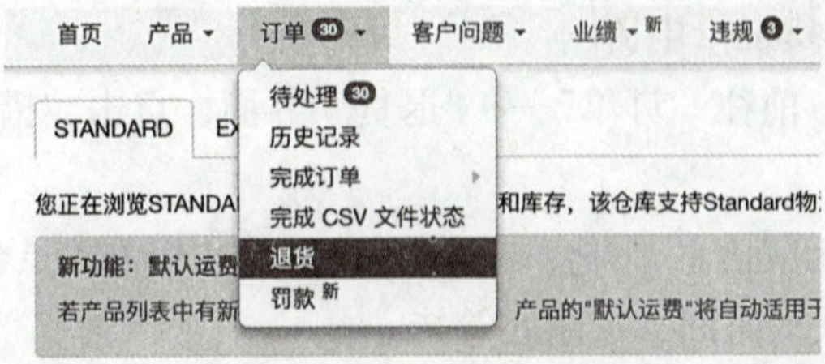

图 6-30 查看退货订单

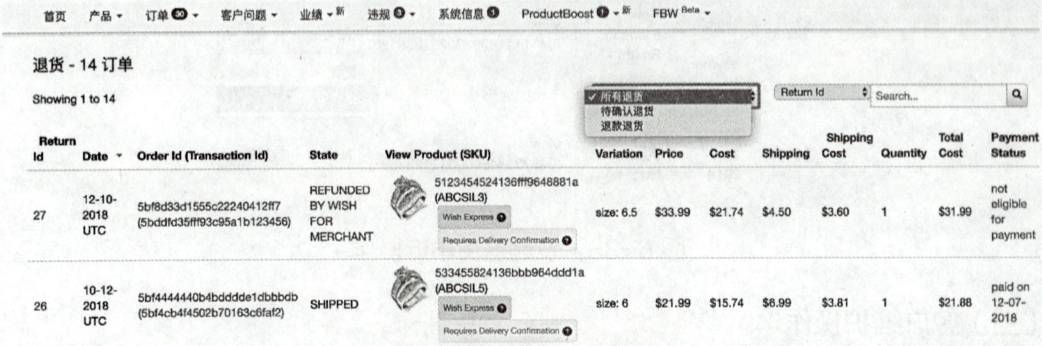

图 6-31 退货状态界面

图 6-32 退回详情界面

时，仅会看到一条物流跟踪信息（如图6-32所示）；当商户的仓库和用户处于不同国家时（特指欧洲退货项目），“物流跟踪ID 1”表示从用户端运送到Wish运营的合并中心段；“物流跟踪ID 2”表示从合并中心到商户的退货仓库地址段。这两程之间的周转时间为1~2个工作日。

4. 如何对用户欺诈退货进行申诉

登录商户后台后，前往“订单”→“退货”界面，点击“措施”→“提交申诉”，如图6-33所示。

在申诉页面提供相应信息，并点击“提交”。Wish相关人员会查看并回复商户的申诉，整个流程需要几天的时间，需耐心等待。

图6-33 发起退货申诉操作

（三）客户维护操作

为提升用户及商户体验，Wish客服中心将大部分客户问题进行了分类，这让平台客服中心能够处理绝大多数来自用户非要求退款的客户问题。由于Wish客服中心处理了大部分客户问题，商户只需查看少量的客户问题并有更多时间来处理订单。

1. 随时查看邮箱通知

Wish平台每天会向商户提供的邮箱中发送通知信息，提示有新的客户问题等待回复。当商户登录后台时，会在“客户问题”栏中看到红色标识的通知信息。数字代表须回复的新的客户问题数量。

若需查看客户问题，点击顶部导航栏处“客户问题”→“待处理”。

2. 回复客户问题

点击订单中的“查看”按钮来查看客户问题详情页面。在详情页面中，可看到与此客户问题相关的所有信息。

商户可在该页面中回复客户问题。如果客户使用的语言不是英语，商户可使用Google翻译工具来帮助理解客户问题。如果仍无法理解，那务必用英语再次向客户询问。

在客户问题下面空白处输入内容进行回复，回复完成后，点击“回复”按钮发送。

3．修改配送地址

如果用户提出修改配送地址的要求，为帮助用户更新配送地址，可点击客户问题详情页右上角的“编辑配送地址”按钮进行编辑，点击该按钮后，系统将会弹出一个对话框用以编辑配送地址。修改完成后点击“提交”保存修改内容。为保证优质的客户服务，商户也可回复客户告知对方已更新配送信息。

结语

本章以Wish跨境电商平台的主要操作为核心，分成了三小节。第一节介绍了Wish平台的发展历史、平台规则和开店注册流程；第二节介绍了Wish平台的产品发布和营销推广操作流程；最后一节介绍了Wish平台的收款、退款、退货和客户维护操作。通过本章的学习，可以完整地掌握Wish平台操作过程中各个环节所需的基本技能。

课后练习

一、不定项选择题

1．Wish是一款基于（　　）的跨境电商平台，99%的交易都在这里进行。

A．个人PC端　　B．企业PC端

C．实体店铺　　D．手机移动端

2．自2018年10月1日0时起，在Wish平台新注册的店铺需缴纳（　　）美元的店铺预缴注册费。

A．1500　　B．2000

C．2500　　D．3000

3．如果商户反复发布侵犯他人知识产权的产品，那么相关侵权产品将会被系统移除，商户账号也将面临至少（　　）美元的罚款或被暂停交易的风险。

A．500　　B．1000

C．1500　　D．2000

4. 系统确认订单履行的时长，为客户下订单到商户标记该订单为“已配送”所需的时间。如果一个订单在（　）天内未完成发货操作，该订单将被退款并且相关的产品将被下架，每单将被罚款50美元。

A. 3　　B. 5

C. 7　　D. 9

5. Wish平台的账户类型包括（　）。

A. 仅个人账户　　B. 仅企业账户　　C. 个人账户和企业账户

6. Wish平台预缴注册费有（　）支付方式可供选择。

A. Payoneer　　B. PayPal

C. 银联　　D. UMPay联动支付

7. Wish平台为商户提供了（　）发布产品的方法。

A. 手动　　B. CSV文件

C. API　　D. 自动

8. Wish平台需填写要发布的产品的所有信息，包括（　）等。

A. 名称　　B. 描述

C. 标签　　D. 唯一属性的商品ID

9. Wish平台提供了（　）等方式帮助商户助长销量。

A. 产品推广　　B. 诚信店铺

C. Wish认证产品　　D. 电视广告

10. Wish平台的物流方案包括（　）等。

A. 仅中国大陆直发订单

B. 仅海外仓发货

C. 中国大陆直发订单和海外仓发货

D. 自由发货

二、讨论题

说一说你对Wish平台的看法。

第七章

跨境电商营销

通过本章学习，应达到以下具体目标。

1. 知识目标

（1）了解跨境电商营销的基本概念；
（2）掌握搜索引擎营销的方法；
（3）掌握跨境电商广告的模式；
（4）了解社交网络营销的应用。

2. 技能目标

（1）能够运用搜索引擎营销；
（2）能够运用跨境电商广告；
（3）能够运用社交网络营销。

3. 素质目标

（1）培养学生发现新事物、认识新事物的能力；
（2）培养学生总结和归纳的能力；
（3）培养学生不断学习的能力；
（4）培养学生热爱工作、遵守行业法律、法规的职业道德。

互联网应用的发展不仅改变了企业的营销方式，还改变了消费者的行为方式。因此，跨境电商营销不仅是利用网络信息技术，还是以新的方式和理念开展营销活动，它有着丰富的内容，常见的营销方法包括搜索引擎营销、网络平台营销、网络广告营销、社会化媒体营销、自媒体营销、软文营销、事件营销和病毒营销等。

第一节 搜索引擎营销

一、搜索引擎营销

（一）搜索引擎

互联网时代，网站由于其内容丰富、查阅方便、不受时空限制、成本低等优势，广受商家的喜爱，成为传递、传播价值的主要手段，并在获得、保持和发展客户方面呈现出强大的潜力。所以，围绕网站的营销活动越来越丰富。

搜索引擎一旦收录了商家的网站，当有网民搜索相关信息的时候就可以展现出来。感兴趣的用户点击搜索结果页上的链接，进入商家的网站，浏览产品信息，注册成为会员，留下联系方式，定制感兴趣的资料列表，甚至通过网页注明的销售电话或在线购物完成购买。

网民在搜索过程中表达了真实的欲望和需求，对同一个关键词进行搜索的网民会呈现出对特定信息强烈的兴趣倾向，于是，推广商家可以通过购买特定关键词来选取受众，并在不同关键词的搜索结果页上传达有针对性的信息。同时，在效果追踪工具的帮助下，推广商家可以及时清晰地分辨出哪条信息或哪个关键词带来了实际效果从而灵活调整购买的关键词列表和出价，追求最佳效果。

美国知名搜索引擎营销专业服务商iProspect和市场研究公司Jupiter Research联合调查显示：互联网用户使用搜索引擎越来越没有耐心，越来越多的互联网用户仅关注搜索引擎结果第一页的内容，如果第一页没有满意的结果，立刻变换关键词或者更换搜索引擎重新进行检索；iProspect调查结果显示，62%的搜索用户只点击搜索结果第一页链接，此外，高达90%的搜索者只查看搜索前三页。

因此，通过营销手段让自己的网站在搜索结果中排到靠前的位置是十分必要的，这样搜索引擎才可能为你带来更多的关注和点击，同时也会带来更多的商业机会。

（二）搜索引擎营销

搜索引擎营销（Search Engine Marketing，SEM）是一种营销方法，它根据用户使用搜索引擎的习惯，采用付费形式或者技术手段，使网页在关键词搜索结果中排名靠前，引导用户点击，从而达到品牌展示和促进销售的目的。搜索引擎营销的基本思想是让用户发现信息，并通过（搜索引擎）搜索点击进入网站/网页，并进一步了解他所需要的信息。简单来说，SEM 所做的就是最小的投入在搜索引擎中获得最大的访问量并产生商业价值。

搜索引擎营销是以关键词搜索为前提，以企业盈利为目标的目前应用最广泛，时效性最强的一种网络营销推广方式，被广大的中小企业作为企业营销的首选推广策略。

搜索引擎营销得以实现的基本过程是：企业将信息发布在网站上成为以网页形式存在的信息源；搜索引擎将网站网页信息收录到索引数据库；用户利用关键词进行检索（对于分类目录则是逐级目录查询）；检索结果中罗列相关的索引信息及其链接地址；根据用户对检索结果的判断选择有兴趣的信息并点击网址进入信息源所在网页。这样便完成了企业从发布信息到用户获取信息的整个过程，这个过程也说明了搜索引擎营销的基本原理和基本过程，如图7-1所示。

图 7-1　搜索引擎营销基本过程示意图

二、搜索引擎基本模式和选择技巧

搜索引擎营销策略主要包括关键词广告、搜索引擎优化、竞价排名等方式，通过对网站结构（内部链接结构、网站物理结构、网站逻辑结构），高质量的网站主题内容，丰富而有价值的相关性外部链接进行优化而使网站对用户及搜索引擎更加友好，以获得在搜索引擎上的优势排名，为网站引入流量。

（一）基本模式

主要有搜索引擎分类目录、搜索引擎化、关键词广告和网页内容关联广告四种模式。搜索引擎营销的具体方法包括竞价排名、分类目录登录、搜索引擎登录、付费搜索引擎广告、关键词广告、来电付费广告、搜索引擎优化（搜索引擎自然排名）、地址栏搜索、网站链接策略等。搜索引擎营销追求最高的性价比，以最小的投入获得最大的来自搜索引擎的访问量，并产生商业价值。用户在检索信息时使用的关键字反映出用户对该问题的关注，这种关注正是企业需要的，这也是网络营销活动中常常使用搜索引擎营销的根本原因。

（二）选择技巧

如果想进入国际市场，搜索引擎排名将直接影响到营销推广效果。众多企业多年的海外推广经验表明，选择排名靠前的搜索引擎进行营销能够让企业获得更佳的推广效果。企业网站和产品一旦出现在这些搜索引擎上，它将成为您面向全球客户的宣传产品服务的行销渠道。如果搜索引擎排名在前3位，企业将比其他竞争对手更早一步吸引到目标客户，进一步扩大外销渠道，获得大量出口订单变得更加容易，从而实现企业利益最大化。

以下是全球著名的搜索引擎名录。

第1类：Google系（Google, Lycos, About, Infosapce, Hotbot, Ask, Iwon, ZDNet, Netscape, Search, Canada, Free, Bizrate, Goto, Sapo, Shaw, Biglobe, Information）

第2类：Yahoo系（Yahoo, MSN, Overture, Excite, CNN, AltaVista, Alltheweb）

第3类：Business

第4类：AOL

第5类：Kellysearch

三、利用搜索引擎分析市场

关键词热度搜索常用的网址有Google trends: http://www.google.com，Keyword spy: http://keywordspy.com，Alexa: http://alexa.chinaz.com，Landsend: http://www.landsend.com，Terapeak: http://www.terapeak.com等。

（一）google全球商机洞察

对于大部分卖家而言，Google不是一个陌生的名词。在多数人记忆中Google就是搜索关键词的竞价广告，要付出大量的成本才能得到相应的推广效果。事实上Google还有很多免费的工具供用户选择和使用，便于我们了解产品及行业情况，指导我们找到最精准的推广方式。

Google全球商机洞察可以提供来自全球互联网搜索的数据。按照总的搜索量、建议出价和竞争状况对每个市场的商机进行排序。借助Google全球商机洞察，一些曾经困扰中小企业的诸如“这个市场的竞争状况如何”“该地区对产品的需求与另外一个区域相比如何”“在这个新市场进行广告宣传需要多少成本”等问题，将轻易解决。

打开进入全球商机洞察界面，如图7-2所示，可以输入能够描述企业产品或服务的关键字，然后选择一个区域，在多个市场中进行选择，包括 G20、欧盟、新兴市场、亚洲或整个世界。

从中可以得到以下信息：卖家的产品在哪些国家热度最高；产品在每个国家的竞争程度；产品在每个国家的本地化语言表达；关于本产品，每个国家的热搜词。通过全球商机洞察，可以找到产品的需求国家。

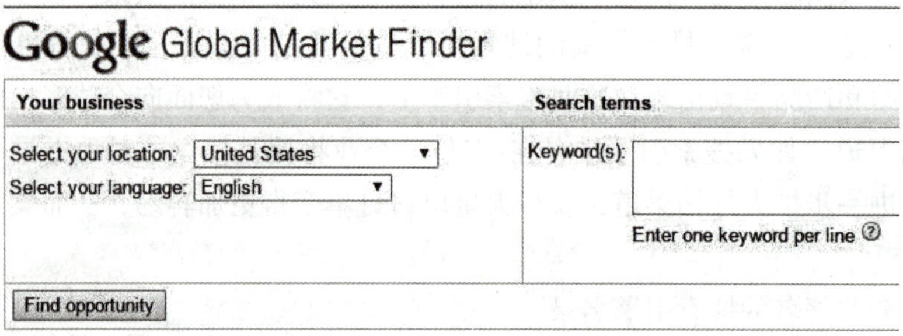

图 7-2　Google 全球商机洞察

（二）Google趋势

下文介绍另一个工具——谷歌趋势（http://trends.google.com）。该工具主要是用来具体分析某个产品在特定国家的需求情况。下面来认识一下（Google Trends）界面上的数据价值（图7-3）。

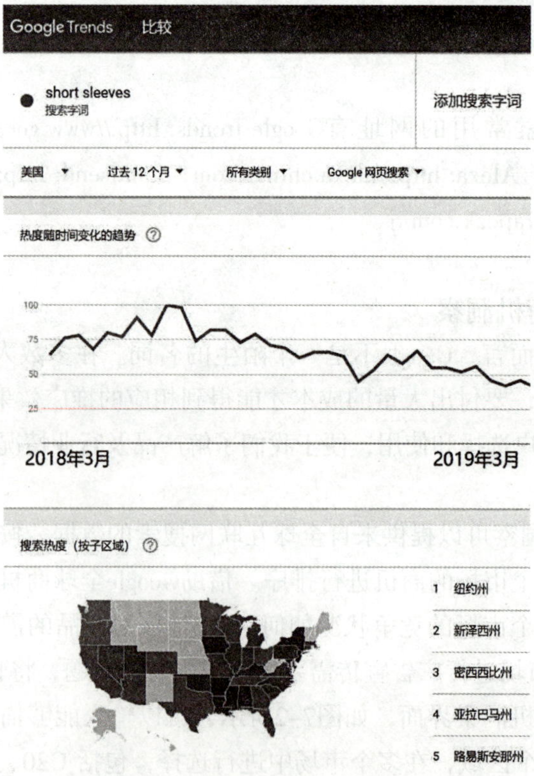

图 7-3　Google Trends 热门搜索

先看这个数据图，中间位置的波浪图形，是选择“2018年至今”选项后，short sleeves（短袖）每月的搜索量。从这里可以发现，短袖的搜索峰值在5月、6月出现；同时，在美国搜索热度排名前五的地区是纽约州、新泽西州、密西西比州、亚拉巴马州、路易斯安那州。

查看一段时间的热点变化情况，输入热门需求的时间段相关字词，设置想要看的时间段，如“2004年至今”，即可得到热门搜索。

可以将图7-3地理位置模块中的“全球”改为“美国”，“2004年至今”改为“过去90天”，再将左下方“相关主题”右侧的“热门”改为“上升”，那么，地图将变成卖家选择的国家，网站就有了过去90天飙升的搜索词，如图7-4所示。

通过以上选择，可以判断：卖家的产品在每周哪几天搜索热度最高；卖家的产品在某一国家具体哪些城市是比较有需求的，而在其他地区比较淡；卖家的产品哪些型号或者需求是最近目标，是客户的搜索热点。

通过 Google趋势可以很直观地判断出来，在全球市场，卖家的产品需求地区在哪里，而且可以详细分析在当地卖家产品的需求趋势，当地对卖家国内的进口情况关注度等。

图 7-4 Google Trends 上升搜索

四、搜索引擎优化

搜索引擎优化（Search Engine Optimization，SEO）是指在了解搜索引擎自然排名机制的基础上，对网站进行内部及外部的调整优化，改进网站在搜索引擎中的关键词自然排名，获得更多的流量，从而达成网站销售及品牌建设的目标。通过搜索引擎优化，一方面可以让用户更好地体验，让用户在使用网站时能够不假思索地点击网站，寻找到所需的信息；另一方面也让搜索引擎更容易提取企业网站所有页面并被抓取。

（一）网店SEO的方法和技巧

1. 网店标题体现核心关键词

务必在网店的标题中体现本网店的核心关键词，这样，既能让搜索引擎更好地识别本网店，也能给网购者一个很好的引导。

2. Keywords精简

Keywords务必精简，最好采用：核心关键词+长尾关键词= 5个词左右。在先确定核心关键词的基础上，扩展长尾关键词。例如，某网店的核心关键词是“不锈钢”，则长尾关键词可以设定为“长沙不锈钢”“长沙不锈钢的价格”“长沙××型号的不锈钢”。

3. 描述深入

描述是整个网页的浓缩，如同文章简介一样。在商品描述中，既要嵌入该网店的关键词，又需是对整个网页的一个总体概括，这样容易被搜索引擎抓取。因此，网店一定要认真对待商品描述，力求在文案中较好地体现本网店的特色。

4. 加强栏目与内容的关联度

网店栏目就像一篇文章的小标题一样，是一段话的中心，所以一定要加强栏目与内容的关联度。

5. 把握网店网页更新频率

搜索引擎会对网页经常更新的网店进行抓取，因此，网店力求做到每添加一篇文章或一个产品，对全网店相关栏目和内容进行更新，并把重点放在每个链接的权重提升上。

6. 产品标题处理技巧

产品标题是网店经营者发挥自主性和创造性的稀缺性网页空间资源，务必珍惜利用，充分珍惜利用，发挥其作用。可采用如下的产品标题处理方式：标题=关键字+产品名称+（价格）+产品特性等，当然，可根据网店不同产品特征适当进行调整修改。

（二）图片SEO的方法与技巧

1. 图片名

虽然搜索引擎抓取对图片名称给予的权重并不算高，但一定不能采用以数字或者一组数字命名图片名称的方式，而应尽量做到图片内容与图片名称吻合贴切，这样也容易被搜索引擎抓取。

2. Alt标签图片

Alt标签是目前公认的对图片SEO优化最重要的部分，它往往决定了图片的排名位置。首先，Alt标签是搜索引擎判断图片内容的重要因素。其次，Alt标签的文本内容会在图片无法读取时得以显现。所以，每一张图片务必添加Alt标签，同时，Alt标签一定要包含关键词，并自然地描述图片内容。

3. 图片周边文案

搜索引擎会对网店图片前后文案与图片的实际内容相关性进行判断，以决定是否抓取，所以图片前后的文本内容也是SEO的一部分。

4. 本地化图片

本地化图片能有效地保证不发生链接（权重）的导出，因此，不宜采用网络上已有图片的链接。

（三）关键词SEO的方法与技巧

1. 准备关键词

经营者对本网络零售平台（网站）及网店提供的产品和服务，先概括几个关键词，把这些词写下来，然后在头脑里不断地思考，联想到其他相关词语也立即记录下来，并继续不断地思考能不能再添加一些词语，或者还有哪些同义词等。

2. 关键词密度

关键词密度就是一个关键字或一个关键词在网上出现的总次数与其他文字的比例。相对于网页总字数而言，关键词出现的次数越多，那么总的关键词密度也就越大。反之，则关键词密度越小。但不要把所有的关键字或关键词堆积在一起，否则搜索引擎认为这是一种恶意行为，直接降低本网站（店）的排名。

（1）主关键词为主，长尾关键词为辅

一个网页使用一个核心关键词和两三个长尾关键词。这样，一方面可以避免使用唯一关键词时，密度偏大；另一方面，核心关键词排名靠前，长尾关键词也会随之带来流量。

（2）关键词密度

长尾关键词应尽量安排在页面前半部分。

（3）放弃作弊

作为一个团队的搜索引擎软件工程师远比少数网站（店）的经营者优秀，因此，不要指望通过作弊来提高搜索引擎排名。

（4）原创

网络上虽拥有大量信息，但真正的原创信息很少。网店经营者应经常思考如何提炼自己的原创性关键词。

3. 借鉴

可以通过搜索与本网店销售相似产品的网店名和产品名称借鉴，来丰富和提升本网店关键词。

4. 处理关键词

在收集了很多与本网站或产品有关的关键词的基础上，对收集到的关键词进行组合，组成常用的词组或短语。经调查发现，许多网购者在搜索商品时会使用两个或三个字组成词，平均是2、3个字。例如，可以把“搜索引擎”“软件”“提高”三个关键词组合成“搜索引擎软件”“搜索引擎提高”等。把字组成关键词短语有利于提高网站（店）的排名，也会有效提高网站的访问量。

5. 关键词细节注意

在搜索引擎中，英文大小写没有区别；拼写错误的关键词是没用的，但找到一个经常出现拼写错误的词，可额外地提高本网站（店）的访问量；去除那些停用的词，如英文中的“the”“for”“a”等，中文里的“地”“的”“你”“我”等；去除网站（店）中几乎没有网购者用的“最好的”“疯狂的”等搜索词语。

6. 关键词优化选择

先用剩余的关键词在搜索引擎中进行搜索验证，这时不要把焦点放在最流行的关键词上。因为最流行的关键词往往会存在更多的竞争对手，而次关键词则反之。因此，选择关键词的技巧是，找出关键词需求与关键词竞争的平衡点，即所选关键词竞争不是很激烈，但也有一定的竞争性。

7. 关键词密度范围

通过了解搜索引擎对网页的分词方法，以及计算中英文页面中的关键词密度等，来掌握关键词密度。一般而言，搜索引擎会把对传统事物的分析统计结果作为制定算法的一个参考指标。例如，搜索引擎对N个网页进行分析、统计后确定6%～8%作为关键词密度范围。因此，关键词密度确定在6%～8%是比较合理的。

8. 关键词密度与页面相关性

关键词密度是衡量页面相关性的重要指标之一。搜索引擎会根据页面中每个关键词的密度对页面的主题进行定位。也就是说，如果页面要出现在某个关键词的搜索结果中，最基本的是页面中的关键词密度要在某个特定的范围内，即上述的6%～8%。

例如，希望网店的某个页面出现在“手机”的搜索结果中，则首要条件是该页面上“手机”这个词的密度要在6%～8%这个特定的范围内。否则就会被排除在“手机”的搜索结果以外。

9．关键词密度对网站排名的影响

关键词密度是许多搜索引擎，包括 Google，Yahoo和MSN的搜索法之一。每个搜索引擎都有一个关于关键词密度的不同数学公式，关键词密度可在网站（店）获得较高的排名位置。

10．不同的搜索引擎对待关键词密度的态度不同

搜索引擎在对某网站（店）实施惩罚措施时所容许的关键词密度也有不同，不同搜索引擎之间存在不同的容许级别。Yahoo和MSN对每个页面的关键词密度的容许程度比搜索行业领导者 Google要宽松一些，但对于过多使用关键词，Google的容许限度要比Yahoo和MSN的小一些。

（四）长尾关键词SEO的方法与技巧

1．长尾关键词的特性

①一般由2～3个词组成，甚至是短语。

②流量较小，数量非常多，甚至大多数词还没有被挖掘出来。

③占有全网络零售平台（网站）流量比例的60%～90%。

④长尾关键词竞争度较小，容易做SEO排名。

⑤获得流量的页面通常是文章页、栏目页面、TAG页面。

2．长尾关键词的功能

①为网络零售平台（网站）引进大量流量，吸引大量潜在客户。

②为网络零售平台（网站）大量的长尾关键词排名奠定基础。

③为网络零售平台（网站）排名奠定基础。

④为网络零售平台（网站）成为行业领先者起到铺路作用。

3．寻找网络零售平台（网站）的长尾关键词方法

①行业分析法。

②客户消费心理揣摩。

③市场动态观察法。

④客服反馈意见收集法

⑤竞争对手分析法。

⑥从搜索引擎自身寻找行业长尾关键词法。

⑦从百度下拉框以及其他搜索引擎寻找长尾关键词的互联网侦察法。

4．长尾关键词的挖掘工具

①百度指数工具。

②从百度搜索框获取，百度相关搜索（已被衍生为百度底层营销）。

③轴助工具：追词网、莫大数据。

④采用CNZZ等统计器工具，收集时间段关键词。

⑤百度竞价后台系统会推荐相关关键词。

⑥百度竞价后台的关键词查询工具。

⑦地域拓展法，如SEO，可以拓展为苏州SEO、上海SEO、北京SEO等。

⑧季节拓展法，如鼻炎，可以拓展为夏季鼻炎注意事项、春季鼻炎注意事项等。

⑨职业拓展法，如如何预防颈椎病，可以拓展为司机如何预防颈椎病、教师如何预防颈椎病等。

⑩性别拓展法，如祛痘方法，可以拓展为男士祛痘方法、女士祛痘方法等。

⑪用户思维习惯法，如哪里有、哪里买、哪里可以、怎样、如何、多少钱、哪里好、哪里便宜等。

⑫百度风云榜（http://top.baidu.com）；谷歌热榜（http://www.google.cn/rebang）。

⑬商务通、53kf、乐语live800等软件下载关键词。

⑭关键词询问拓展法，如SEO研究中心，可以拓展为报名SEO研究中心培训班怎么样。

⑮对比关键词法，如A企业，竞争对手为B企业，可以将A和B组合，对比判断哪个更好。

⑯百度知道、搜搜问问等问答平台。

⑰分析同行网络零售平台（网站）关键词。

5．筛选长尾关键词

（1）对网络零售平台（网站）定位

应从网络零售平台（网站）的定位来寻找自身的长尾关键词。

（2）分析选择长尾关键词的投资回报比

有些长尾关键词可直接为网络零售平台（网站）产生较大的利益回报，但也有一些长尾关键词收效甚微。因此，要分析在长尾关键词排名提升中所投入的资金与其他资源，特别是需要对长尾关键词搜索排名竞价时，更要切忌对长尾关键词排名追求的盲目性，防止投资过大。

第二节

广告营销

一、网络广告

（一）网络广告概念

网络广告就是在网络上做的广告，是应用最广泛的网络营销方法，利用网站上的广告横幅、文本链接、多媒体，在互联网刊登或发布广告，通过网络传递到互联网用户的一种高科技广告运作方式。网络广告的表现形式丰富多彩，目前在国内外的网站页面上常见的网络广告形式大致有标牌广告、按钮式广告、邮件列表广告、墙纸式广告、赞助式广告、电子邮件式广告、推广式广告、插页式广告和互动游戏式广告等。几乎所有的网络营销活动都与品牌形象有关，在所有与品牌推广有关的网络营销手段中，网络广告的作用最为直接。

（二）网络广告的特点

网络广告具有传统媒体广告所无法比拟的优势，具体表现为交互性强、具有灵活性和快捷性、广告成本低廉、感官性强、传播范围广、受众针对性明确等特点。对于企业而言，如何利用网络广告取得最大的收益，取决于多种因素，如广告商的选择、设计是否吸引人、广告投放平台的特点等。

1. 交互性强

交互性是网络广告的最大特点，信息是双向互动传播。广告受众自由选择信息，不同的受众可以选择不同的广告信息，获取自己认为有用的信息；销售者也可以随时得到消费者的反馈信息。

2. 传播范围广泛

网络广告的传递不受时空的限制，只要具备浏览互联网的条件，任何人在任何时间、任何地点都可以随时随地阅读网络广告信息。

3. 针对性强

网络广告可以是广告主直接面对目标消费群体中最可能产生购买行为的潜在消费者。

4. 精确性强

传统媒介发布广告，很难精确统计广告信息目标受众的数量，而在互联网上，可以通过权威公正的访问统计系统，精确统计出每条广告信息的接触量，更可以了解目标受众接触广告信息的时间和地区分布，从而可以科学地评估广告效果。

5. 广告发布灵活，成本低

网络广告是一种实时、灵活、低成本的广告形式。在互联网上，广告刊播后，可以方便地根据市场的变化、营销策略的调整及时变更广告内容，使广告活动及时有效地服务于营销策略。

6. 表现形式多，实效性强

网络广告的载体基本上是多媒体、超文本格式文件，受众对感兴趣的商品可以了解到更为详细的资料，使消费者能够亲身体验这种以图、文、声、像的形式传递多感官商品信息的服务，使目标受众如身临其境般地感受商品与服务，并通过互联网进行订购、交易、结算，极大地增强了网络广告的实效。

（三）网络广告形式

目前网络广告投放形式主要有以下9种。

1. 横幅广告

横幅广告又称“旗帜广告”，是最常用的广告形式。它通常以Flash、GIF、JPG等格式定位在网页中，同时还可使用Java等语言使其产生交互性，用 Shockwave等插件工具增强表现力。横幅广告开始是静态的广告，用户可以点击进入广告主的网站，后来逐渐发展为互动广告。

2. 按钮广告

按钮广告又名“图标广告”，是标语式广告的一种特殊形式，其制作方法、付费方式、自身属性与横幅广告没有区别，仅在形状和大小上有所不同。其由于尺寸偏小，表现手法较简单，一般只由一个标志性的图案构成，通常是商标或厂徽，它的信息量非常有限，吸引力也相对差一些，只能起到一定的提示作用。

3. 文本链接广告

文本链接广告是以一排文字作为一个广告，点击之后可以进入相应的广告页面。这是一种浏览者干扰较少却较为有效的网络广告形式。有时候，最简单的广告形式的效果却最好。

4. 电子邮件广告

电子邮件广告具有针对性强、费用低廉的特点，而且广告内容不受限制。它可以针对具体个人发送特定的广告，是网上其他广告方式所不及的。

5. 竞赛和推广式广告

竞赛和推广式广告又名“赞助式广告”，广告主可以与网站一起合办认为公众感兴趣的网上竞赛或网上推广活动。赞助式广告的形式多样，在传统的网络广告之外，给予了广告主更多的选择空间。

6. 软性广告

广告与内容的结合可以说是软性广告的显著特征，从表面上看它们更像网页上的内容而并非广告。在传统的印刷媒体上，这类广告一般都会有明显的标示，而在网页上通常没有清楚的界限。

7. 插播式广告

插播式广告又名“弹出式广告”，在访客请求登录网页时强制插入一则广告或弹出广告窗口，类似电视广告，都是打断正常节目的播放形式，强迫公众观看。插播式广告有各种尺寸，有全屏的也有小窗口的，而且互动的程度不同，有静态广告也有动态广告。浏览者可以通过关闭窗口不看广告，但是它们的出现没有任何征兆，肯定会被观看者看到。

8. 富媒体广告

富媒体广告是指具有动画、声音、视频和/或交互性的信息传播方法，包含下列常见的形式之一或者几种的组合：流媒体、声音、Flash、以及Java、Javascript、DHTML等程序设计语言。富媒体可应用于各种网络服务中，如网站设计、电子邮件、BANNER、BUTTON、弹出式广告、插播式广告等。

富媒体广告一般不需要受众安装任何插件就可以播放整合视频、音频、动画图像，具有双向信息通信和用户交互功能；它具有大容量、交互性的特性，拥有更大的创意空间，可以更好地展现品牌形象，而其带来的高浏览率、高点击率、高转化率，更使其成为网络营销不可错过的广告形式。

9. 其他类型广告

其他类型广告主要包括分类广告、视频广告、巨幅连播广告、对联广告、撕页广告等。

二、网站资源合作

（一）网站资源合作的概念

网站资源合作是指通过网站交换链接、交换广告、内容合作等方式，在具有类似目标资源的网站之间实现互相推广的目的。每个企业网站均可以拥有自己的资源，这种资源可以表现为一定的访问量、注册用户信息、有价值的内容和功能、网络广告空间等，利用网站的资源与合作伙伴开展合作，实现资源共享，共同扩大收益的目的。

在这些资源合作形式中，交换链接是最简单的一种合作方式，利用合作伙伴之间的网站访问资源互为推广，是具有一定互补优势的网站之间的简单合作形式，即分别在自己的网站上放置对方网站的Logo或网站名称并设置对方网站的超级链接，使得用户可以从合作网站发现自己的网站，达到互相推广的目的。广告资源合作也是一种常用的形式，有的人想投放广告做推广，有的人想在自己网站播放广告获得盈利，因此，诞生了一种广告联盟平台，以广告中介的形式合作。平台参与主体分为两部分，一部分是广告主，另一部分是网站主。广告主投放广告，网站主在自己网站播放广告，互取所需。

（二）网站资源合作的特点

网站资源合作主要的优势是互惠互利，相互交换多余的资源或者闲置的资源，充分利用合作伙伴的渠道和用户群，以产生更多的利润和销售；其次可以节省成本，在不影响网站用户体验和广告互换的合作模式情况下，把广告投放到网站上，相互投放，相互推广，不需要花费资金。上述优势也决定了采用此种营销方式时，必须坦诚合作，要处处为对方着想，处处想着对方的利益，这样合作才能长久，关系才能稳固。同时要不断积累自身资源优势，长期整合优质资源，成为受别人欢迎的资源合作伙伴。

第三节 社交网络营销

如今，通过社交媒体进行企业店铺推广与营销的浪潮早已风生水起，随着 Facebook、Twitter等社交网络的繁荣发展，企业开始踏入互动式的关系导向型的营销时代。在关系导向型的营销时代，社交媒体凭借天然的“强互动”属性，将企业和顾客紧密结合在一起，帮助企业以很低的成本（甚至零成本）达到品牌传播的目的。跨境网络贸易企业应该对社交媒体给予足够的重视，通过精细化运作，让社交媒体成为最真正有效的跨境营销方式。那么，有哪些社交媒体适合跨境电商营销呢?

一、Facebook

作为全球最大的社交网站，Facebook每月活跃用户数高达13亿人。此外，大约有3000万家小公司在使用Facebook，其中150万企业在Facebook发布付费广告。当前，跨境B2C大佬兰亭集势、DX等都开通了Facebook官方专页，Facebook海外营销受到了越来越多跨境电商从业者的关注。当然，在面对俄罗斯市场时，应该选择VK（原VKontakte，俄罗斯最大的社交网站）而不是Facebook。在俄罗斯乃至东欧，VK是人们首选的社交网站。

二、Twitter

Twitter是全球最大的微博网站，拥有超过5亿的注册用户。虽然用户发布的每条“推文”被限制在140个字符内，但却不妨碍各大企业利用Twitter进行产品促销和品牌营销。例如，著名垂直电商Zappos的创始人谢家华通过其Twitter的个人账号与粉丝互动，维护了Zappos良好的品牌形象。此外，跨境电商们还可以利用Twitter上的名人进行产品推广，如第一时间评论名人发布的“推文”，让千千万万名人的粉丝慢慢熟知自己，并最终成为自己的粉丝。2014年9月，Twitter推出了购物功能键，这对于跨境电商从业者来说无疑又是一大利好消息。

三、Tumblr

Tumblr是全球最大的轻博客网站，拥有2亿多篇博文。轻博客是一种介于传统博客和微博之间的媒体形态。与Twitter等微博相比，Tumblr更注重内容的表达；与博客相比，Tumblr更注重社交。因此，在Tumblr上进行品牌营销，要特别注意“内容的表达”，例如，给自己的品牌讲一个故事，比直接在博文中介绍公司及产品，效果要好很多。有吸引力的博文内容，很快就能通过Tumblr的社交属性传播开来，从而达到营销的目的，跨境电商网站拥有众多的产品，如果能从这些产品里面提炼出一些品牌故事，或许就能够达到产品品牌化的效果。

四、YouTube

作为全球最大的视频网站，YouTube每天都有成千上万的视频被用户上传、浏览和分享。相对于其他社交网站，You Tube的视频更容易带来病毒式的推广效果，例如，鸟叔凭借《江南Style》短时间内就得到了全世界的关注。因此，YouTube也是跨境电商中不可或缺的营销平台，开通一个YouTube频道，上传一些幽默视频吸引粉丝，通过一些有创意的视频进行产品跨电子商务广告的植入，或者找一些意见领袖来评论产品宣传片，都是非常不错的引流方式。

五、Vine

Vine是Twitter旗下的一款短视频分享应用，在推出后不到8个月的时间，注册用户就超过了4000万。用户可以通过它来发布长达6秒的短视频，并可添加一点文字说明，然后上传到网络进行分享。社交媒体平台8th Bridge调查了800家电子商务零售商，其中38%的商家会利用Vine短视频进行市场拓展。对于跨境电商从业者来说，既可以通过Vine进行 360° 全视角展示产品（或利用缩时拍摄展示同一类别的多款产品），又可以利用Vine来发布一些有用信息并借此传播品牌。例如，卖领带的商家可以发布一个打领带的教学视频，同时在视频中植入品牌，类似的应用还有MixBit，由 YouTube 创始人郝利和陈士骏创办，视频长度为16秒；此外，Facebook旗下 Instagram也开发了短视频功能，时长为15秒。

六、Pinterest

Pinterest是全球最大的图片分享网站，其网站拥有超过300亿张图片。图片非常适合跨境电商网站的营销，因为电商很多时候就是依靠精美的产品图片来吸引消费者。卖家可以建立自己的品牌主页，上传自家产品的图片，并与他人互动分享。2014年9月，Pinterest推出了广告业务。品牌广告主可以利用图片的方式，推广相关产品和服务，用户可以直接单击该图片进行购买。Pinterest通过收集用户个人信息，建立偏好数据库，以帮助广告主进行精准营销。因此，除了建立品牌主页外，跨境电商网站还可以购买 Pinterest的广告进行营销推广，与Pinterest类似的网站还有 Snapchat、Instagram以及Flickr等。

七、其他

社交媒体营销的范围很广，除了以上渠道之外，还有论坛营销、博客营销、问答社区营销。这三类社区尤其适合有一定专业门槛的产品，如电子类、开源硬件等。主打3C电子产品的DX，起家时依靠的正是其创始人高超的论坛营销能力。此外，如果你的目标人群是毕业生或职场人士，全球最大的商务社交网站 LinkedIn将是一个不错的选择。Google作为全球第二大的社交网站，将社交和搜索紧密结合，也越来越受到营销者的青睐。在所有的社交网络平台中，Facebook、Twitter和Google经常被全品类网络零售商和时尚行业、电子产品零售商使用，但是在汽车行业，Facebook的使用频率高于Twitter和Google。这些网络零售商使用社交媒体的目的各不相同。有些人用来发布产品信息、折扣信息或者一些小贴士，而B2B供应商则给自己的分销商提供产品供应信息，综合而言，Facebook是迄今为止全球广受欢迎的社交网络之一。

结语

本章以跨境电商营销的模式和方法为核心，分成了三小节。第一节介绍了搜索引擎营销的基本概念和模式；第二节介绍了跨境电商广告的主要模式和方法；最后一节简单介绍了社交网络营销。这些都是跨境电商营销需要掌握的基本模式，要注意把理论知识恰当地运用到实际工作中，具体问题具体分析。

课后练习

一、不定项选择题

1. 跨境电商营销不管是利用网络信息技术，还是以新的方式和理念开展营销活动，它都有着丰富的内容，常见的营销方法包括（　）、自媒体营销、软文营销、事件营销等。

A．搜索引擎营销　　B．网络平台营销

C．网络广告营销　　D．社会化媒体营销

2. 美国知名搜索引擎营销专业服务商iProspect和市场研究公司Jupiter Research联合调查显示：互联网用户使用搜索引擎越来越没有耐心，越来越多的互联网用户仅关注搜索引擎（　）结果的内容。

A．第一页　　B．前两页

C．前三页　　D．前四页

3. 搜索引擎营销策略主要包括（　）等方式。

A．关键词广告　　B．搜索引擎优化

C．竞价排名　　D．现场拜访

4. 搜索引擎营销的具体方法包括（　）、搜索引擎登录、关键词广告、来电付费广告、搜索引擎优化（搜索引擎自然排名）、网站链接策略等。

A. 竞价排名　　B. 分类目录登录

C. 付费搜索引擎广告　　D. 地址栏搜索

5. 全球著名的搜索引擎名录包括（　）等。

A. Google系　　B. Yahoo系

C. Business　　D. AOL

6. Google全球商机洞察可以提供来自全球互联网搜索的数据，按照（　）排序。

A. 总的搜索量　　B. 建议出价

C. 竞争状况　　D. 对每个市场的商机

7. 长尾关键词的功能包括（　）。

A. 为网络零售平台（网站）引进大量流量，大量具有需求性的客户。

B. 为网络零售平台（网站）大量的长尾关键词排名奠定基础。

C. 为网络零售平台（网站）排名奠定基础。

D. 为网络零售平台（网站）成为某行业领先者起到铺路作用。

8. 关键词SEO的方法与技巧包括（　）等。

A. 主关键词为主，长尾关键词为辅　　B. 放弃作弊

C. 合理安排关键词密度　　D. 原创

9. 网络广告形式包括横幅广告、按钮广告、（　）等。

A. 文本链接广告　　B. 电子邮件广告

C. 竞赛和推广式广告　　D. 软性广告

10. 跨境电商的社交媒体包括（　）等。

A. Facebook　　B. Twitter

C. Tumblr　　D. YouTube

二、讨论题

说一下你使用社交媒体的经历，以及社交媒体在跨境电商中的应用。

第八章

跨境电商物流

通过本章学习，应达到以下具体目标。

1. 知识目标

（1）了解跨境物流与国内物流的区别；
（2）了解邮政物流、商业快递、专线物流的特点及优劣势；
（3）了解海外仓的特点及优劣势；
（4）了解速卖通平台的各种物流方案。

2. 技能目标

（1）能够独立计算不同物流方案的物流费用；
（2）能够选择合适的物流方案进行速卖通线上发货；
（3）掌握海外仓运费模板的设置；
（4）能够设置不同物流方案的运费模板。

3. 素质目标

（1）培养学生的物流服务意识；
（2）培养学生的成本意识；
（3）培养学生不断学习的能力；
（4）培养学生严谨的工作作风；
（5）培养学生良好的沟通能力。

第一节 跨境物流的主要模式

跨境物流是为了适应跨境电子商务的发展，满足跨境交易小规模、多批量的要求而出现的，是指在两个或两个以上国家之间进行的物流服务，是物流发展到高级阶段的一种表现形式。与国内物流相比，跨境物流还涉及输出国与输入国海关，面临清关程序，整体流程较为复杂。

跨境物流主要包括国际邮政物流、国际专线物流、国际商业快递、国内民营快递和海外仓5种模式。

一、国际邮政物流

（一）国际邮政物流概述

国际邮政物流是全球覆盖面最广的物流渠道，这主要得益于万国邮政联盟和卡哈拉邮政组织。

万国邮政联盟简称万国邮联或邮联，自1978年起成为联合国一个关于国际邮政事务的专门机构，宗旨是组织和改善国际邮政业务，发展邮政方面的国际合作，在力所能及的范围内给予会员国所要求的邮政技术援助，但由于其会员国众多，且各国之间邮政系统发展不平衡，造成会员国之间的深度合作很难开展。于是在2002年，邮政系统较发达的几个国家（如中国、美国、日本、澳大利亚、韩国等）在美国召开了邮政CEO 峰会，成立了卡哈拉邮政组织，旨在通过集体合作行动，形成精品区域，推出承诺服务，提高竞争力。此后英国、法国、西班牙和新加坡也加入进来。卡哈拉组织要求所有成员国公布全程时限，推出承诺服务，投递时限要达到98%的质量标准。如果货物没能在时限内投递到收件人手中，那么负责投递的物流商要按货物价格的100%赔付给客户。这些严格的要求促使成员国之间深化合作，努力提升服务水平。

目前，针对跨境电商市场不同的邮递需求，国际邮政物流以经济实惠的资费及稳定的发运质量吸引了广大的跨境电商经营者，并已发展成为跨境电商的主要物流方式之一。国际邮政物流的供应商包括中国邮政、香港邮政、新加坡邮政、俄罗斯邮政、韩国邮政、土耳其邮政和瑞士邮政等。

（二）中国邮政的国际物流产品

中国邮政速递物流股份有限公司（简称“中国邮政速递物流”）是经国务院批准，

由中国邮政集团公司作为主要发起人，是中国经营历史最悠久、规模最大、网络覆盖范围最广、业务品种最丰富的快递物流综合服务提供商。中国邮政速递物流在国内31个省（自治区、直辖市）设立分支机构，业务范围遍及全国31个省（自治区、直辖市）的所有市县乡（镇），通达包括港、澳、台地区在内的全球200余个国家和地区，自营业网点超过5000个。

中国邮政的国际物流产品主要有：邮政大包、邮政小包、e邮宝、e特快、EMS和e速宝等。如果考虑运送时效、运费和运送线路，e邮宝和e特快可以划分到专线物流，EMS和e速宝可以划分到商业快递。总体来说，邮政物流费用较低，适合对运送时效要求不高的物品。本部分首先介绍邮政大包、邮政小包，e邮宝和e特快在专线物流部分介绍，EMS和e速宝在商业快递部分介绍。

中国邮政航空小包（China Post Air Mail）又称中国邮政小包、邮政小包、航空小包，是指包裹重量在2千克以内，外包装长、宽、高之和小于90厘米，且最长边小于60厘米，通过邮政空邮服务寄往国外的小邮包。它包含挂号、平邮两种服务，具体资费和要求可参考http://zf.chinapost.com.cn。它可寄达全球各个邮政网点。挂号服务费率稍高，可提供网上跟踪查询服务。中国邮政航空小包出关不会产生关税或清关费用，但在目的地国家进口时有可能产生进口关税，具体根据每个国家海关税法的规定而各有不同（相对其他商业快递来说，航空小包能最大限度地避免关税）。

中国邮政航空大包（China Post Air Mail）又称中国邮政大包、中国邮政国际大包裹、中邮大包，国际邮政大包裹服务，是中国邮政区别于中国邮政小包的一项业务，要求包裹重量大于2千克并小于30千克，单边小于或等于1.5米，长度+长度以外的最大横周小于或等于3米，具体资费和要求可参考http://zf.chinapost.com.cn。可寄达全球200多个国家，对时效性要求不高而重量稍重的货物，可选用中国邮政大包形式发货；中国邮政航空大包的空运时效一般到达欧美国家为10～20天，水运的方式时间相对较长，一般为1～2个月。

中国邮政航空大包的相对优势：成本低，价格比EMS稍低，且和EMS一样不计算体积、重量，没有偏远附加费，相对于其他运输方式（如EMS、DHL、UPS、FedEx、TNT等）来说，中国邮政航空大包服务有绝对的价格优势。采用此种发货方式可最大限度地降低成本，提升价格竞争力；交寄相对方便，可以到达全球各地，只要有邮局的地方都可以到达；提供包裹的追踪查询服务，包裹离开当天可在中国邮政网查询到信息，且有全程跟踪。

限制性物品包括锂电池、干电池、含有内置电池的电子产品、含有干电池的物品、带有磁性的物品（如音响、电路板等）、化妆品、药品等。此外，包装不能使用较厚的固体泡沫，以免影响航空安检。

二、专线物流

（一）专线物流概述

专线物流，又称货运专线，指物流公司用自己的货车、火车或者飞机，运送货物至其专线目的地。一般在目的地有自己的分公司或者合作网点，以便货车来回都有货装。专线的组成主体是货运站、专线运输工具、司机和信息交互系统。

专线的目的是以规模经济节约成本，如果货量不足，则可能会亏损，所以专线公司一般走的时间不确定，货满车走。专线物流的主要优点是运输成本较低，弊端则是时间不能确定。

（二）专线物流流程

专线物流其实就是直达运输，即某个城市到另一个城市的直达运输；与专线运输相对应的是中转运输。专线运输的大致业务流程如图8–1所示。接单：登记客户和货物信息、公路调度配载、空运订舱。提货发运：统筹车辆或者确定飞机舱位。在途追踪：司机信息反馈、空运运单查询、到货反馈。到达签收：货物配送交接、向客户反馈。对账结算：根据双方协议或者合同内容，物流公司将运费交付承运方，结账完成后流程结束。

图 8–1　专线运输业务流程图

（三）专线产品

专线产品的分类方法有很多。根据物流方向，专线产品可以分为港澳台专线、俄罗斯专线、中东专线、欧洲专线等；根据运营公司，专线产品可以分为中国邮政专线、4PX专线（递四方专线）、菜鸟专线、佳成专线等。

本部分以中国邮政的e邮宝和e特快为例介绍专线物流。

1. e邮宝

e邮宝是邮政速递物流为适应跨境电商轻小件物品寄递需要推出的经济型国际速递业务，利用邮政渠道清关，进入合作邮政轻小件网络投递。单件限重2千克，主要路向参考时限7～10个工作日，价格实惠，具体费用及要求可参考http://shipping.ems.com.cn。单件最大尺寸：长、宽、厚合计不超过90 厘米，最长一边不超过60 厘米（与中国邮政小包相同）。

e邮宝提供收寄、出口封发、进口接收实时跟踪查询信息，不提供签收信息，只提供投递确认信息；可以通过EMS网站或拨打客服专线、寄达国邮政网站查看邮件跟踪信息。赔偿：不提供邮件的丢失、延误、损毁补偿、查验等附加服务；对于无法投递或收件人拒收邮件，提供集中退回服务。

2．e特快

e特快主要面向中国港台地区、日本、韩国、俄罗斯、澳大利亚、新加坡、英国、法国、巴西、西班牙、荷兰、加拿大、乌克兰、白俄罗斯等国家和地区，收寄重量不受2千克限制，计费首次续重为50克，寄递时限更快，信息反馈更完整，具体费用及要求可参考http://shipping.ems.com.cn。e特快寄往不同国家和地区的限制尺寸不同，常见的限制尺寸是：任何一边的尺寸都不得超过1.5米，长度+长度以外的最大横周不得超过3米（与中国邮政大包相同）。

赔偿标准：邮件发生丢失或内件完全损毁时，按实际损失比例赔偿，但每件最高不超过（2×首重资费+2元/50克），并退还寄件人所付的邮费；在支付赔偿金以后，原认为已经丢失的邮件又找到下落时须退回补偿金。

收费标准：国际e特快实行计泡收费，具体是指取邮件体积重量和实际重量中的较大者，作为计费重量，再按照资费标准计算应收邮费。体积重量计算公式为：邮件体积重量（kg）=长（cm）×宽（cm）×高（cm）/6000，邮件的长、宽、高，按邮件外包装自然外廓的最长、最宽、最高部位尺寸计算。

三、国际商业快递

目前中国国际快递是快递业务中最重要的组成部分，它是DHL、UPS、FedEx、TNT等快递业“巨头”的主营业务，每年的业务量以30%的速度增长，在跨境电商贸易中发挥了举足轻重的作用。

（一）国际商业快递特点

国际快递运输是国家与国家、国家与地区之间的运输，与国内货物运输相比，它具有以下几个主要特点。

1．涉外性强

国际快递运输涉及国际关系问题，是一项政策性很强的涉外活动。国际快递运输是国际贸易的一个组成部分，在组织货物运输的过程中，需要经常同国外发生直接或间接的广泛业务联系，这种联系不仅是经济上的，也常常会涉及国际之间的政治问题，是一项政策性很强的涉外活动。因此，国际快递运输既是一项经济活动，也是一项重要的外事活动。

2. 中间环节多

国际快递运输是中间环节很多的长途运输。国际快递运输是国家与国家、国家和地区之间的运输，一般来说，运输的距离都比较长，往往需要使用多种运输工具，通过多次装卸搬运，经过许多中间环节，如转船、交换运输方式等，经由不同的国家和地区，适应各国不同的法规和规定。如果其中任何一个环节发生问题，就会影响整个运输过程。

3. 涉及面广

国际快递运输涉及面广，情况复杂多变。国际快递运输涉及国内外许多部门，需要与不同国家和地区的货主、交通运输、商检机构、保险公司、银行或其他金融机构、海关、港口以及各种中间代理商打交道。同时，各个国家和地区的法律、政策规定不一，贸易、运输习惯和经营做法不同，金融货币制度存在差异，以及政治、经济和自然条件的变化，这些都会对国际快递运输产生较大的影响。

4. 时效性强

国际快递运输的时效性强。按时装运进出口货物，及时将货物运至目的地，对履行进出口合同、满足商品竞争市场的需要、提高市场竞争能力、及时结汇都有着重大意义。特别是一些鲜活商品，季节性商品和敏感性强的商品，更要求迅速运输，不失时机地组织供应，才有利于提高出口商品的竞争力，有利于巩固和扩大销售市场。因此，国际快递运输必须加强时间观念，争时间、抢速度，以快取胜。

5. 风险高

国际快递运输的风险较大，由于国际快递运输环节多，运输距离长，涉及面广，情况复杂多变，加之时间性又很强，在运输沿途国际形势的变化、社会动乱，各种自然灾害和意外事故的发生，以及战乱、封锁禁运或海盗活动等，都可以直接或间接地影响国际快递运输，以至于造成严重后果，因此，国际快递运输的风险较大。为了转嫁运输过程中的风险损失，各种进出口货物和运输工具都需要办理运输保险。

（二）商业快递产品

1. 中国邮政的商业快递产品

中国邮政速递物流主要经营国内速递、国际速递、合同物流等业务，是拥有享誉全球的和国内知名的“CNPL”中邮物流品牌。

（1）EMS

EMS（Worldwide Express Mail Service）即全球特快专递，是中国邮政的知名品牌，该业务在海关、航空等部门均享有优先处理权，它以高质量为用户传递国际、国内紧急信函、文件资料、金融票据、商品货样等各类文件资料和物品。

EMS的下单方式有电话下单、网上下单、微信下单、短信下单、手机客户端下单等。单件重量不超过500克的物品类邮件可按文件类收取资费；邮件体积重量大于实际重量的按体积重量计收资费。

EMS赔偿标准：保价邮件发生丢失、完全损毁的，按保价金额进行赔偿，部分损毁或短少的，按声明价值比例赔偿；未报价邮件发生丢失、损毁或短少的，按实际损失价值赔偿，最高赔偿金额不超过所付邮费的三倍；邮件发生延误的，免除本次邮费（不含包装箱、单式、保价费等附加费用）。

（2）e速宝

e速宝是邮政速递物流为满足跨境电商卖家个性化市场需求提供的商业渠道物流解决方案，要求申报信息真实准确，须如实填写内件品名、税则号、申报价值和重量等。包括e速宝小包和e速宝专递。

e速宝小包，采用商业操作模式，末端选择经济类投递网络，提供出门投递信息，可以寄递带电产品（澳大利亚、新西兰及东南亚路向除外），按照每克计算运费，限重2千克，具体费用和要求可参考https://cpws.ems.com.cn/shipping。可追踪：商业渠道在线发运系统下单，自动生成单号，可跟踪到最终的投递局，EMS官网同步更新。商业清关：快速便捷，通关能力强。禁运物品包括刀具、纯电池等航空违禁品和国家明令禁止的物品。投递范围包括澳大利亚、德国、英国、印度尼西亚、印度、马来西亚、新西兰、新加坡、泰国、越南等。

e速宝专递，采取商业清关模式，末端选择标准类投递网络，全程追踪，有妥投信息。可以寄递带电产品，按照每克计算运费，最高限重30千克，具体费用和要求可参考https://cpws.ems.com.cn/shipping。收件当天即可查询上网信息，7～10个工作日即可妥投，时效快捷稳定。货物可全程跟踪轨迹状态，提供妥投信息。商业清关，快速便捷，通关能力强。禁运物品与e速宝小包相同。投递范围包括澳大利亚、德国、英国、印度尼西亚、印度、马来西亚、新西兰、新加坡、泰国、越南、美国、法国等。

（3）中速快件

中速快件是中国邮政速递物流股份有限公司与DHL、FedEx、TNT、佐川急便等全球知名快递公司合作开办的国际商业快件业务。该业务的快件由EMS进行揽收后，在国内指定交接站点与合作公司进行快件的批量交接，然后进入对方全球网络体系直至最终派送。服务范围可通达全球220多个国家和地区；可提供标准快件、经济快件和FBA等服务，支持一票多件，DDP（寄件人支付关税）、快件保险和进出口到付等增值服务；3～7天通达全球。

（4）中邮FBA

中邮FBA是中国邮政速递物流股份有限公司为满足广大亚马逊买家所设计推出的一款可接收带电产品、时效快捷、性价比高的亚马逊仓库头程运输专线物流服务。该业务整合国际干线运输、口岸清关、境外仓储和国外派送等环节资源，为亚马逊卖家提供综合物流解决方案，可通达美国、日本以及德国、英国、法国、意大利、西班牙等欧洲国家。

2. DHL

DHL又称敦豪航空货运公司，公司的名称“DHL”由三位创始人姓氏的首字母组成（Dalsey，Hillblom，Lynn），1969年创立于美国旧金山，现隶属于德国邮政全球网络。在中国，DHL与中国对外贸易运输（集团）总公司合资成立了中外运敦豪，是进入中国市场时间最早、经验最为丰富的国际快递公司。DHL拥有世界上较完善的速递网络之一，可以到达220个国家和地区，在中国的市场占有率达到36%，DHL的相关运费及附加运费、规格限制、实时跟踪等可查询中外运敦豪官网http://www.cn.dhl.com，或拨打客服电话95380获取。

DHL的优势：去欧洲、东南亚、澳洲有优势，适宜走小件；可送达国家网点比较多；一般2~4个工作日可送达；去欧洲一般3个工作日，到东南亚一般2个工作日；查询网站货物状态更新比较及时。

缺点：价格比邮政快递贵；对托运物品的限制比较严格，拒收许多特殊商品。

3. UPS

UPS快递（United Parcel Service），在1907年作为一家信使公司成立于美国华盛顿州西雅图，是一家全球性的公司，作为世界上最大的快递承运商与包裹递送公司，同时也是运输、物流、资本与电子商务服务的提供者。在中国，UPS的影响力要次于FedEx，UPS的强势地区为美洲地区，性价比最高，UPS的相关费用等信息可查询UPS网址http://www.ups.com/content/cn/zh/index.jsx，或拨打客服电话8008208388获取。

UPS的优势：强项在美洲线路，在该路线上价格有优势，一般2~4个工作日可送达全球，48个小时能到达美国；服务区域广，覆盖200多个国家和地区；查询网站信息更新快。

UPS的劣势：运费较贵，要计算产品包装后的体积重量；对托运物品的限制比较严格。

4. FedEx

FedEx即联邦快递公司，是一家国际性速递集团，提供隔夜快递、地面快递、重型货物运送、文件复印及物流服务，总部设于美国田纳西州。FedEx于1984年进入中国，与天津大田集团成立合资企业大田–联邦快递有限公司，是拥有直飞中国航班数目最多的国际快递公司。FedEx的相关资费信息可查询网址http://www.fedex.com/cn，或拨打客服电话8009881888获取。

FedEx的优势：2~4个工作日可通达全球220多个国家和地区；到中南美洲和欧洲的价格比较有竞争力，比其他国际商业快递公司的价格低30%~40%，到东南亚21千克以上的大货，FedEx的价格只有DHL、UPS的一半，但运输速度一样；网站信息更新快。

FedEx的劣势：比邮政快递价格贵，需要考虑产品体积重量；对托运物品限制也比较严格。

5. TNT

TNT（Thomas National Transport）国际快递集团是全球领先的快递邮政服务供应商，为企业和个人客户提供全方位的快递和邮政服务，公司总部设在荷兰的阿姆斯特丹。TNT拥有欧洲最大的空陆联运快递网络，能实现门到门的递送服务，并且正通过在全球范围内扩大运营分布来最大幅度地优化网络效能。TNT于1988年进入中国市场，拥有国内最大的私营陆运递送网络，服务覆盖中国500多个城市，TNT的相关资费可查询网址http://www.tnt.com/country/zh_cn.html，或拨打客服电话8008209868获取。

TNT的优势：2~4个工作日可通至全球200多个国家和地区，无偏远地区派送附加费用；在欧洲和西亚、中东及政治、军事不稳定的国家有绝对优势。网络比较全，查询网站信息更新快。

TNT的劣势：要算抛重，对所运货物限制也比较多。

6. 总结

上述四大商业快递公司对信息的提供、收集与管理有很高的要求，以全球自建网络以及国际化信息系统为支撑，可以准时寄达文件和包裹，速度快、服务好、丢包率低，尤其是发往欧美发达国家非常方便。但是价格昂贵，且价格资费变化较大，一般跨境电商卖家只有在客户强烈要求时效性的情况下才会使用，且会向客户收取运费。

7. 国际物流常用工具

常用的跟踪查询、时效统计查询工具：http://www.17track.net；http://www.91track.com。

更多工具：物流类应用http://fuwu.aliexpress.com；物流服务http://seller. aliexpress.com。

四、国内民营快递

国内民营快递主要指顺丰、“四通一达”以及依托跨境电商平台的菜鸟物流、4PX递四方速递、出口易等。

在跨境物流方面，“四通一达”中申通、圆通布局较早，但也是近几年才发力拓展，比如美国申通2014年3月才上线，圆通也是2014年4月才与CJ大韩通运展开合作，而中通、汇通、韵达则启动跨境物流业务更晚。顺丰的国际化业务则要成熟些，目前已经开通到美国、澳大利亚、韩国、日本、新加坡、马来西亚、泰国、越南等国家的快递服务，发往亚洲国家的快件一般2～3天可以送达。4PX递四方速递、出口易等民营企业不仅经营国际快递，还开始布局海外仓。

五、海外仓

仓库是现代物流中连接买卖双方的一个关键节点，将这个节点置于海外不仅有利于海外市场的拓展，同时还能降低物流成本。货物从本国出口，通过海运、空运等形式存储到该国的仓库，买家下单购买所需物品后，卖家只需在网上操作，及时通知国外仓库进行货物的分拣、包装，并且从该国仓库运送到其他地区或者国家，提升了物流响应的时间。同时，结合国外仓库当地的物流特点，可以确保货物安全、准确、及时、低成本地到达终端买家手中。

（一）海外仓运作模式

海外仓物流方式的运作模式大致如下：中国卖家通过海运、空运等方式将商品集中运往海外仓中心进行存储，并通过物流承运商的库存管理系统下达操作指令。具体步骤如下：

步骤一：卖家自己将商品运至海外仓中心，或者委托承运商将货物发至承运商海外仓库。这段国际货运可采用海运、空运的方式到达仓库。

步骤二：卖家在线远程管理海外仓库。卖家使用物流商的物流信息系统，远程操作海外仓的货物，并且保持实时更新。

步骤三：根据卖家指令进行货物操作，根据物流商海外仓中心自动化流程来操作设备，严格按照卖家指令对货物进行存储、分拣、包装、配送等操作。

步骤四：系统信息实时更新。发货完成后系统会及时更新，以显示库存状况，让卖家实时掌握。

（二）海外仓成本分析

海外仓费用=头程费用+仓储及处理费用+本地配送费用

头程费用：货物从中国到海外仓产生的运费。

仓储及处理费用：客户货物存储在海外仓库和处理当地配送时产生的费用。

本地配送费用：在英国、美国、澳大利亚等海外国家和地区对客户商品进行配送产生的本地快递费用。

（三）海外仓的优势与劣势分析

对于跨境电商的卖家来说，要想获取更高的利润，物流是一个必须解决的问题，而海外仓模式则是破除壁垒的有效手段。

1. 海外仓的优势

①更低的物流成本：卖家从海外本土直接发货给客户，相当于境内快递，较之从中国发往国外成本更低。

②更快的送货时效：头程运输解决了运输、报关、清关等复杂问题后，就再也不担心仓库里的物品报关、清关问题，收到订单即可随时发货。

③更好的仓储管理经验：海外仓为卖家配备了专业的管理人员，有效解决了仓库管理员的货物管理问题。

④更加方便的订单处理：订单和发货同步，实现自动化批量处理订单。

⑤库存管理及盘点更加清晰：当前销量及剩余库存系统自动显示，每笔订单的物流成本一目了然。

⑥自由ERM仓库管理平台：卖家只需要在电脑前轻轻地点击鼠标，下达订单发货指令，海外仓的专业团队便会代替卖家完成发货。

⑦自动高效的退货处理流程：由于各种原因导致的客户退货，直接退到海外仓即可，免去了国内国外来回双清的成本、时效、弃货等各方面损失。

⑧卖家可以使用最低的投资、最短的时间，去征战海外市场，并且可以积累更多的资源去拓展其他的目标市场，扩大生意范围。

⑨海外仓可以帮助卖家拓展销售品类，突破“大而重”的发展瓶颈。

2. 海外仓的劣势

①看不见摸不到的货物：因为所有的仓库都在地球的另一端，如果卖家想亲眼看到自己的仓储，那么可能不太适合使用海外仓；在一定程度上，跨境卖家对海外仓服务的信任程度是很关键的因素。建议卖家可以先发少量的货物去海外仓，尝试并感受一下。

②仓储费用成本：卖家需要计算一下目前发货方式所需要的成本，再对比使用海外仓的费用，尤其是所售商品在淡季时候的仓储费用。如果一个月的订单量过少，在利润方面没有实际优势，那么就不太适合做海外仓，成本问题永远是卖家考虑的首要因素，建议可以选择在所售商品销售旺季时使用海外仓。

③货物的销售性质：海外仓要求有一定的仓储来进行销售，如果卖家的货物必须根据客户的要求生产，无法提前准备货物，那就不太适合做海外仓。并非所有的产品都适合做海外仓，最好是库存周转快的热销单品，否则容易压货。同时，海外仓在供应链管理、库存管控、动销管理等方面对卖家提出了更高的要求。

第二节 速卖通平台物流操作

一、AliExpress无忧物流

（一）定义

AliExpress无忧物流是阿里巴巴集团旗下全球速卖通及菜鸟网络联合推出的官方物流服务，为速卖通卖家提供稳定的国内揽收、国际配送、物流详情追踪、物流纠纷处理、售后赔付等一站式的物流解决方案。

（二）优势

渠道稳定、实效快：菜鸟网络与优质物流服务商合作，搭建覆盖全球的物流配送网络；业内领先的智能分单系统，根据目的国、品类、重量自动匹配最优的物流方案。

运费优惠：重点国家运费约为市场价的8～9折，只发1件也有折扣；使用支付宝在线支付运费。

操作简单：一键选择无忧物流即可完成运费模板设置；出单后发货到国内仓库即可，深圳、广州、义乌等重点城市免费上门揽收。

平台承担售后：物流纠纷无须卖家响应，直接由平台介入核实物流状态并判责；因物流原因导致的纠纷、DSR低分不计入卖家账号考核。

赔付简单：物流原因导致纠纷退款，由平台承担（标准物流赔付上限800元，优先物流赔付上限1200元）。

（三）物流方案

AliExpress无忧物流包括AliExpress无忧物流-简易、AliExpress无忧物流-标准、AliExpress无忧物流-优先3种。

1. AliExpress无忧物流-简易

AliExpress无忧物流-简易（AliExpress Saver Shipping）是针对速卖通卖家的小包货物推出的简易挂号类物流服务。要求发往俄罗斯、白俄罗斯、乌克兰的包裹重量小于2千克，订单成交金额≤5美元；发往西班牙的包裹重量小于500克，订单成交金额≤10美元。具体方案如下：

【预估时效】15～20天

【物流信息】可查询包含买家签收在内的关键环节物流追踪信息

【赔付上限】物流原因导致的纠纷退款由平台承担，上限35元人民币

【品类限制】只支持寄送普通货物，不支持带电、纯电及化妆品

2．AliExpress无忧物流-标准

AliExpress无忧物流-标准（AliExpress Standard Shipping）是菜鸟网络推出的优质物流服务，为速卖通卖家提供国内揽收、国际配送、物流详情追踪、物流纠纷处理、售后赔付一站式的物流解决方案。具体方案如下：

【预估时效】核心国家15 ~ 35天

【物流信息】全程可跟踪（部分特殊国家除外）

【赔付上限】物流原因导致的纠纷退款由平台承担，上限800元人民币

【品类限制】可寄送普通货物、带电、非液体化妆品，不支持纯电、液体粉末

3．AliExpress无忧物流-优先

AliExpress无忧物流-优先（AliExpress Premium Shipping）是菜鸟网络推出的优质物流服务，为速卖通卖家提供国内揽收、国际配送、物流详情追踪、物流纠纷处理、售后赔付一站式的物流解决方案。具体方案如下：

【预估时效】核心国家4 ~ 10天

【物流信息】全程可跟踪

【赔付上限】物流原因导致的纠纷退款由平台承担，上限1200元人民币

【品类限制】只支持寄送普通货物，不支持带电、纯电及化妆品

（四）使用流程

AliExpress无忧物流发货流程如图8-2所示。

图 8-2　AliExpress 无忧物流发货流程图

二、速卖通线上发货

（一）定义

“线上发货”是速卖通平台联合多家优质第三方物流商打造的物流服务体系。卖家使用“线上发货”可直接在速卖通后台在线选择物流方案，物流商上门揽收（或卖家

自寄至物流商仓库)，发货到国外，卖家可在线支付运费并在线发起物流维权，阿里巴巴作为第三方将全程监督物流商服务质量，保障卖家权益。

(二)优势

与线下发货相比，线上发货的优势在于：支持卖家、物流商服务有保障、承诺运达时间。

1. 卖家保护政策

(1)平台网规认可

使用线上发货且成功入库的包裹，买卖家双方均可在速卖通后台查询物流追踪信息，且平台网规认可。后续卖家遇到投诉，无须再提交发货底单等相关物流跟踪信息证明。

(2)规避物流低分，提高账号表现

采用线上发货物流方式的订单若产生“DSR物流服务1，2，3分”和由于物流原因引起的“纠纷提起”“仲裁提起”“卖家责任裁决率”，平台会对该笔订单的这4项指标进行免责。

(3)物流问题赔付保障

阿里巴巴作为第三方将全程监督物流商服务，卖家可针对丢包、货物破损、运费争议等物流问题在线发起投诉，获得赔偿(仅国际小包物流方案支持)。

2. 运费低于市场价、支付更方便

(1)可享受速卖通卖家专属合约运费

低于市场价，只发1件也可享受折扣。

(2)在线用支付宝付运费

国际支付宝账户中未结汇美金也能付运费，还能下载运费电子账单对账。

3. 渠道稳定，时效快

(1)渠道稳定

直接和中国邮政、西班牙邮政等物流商对接，安全可靠。

(2)时效快

平台数据显示，线上发货上网时效、妥投时效高于线下。

(3)物流商承诺运达时间

因物流商原因在承诺时间内未妥投而引起的限时达纠纷赔款，由物流商承担。

（三）物流方案

1. 经济类物流方案

物流运费成本低，目的国包裹妥投信息不可查询，适合运送货值低、重量轻的商品。经济类物流仅允许使用线上发货。具体方案如表8-1所示。

表8-1 经济类物流方案

物流渠道	运送范围	订单金额限制	重量限制	是否接受带电	物流时效承诺	赔付上限（人民币）
中国邮政平常小包	全球（具体范围见线路介绍）	≤5美元	≤2千克	不接受任何带电产品	无承诺时效（国内段丢失赔付）	不超过可以使用平常小包的最大订单金额
4PX新邮经济小包	全球（具体范围见线路介绍）	≤5美元	<2千克	不接受纯电池，部分国家不能走任何电池	无时效承诺（国内段丢失赔付）	300元
中外运-西邮经济小包	ES	≤5美元	<2千克	不接受任何带电产品	20天内必达西班牙维多利亚，60天内西班牙全境妥投	100 ~ 150元
顺丰国际经济小包	10个国家及地区	≤5美元	<2千克	不接受纯电池，接受内置电池	无时效承诺（国内段丢失赔付）	300元
顺友航空经济小包	全球（具体范围见线路介绍）	≤5美元	<2千克	不接受纯电池，接受内置电池	无时效承诺（国内段丢失赔付）	300元
燕文航空经济小包	46个国家及地区	≤5美元	<2千克	不接受纯电池，接受内置电池	无时效承诺（国内段丢失赔付）	300元
菜鸟超级经济	RU	≤2美元	<2千克	不接受任何带电产品	35天内必达目的国	14元
菜鸟特货专线-超级经济	RU	≤2美元	<2千克	不接受纯电池，接受内置电池	35天内必达目的国	14元

2. 标准类物流方案

包含邮政挂号服务和专线类服务，全程物流追踪信息可查询（特殊国家除外）。具体方案如表8-2所示。

表8-2 标准类物流方案

物流渠道	运送范围	订单金额限制	重量限制	是否接受带电	物流时效承诺	赔付上限（人民币）
中国邮政平常小包	全球（具体范围见线路介绍）	无	≤2千克	不接受任何带电产品	60天	300元
中邮e邮宝	10个国家及地区	无	<2千克	不接受任何带电产品	无时效承诺	无
中外运-西部标准小包	ES	≤23美元	<2千克	不接受纯电池，接受内置电池	30天	1200元
速优宝芬邮挂号小包	8个国家及地区	≤23美元	<2千克	不接受任何带电产品	35天	300元
中俄航空Ruston	RU	无	<2千克	不接受任何带电产品	60天	700元
4PX新邮挂号小包	全球（具体范围见线路介绍）	无	<2千克	不接受纯电池，部分国家不接受任何电池	60天（巴西90天）	300元
燕文航空挂号小包	全球（具体范围见线路介绍）	无	<2千克	不接受任何带电产品	60天	300元

3. 简易类物流方案

简易挂号类物流服务，可提供全程关键物流追踪信息查询，适合货值较低的商品。具体方案如表8-3所示。

表8-3 简易类物流方案

物流渠道	运送范围	订单金额限制	重量限制	是否接受带电	物流时效承诺	赔付上限（人民币）
菜鸟特货专线-简易	RU	≤5美元	<2千克	不接受纯电池，接受内置电池	80天	35元

（四）使用流程

速卖通线上发货流程如图8-3所示。

图 8-3　速卖通线上发货流程图

三、无忧物流和线上发货的平台操作

（一）进入运费模板管理首页

登录速卖通“卖家后台”后，点击“产品管理”→“模板管理”→“运费模板”，进入运费模板管理首页，如图8-4所示。

速卖通运费设置的流程如图8-5所示。

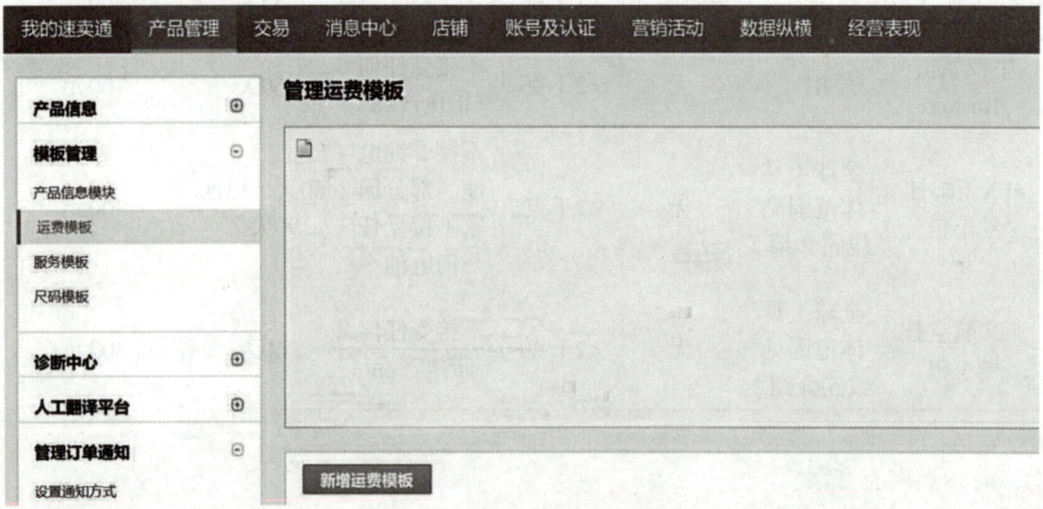

图 8-4　运费模板管理首页

图 8-5　速卖通运费设置流程图

（二）物流方案查询

速卖通平台中的物流方案，如图8-6所示。

输入收货地、发货地、货物类型（普通货物、带电货物、纯电商品、液体货物）、货物价值、包裹信息（重、长、宽、高）等内容后，点击“查询物流方案”，可以查询可用的物流方案，如图8-7所示。

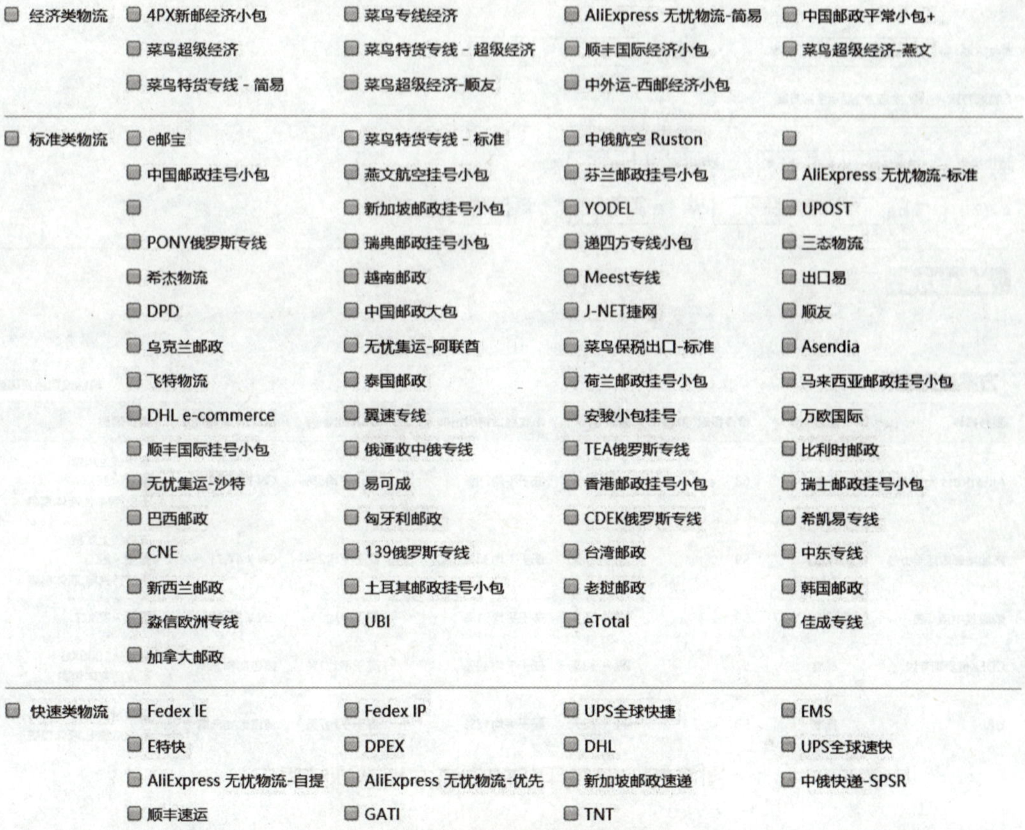

图 8-6 速卖通平台的物流方案

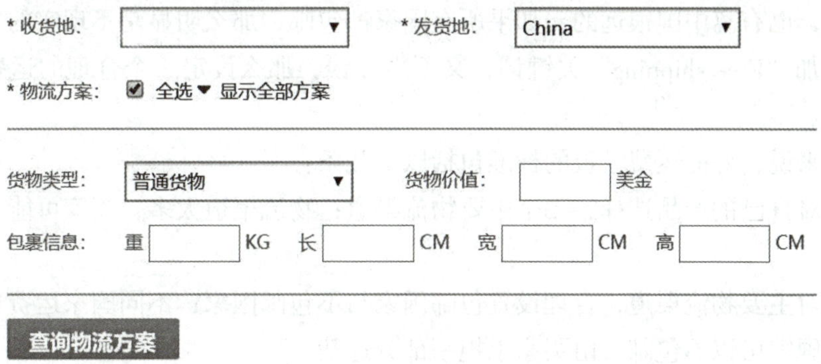

图 8-7 根据产品信息查询物流方案

例如，我们店铺销售的主要产品为某款手机，主要客户为俄罗斯。可以设置为从中国发货，收货地为俄罗斯，价值280美元，包裹重0.3千克、长20厘米、宽8厘米、高3厘米，填入相关信息后，查询结果如图8-8所示，根据这些可用的查询结果，我们可以选择适合的方案发货。

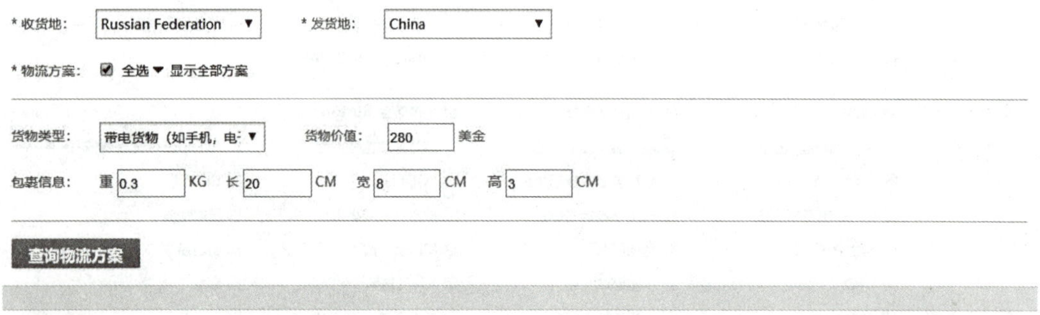

服务名称	全部类型	推荐指数	时效	未收到货物纠纷率	DSR物流	试算运费	更多信息
AliExpress 无忧物流-标准	标准	63	19 ~ 29天	低于平均79%	高于平均3%	CN ¥ 46.00	支持线上发货 重量 <30KG 不支持纯电,液体包裹
新加坡邮政挂号小包	标准	59	17 ~ 23天	低于平均36%	高于平均2%	CN ¥ 47.71	支持线上发货 重量 <2KG 不支持纯电,液体包裹
俄通收中俄专线	标准	58	17 ~ 26天	高于平均51%	高于平均0%	CN ¥ 35.00	重量 <35KG
CDEK俄罗斯专线	标准	57	25 ~ 38天	低于平均39%	高于平均1%	请咨询物流商	重量 <1000KG 不支持液体包裹
UBI	标准	53	44 ~ 72天	高于平均13%	低于平均7%	请咨询物流商	重量 <30KG 不支持纯电,液体包裹

图 8-8　某款手机的物流方案查询结果

（三）运费模板设置

统计发现，绝大部分海外买家喜欢用带有包邮（Free shipping）的短语来搜索商品，所以很多速卖通卖家在产品标题开头都加了 Free shipping。但是全世界的国家中有离中国很近的，也有离中国很远的，如果所有国家都包邮，那么明显是不现实的，所以要想在标题中加“Free shipping”关键词，又不想亏钱，那么设定一个合理的运费模板就非常重要了。

一般来说，好的运费模板的标准包括以下几条：

①针对自己的产品选择2 ~ 3个主要物流渠道；物流渠道太多，买家可能不知道怎么选择。

②针对主要物流渠道，合理设置包邮国家与不包邮国家；不同国家运费也不一样，运费高的国家可以不包邮，由买家承担一部分运费。

③在2 ~ 3个主要物流渠道中，合理区别慢物流渠道和快物流渠道的运费，给买家选

择的机会。

④针对主要国家提供丰富的物流渠道；速卖通平台上的优势国家和地区包括美国、英国、法国、西班牙、德国、意大利、俄罗斯、澳大利亚和印度尼西亚。

⑤针对不同国家设置合理的运送时间；所设计的运费模板的运送时间必须是大多数买家能够接受的。

登录速卖通后台账号后，点击“产品管理”→“运费模板”→“新增运费模板”来设置运费，如图8–9所示。

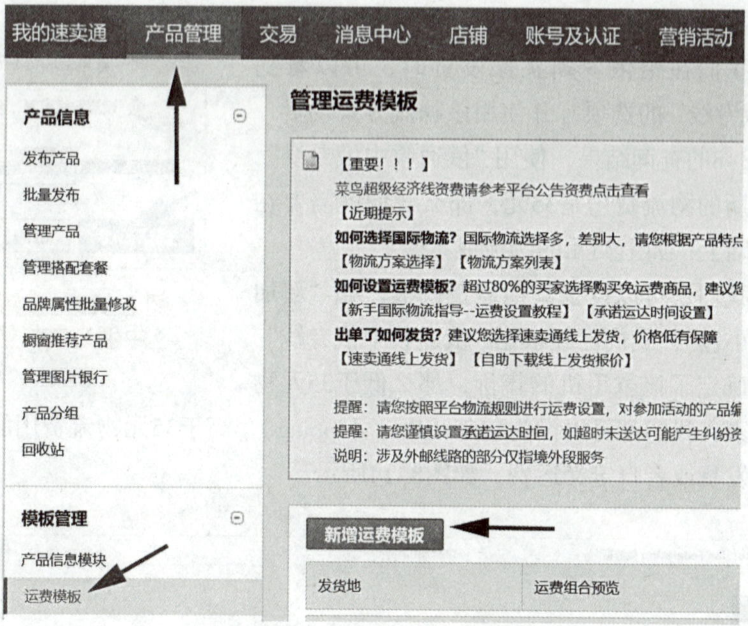

图 8–9　新增运费模板

根据图8–8的查询结果，“俄通收中俄专线”的物流方案比较合适，可以设为物流模板，输入运费模板名称“Russia Express”（运费模板名称必须是全英文），点击“展开设置”，如图8–10所示。

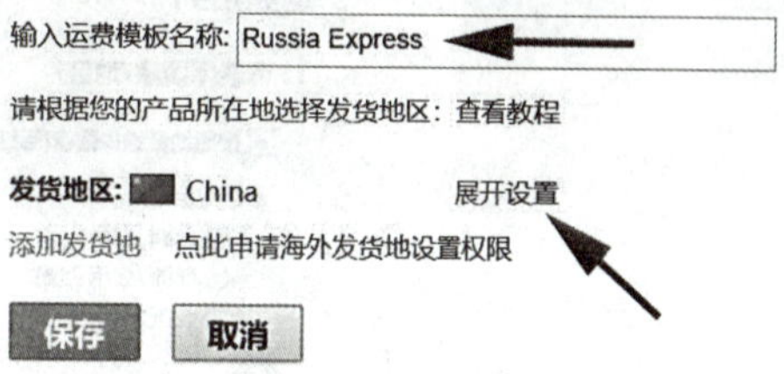

图 8–10　输入运费模板名称

点击“展开设置”后，在标准类物流中找到“俄通收中俄专线”，勾选前面的“√”；点击“自定义运费”设置运费；根据图8–8的查询结果，将承诺运达时间改为26天，如图8–11所示。

点击“自定义运费”后，勾选俄罗斯前面的“√”，设置运费类型为“卖家承担运费”，然后点击“确认添加”，如图8–12所示。

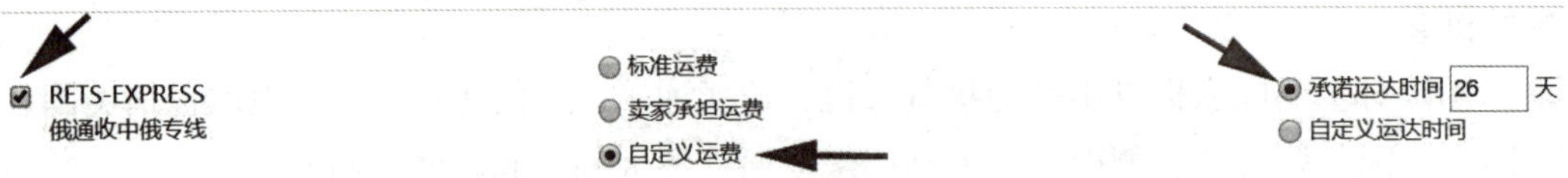

图 8-11　找到“俄通收中俄专线”

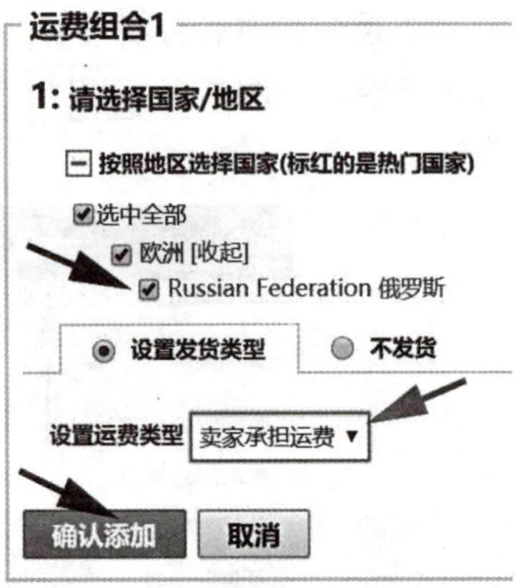

图 8-12　设置“俄通收中俄专线”运费模板

最后点击“保存”，如图8-13所示，就完成了“俄通收中俄专线”运费模板的设置。

完成了“俄通收中俄专线”运费模板设置之后，俄罗斯买家就可以看到我们的产品为包邮（Free shipping）；我们在给俄罗斯买家发货时，可以看到“俄通收中俄专线”的选项，并使用该物流方案发货。

根据图8-8的查询结果，使用“俄通收中俄专线”发货到俄罗斯的物流费用是35元，那么我们就需要在原售价的基础上，加上35元的物流成本。

同理，我们还可以设置其他运费模板，如“新加坡邮政挂号小包”，我们已经根据“俄通收中俄专线”的包邮运费确定了该款手机的售价，那么低于35元物流费用的国家，我们都可以设为包邮（Free shipping），高于35元物流费用的国家，我们可以设为不发货或者自定义运费，如图8-14所示。

图 8-13　保存“俄通收中俄专线”运费模板

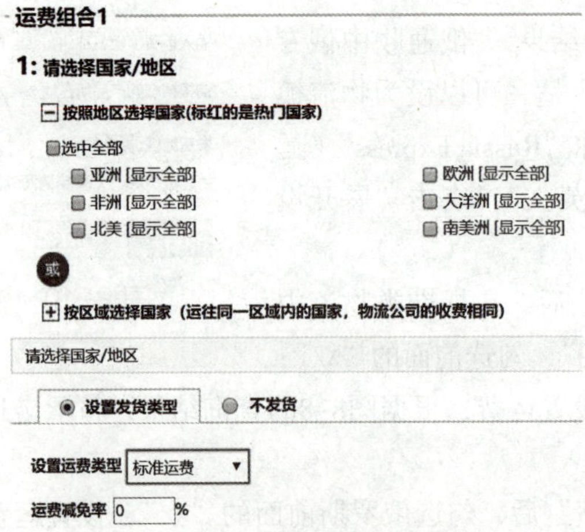

图 8-14　其他运费模板的设置

（四）速卖通运费模板设定实战训练

产品运费模板设置是全球速卖通新手卖家必须要过的一道难关，能否合理设置好运费模板直接影响买家下单和转化，因此在这里以专题训练形式对产品运费模板进行专题训练讲解。

全球速卖通卖家大部分情况都发中国邮政小包（除非有特殊要求，那么下单的时候要注明运输方式），中国邮政小包的要求是单个包裹不超过2千克，包裹的任意边长不超过60厘米，中国邮政小包通常都在45天内送达。

以中国邮政小包发往俄罗斯为例，发往俄罗斯运费单价：96元/公斤，商品重量：0.3千克，那么它的运费：96×0.3+10=38.8元（10元是邮政收取的挂号费）。

数据统计发现，很多速卖通卖家在产品标题开头都加了“Free shipping”，但是全世界的国家中有离中国很近的，也有离中国很远的国家。如果所有国家都包邮，那么明显是不现实的，所以要想在标题中加“Free shipping”关键词，又不想亏钱，那么设定一个合理的运费模板就非常重要了（以中国邮政小包为例，运费最便宜的国家是日本，只要62元/公斤，而绝大部分非洲国家却要176元/公斤）。

通常情况我们都将运费设为3个等级：

①运费在100元/公斤以内的国家设置成包邮（很多热门国家都在里面了）。

②运费在100元/公斤到120元/公斤的，设置成首重收3美元，续重收1美元。

③其他国家设置成标准运费，也就是速卖通官方给的运费单价（这样只会赚不会亏，速卖通官方运费价都挺高的）。

点击“产品管理”→“运费模板”→“新增运费模板”，填写运费模板名称，在邮政物流中勾选China Post Air Mail（中国邮政小包），如图8–15所示。

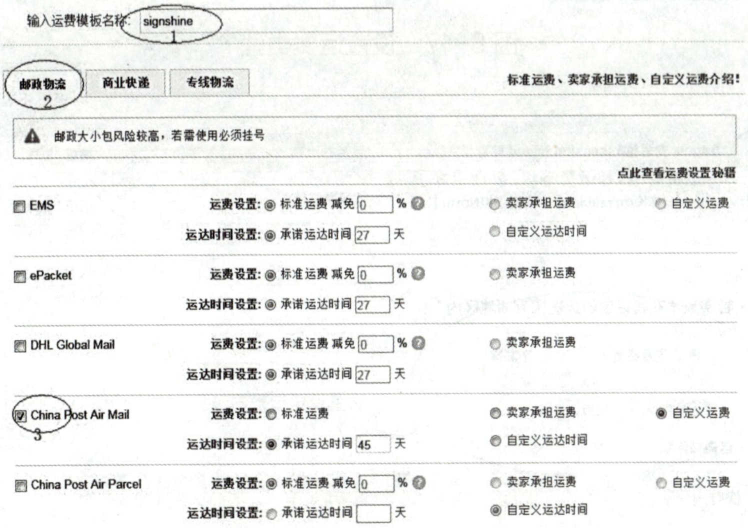

图8–15 填写运费模板名称

在China Post Air Mail那一行：承诺运达时间里填写45天，然后选择自定义运费。

注意：每个运费组合都由两个部分组成，一个是送往的国家，另一个是计算运费的方式。出现运费组合1，我们将他设定成运费等级1，也就是包邮的等级。

南美洲：没有。非洲：没有。接下来计算方式选择卖家承担运费，如图8-16所示，点击“确定添加”即可。

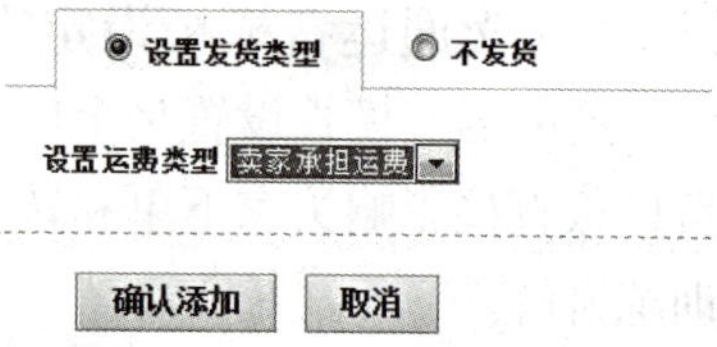

图 8-16　发货类型和运费类型设置

包邮等级设定完了，即组合1。接下来继续设置不包邮组合2，可以设定运费在100到120的等级，点击添加一个运费组合，然后跟上面一样选择国家。

大洋洲：没有。欧洲：没有。计算方式选择“自定义运费”，点击“确定添加”即可，如图8-17所示。

第二个等级也设定完了，接下来设定第三个等级，如图8-18所示。

点击保存，那么中国邮政小包的运费模板都设定好了，接下来，我们设定一个商业快递的运费模板，回到运费模板。选择DHL，设定如图8-19所示。

在自定义运费模板中，发往国家勾选所有红色的国家，然后运费计算方式选择，如图8-20所示。

图 8-17　设置运费类型

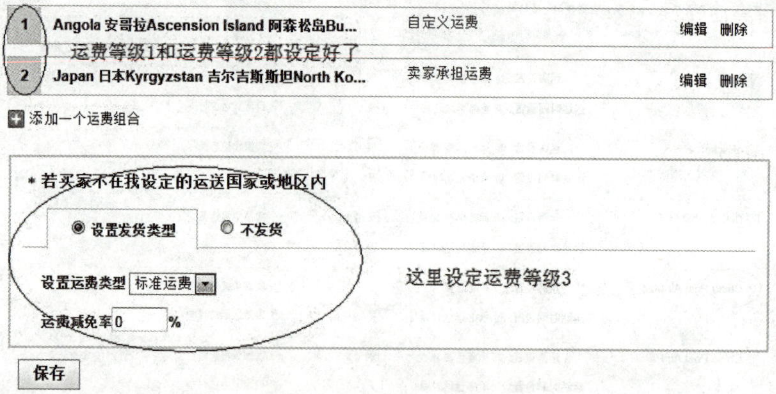

图 8-18　标准运费设置

确定添加后，未勾选国家设定标准运费，如图8-21所示。

点击保存，完整的运费模板就设定好了。

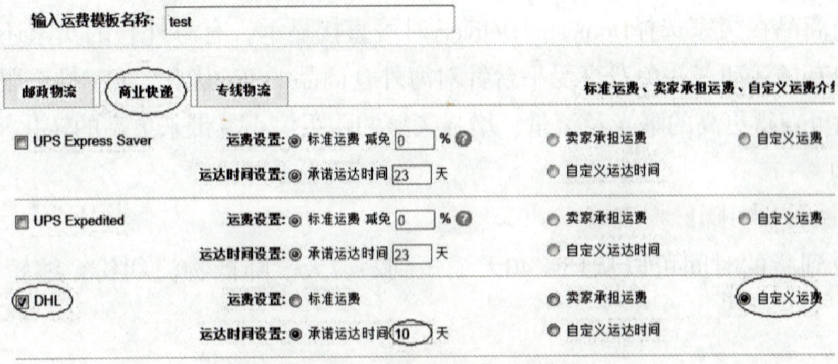

图 8-19　自定义运费模板

图 8-20　设置发货类型①

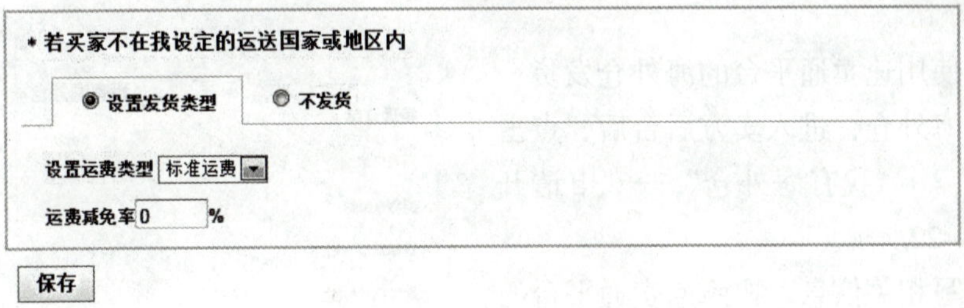

图 8-21　设置发货类型②

四、速卖通海外仓

（一）定义

速卖通海外仓是阿里巴巴在跨境电商2.0时代重点推出的跨境物流方案，速卖通平台与出口易和递四方速递（4PX）合作，借力海外仓开启海外本地化服务。速卖通海外仓自2015年2月6日开启，截止到2019年，已在美国、英国、法国、西班牙、德国、意大利、俄罗斯、澳大利亚和印度尼西亚9个国家设有海外仓。

（二）优势

1. 提升曝光转化，扩大销量

海外仓商品在买家选择Domestic Delivery时可直接显示，有海外仓的卖家还可以参加平台举办的专场活动，并免费享受平台针对海外仓商品的SEO优化、PPC推广服务。所以海外仓商品可获得更高的曝光及流量，增强买家的购买信心，带来更高的转化及销量。

2. 缩短运输时长，降低物流成本

买家收到货的时间可以从15~40天缩短到2~7天，降低物流纠纷，缩短卖家回款周期。

3. 拓展销售品类

突破航空禁运、重量、体积等物流限制，可拓展电子商品、汽配、家居、运动等优势品类。

4. 升级售后服务

卖家可提供更加灵活的退换货服务，完善售后服务环节。

（三）使用流程

1. 申请海外仓

卖家要使用速卖通平台的海外仓发货，首先要开通海外仓，进入卖方后台后，点击“物流服务”→“我有海外仓”→“申请开通”，如图8-22所示。

然后填写相关信息，按照速卖通平台的流程申请西班牙海外仓，如图8-23所示。

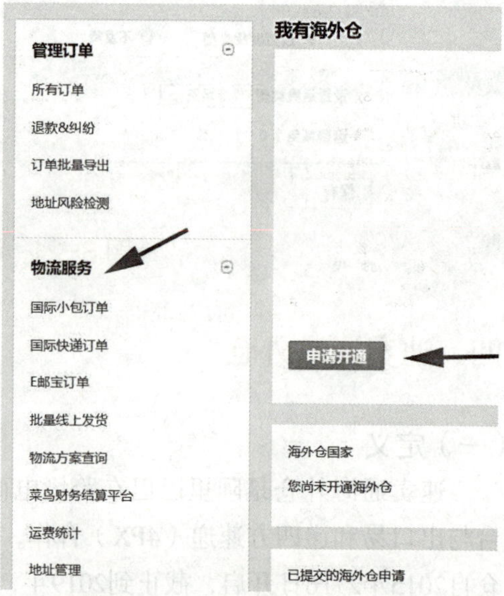

图8-22 申请开通海外仓

2. 设置海外仓运费模板

商品成功运到西班牙海外仓库之后，就可以设置海外仓运费模板了，正确设置海外仓运费模板之后，速卖通平台的西班牙海外仓的订单就能够自动流转到商家工作台进行发货。

海外仓运费模板的设置与无忧物流和线

上发货的运费模板的设置相似，登录速卖通后台账号后，点击“产品管理”→“运费模板”→“新增运费模板”来设置，如图8-9所示。

然后输入运费模板名称“spain oversea”，点击“添加发货地”，如图8-24所示。

将西班牙（Spain）添加为发货地区后，点击“确认”；添加了发货地区后，点击“展开设置”，勾选“Entrega Local（西班牙配送）”，填写“承诺运达时间”，设置“自定义运费”，最后点击“保存”，完成西班牙海外仓的运费模板设置。

设置好西班牙海外仓运费模板后，西班牙海外仓的订单就能够自动流转到商家工作台进行发货。

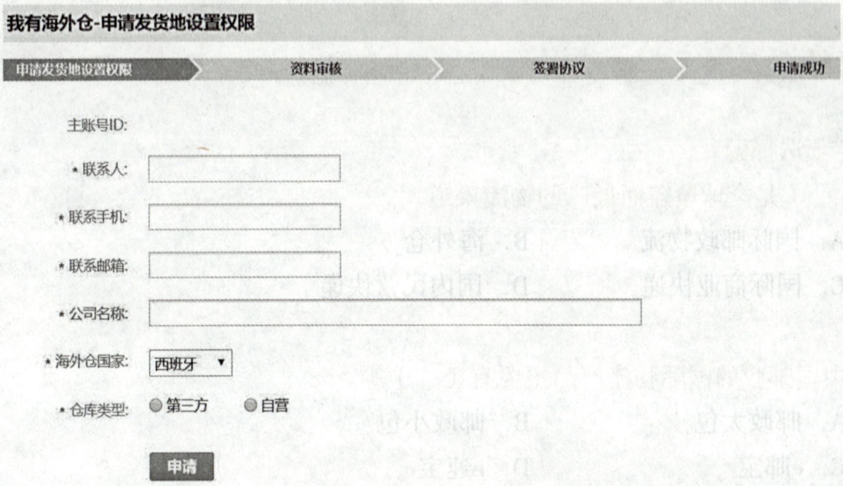

图8-23　海外仓申请流程

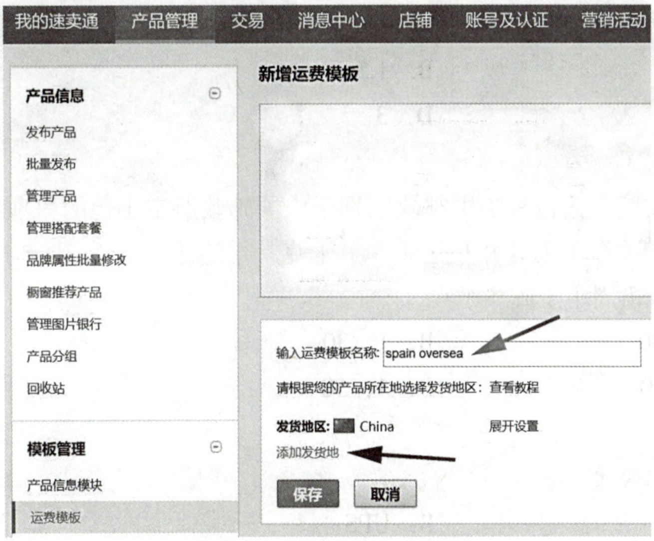

图8-24　输入运费模板名称

结语

本章以跨境电商物流的主要模式和操作为核心，分成了两小节。第一节介绍了跨境物流的主要模式，包括国际邮政物流、国际专线物流、国际商业快递、海外仓等，重点介绍了常用的国际邮政物流；第二节介绍了速卖通平台的物流操作，包括平台自己的AliExpress无忧物流、平台与合作方的线上发货、海外仓三种类型的发货操作及技巧。这些都是跨境物流入门需要掌握的基本知识，要注意把理论知识恰当地运用到实际工作中，具体问题具体分析。

课后练习

一、不定项选择题

1.（　）是全球覆盖面最广的物流渠道。

A．国际邮政物流　　B．海外仓

C．国际商业快递　　D．国内民营快递

2．中国邮政的国际物流产品主要有（　）等。

A．邮政大包　　B．邮政小包

C．e邮宝　　D．e速宝

3．中国邮政航空小包是指包裹重量在（　）千克以内，外包装长、宽、高之和小于90厘米，且最长边小于60厘米，通过邮政空邮服务寄往国外的小邮包。

A．1　　B．1.5

C．2　　D．3

4．中国邮政航空大包是中国邮政区别于中国邮政航空小包的一项业务，要求包裹重量大于（　）千克并小于（　）千克，单边小于或等于1.5米，长度+长度以外的最大横周小于或等于3米。

A．2，30　　B．1，30

C．2，50　　D．1，50

5．商业国际快递包括（　）等。

A．DHL　　B．UPS

C．FedEx　　D．TNT

6. 目前国产的商业国际快递产品包括（ ）等。

A. EMS B. e速宝

C. 中速快件 D. 顺丰

7. 国际商业快递特点包括（ ）、风险高等。

A. 涉外性强 B. 中间环节多

C. 涉及面广 D. 时效性强

8. （ ）是阿里巴巴集团旗下全球速卖通及菜鸟网络联合推出的官方物流服务，为速卖通卖家提供稳定的国内揽收、国际配送、物流详情追踪、物流纠纷处理、售后赔付等一站式的物流解决方案。

A. EMS B. 海外仓

C. TNT D. AliExpress无忧物流

9. AliExpress无忧物流包括（ ）等。

A. AliExpress无忧物流-简易 B. AliExpress无忧物流-优先

C. AliExpress无忧物流-标准 D. AliExpress无忧物流-自提

10. 与线下发货相比，线上发货的优势在于（ ）等。

A. 支持卖家 B. 物流商服务有保障

C. 承诺运达时间 D. 免费

二、讨论题

谈一下你对速卖通运费模板设置的看法。

第九章

跨境电商技能

通过本章学习，应达到以下具体目标。

1. 知识目标

（1）了解跨境电商的基本技能；
（2）了解跨境电商客户服务的基本原则；
（3）了解跨境电商常见国家的贸易文化。

2. 技能目标

（1）掌握跨境电商图片拍摄的技巧；
（2）掌握跨境电商图片简单处理的方法；
（3）掌握跨境电商平台基本的客户回复。

3. 素质目标

（1）培养学生不同文化的适应能力；
（2）培养学生总结和归纳的能力；
（3）培养学生人际交往的能力；
（4）培养学生热爱工作、遵守行业法律、法规的职业道德。

第一节

图片处理

在装修店铺、上传产品图片时，画质清晰的图片或者利用视频、3D展示、AR、VR等技术手段让顾客充分了解产品，会更多地吸引顾客，达到更好的广告效果。所以，简单必要的图片处理技术是跨境电商从业者必须掌握的技能。

一、图片拍摄和处理技巧

网上购物，买家对商品的第一印象就是图片。图片的好坏，往往直接影响买家是否点击查看其产品，同时也是影响买家判断产品价值的一个重要因案。拍摄一张清晰、优秀的商品图片，其影响因素主要有两个方面：拍摄技巧和图片处理。

（一）拍摄技巧

1．亮度调节

充足的亮度是拍摄清晰照片的前提，可以使用遮光板等设备，借助适当的光线提高产品的亮度。

2．对比度

尽量利用与物品形成鲜明对比的背景，或者抠图以突出产品。

①利用一块平整的有颜色的布作为背景，便于突显物品，比如纯白色背景可以为黑色物品及某些珠宝带来很强烈的对比效果。

②避免使用杂乱的背景，否则会转移买家的注意力，或者使买家弄不清楚哪一件是要出售的商品。

③将相机的分辨率设置为适中大小。

④从某个角度近距离地拍摄一些物品的细节部分，可以较好地展示物品的材料和质地。

⑤图片应拍摄得足够大，方便展示物品的各个细节部分，需要时可以让图片占满整个图片框。

⑥拍摄物品的某些细节或者多角度（正面、背面、侧面、顶部等）的特写，便于潜在买家可以全面地了解物品的实际情况。必要时在图片上可以注明尺寸信息。

⑦考虑采用三脚架在室内光线下进行拍摄，拍摄时建议不使用闪光灯以求图片更清晰。

（二）图片处理

将图片上传到本地电脑后，通常可以用图片编辑软件来优化效果。例如可以使用Photoshop、CorelDRAW等图片编辑软件对图片进行处理，卖家可以尝试以下几种操作：裁剪图片，删除所有不必要的背景；平衡对比度和亮度；对图片进行锐化处理等。

二、Photoshop的应用

最常见的图片处理软件就是 Photoshop。对于跨境电商企业或个人来说，需要熟练掌握 Photoshop软件中的一些常用的修图技术。

（一）应用场景

1. 美化图片

大多数淘宝店铺的卖家并非是专业的摄影师，而店铺里的照片通常看起来色彩鲜艳，给人以赏心悦目的视觉体验。其实，通过使用 Photoshop对图片进行简单的调整和美化，就可以得到这样的效果。

2. 图片调色

在电子商务活动中，经常困扰卖家和买家的一个问题就是实物的色差问题，拍摄出来的图片不可能百分之百地还原实物的样子。而使用Photoshop对拍摄图片的色调进行微调，使之接近于产品最真实的颜色，可以尽量减小色差，并且可以提高图片的质感。

3. 合成图片

发布产品时经常需要几张图片组合在一起，这时候也需要使用Photoshop的合成技术，为线上产品提供更好的视觉效果。

4. 促销广告

卖家经常会在电商网站上看到产品旁边会有很多诸如“包邮”或“本店促销”等文字来吸引顾客眼球，帮助产品促销。使用 Photoshop可以在图片上添加各式各样的文字广告，为店铺呈现出较好的视觉营销效果。

（二）Photoshop工作界面介绍

1. Photoshop的快捷操作

Photoshop打开后的界面如图9-1所示，在学习具体的Photoshop图片处理技术之前，

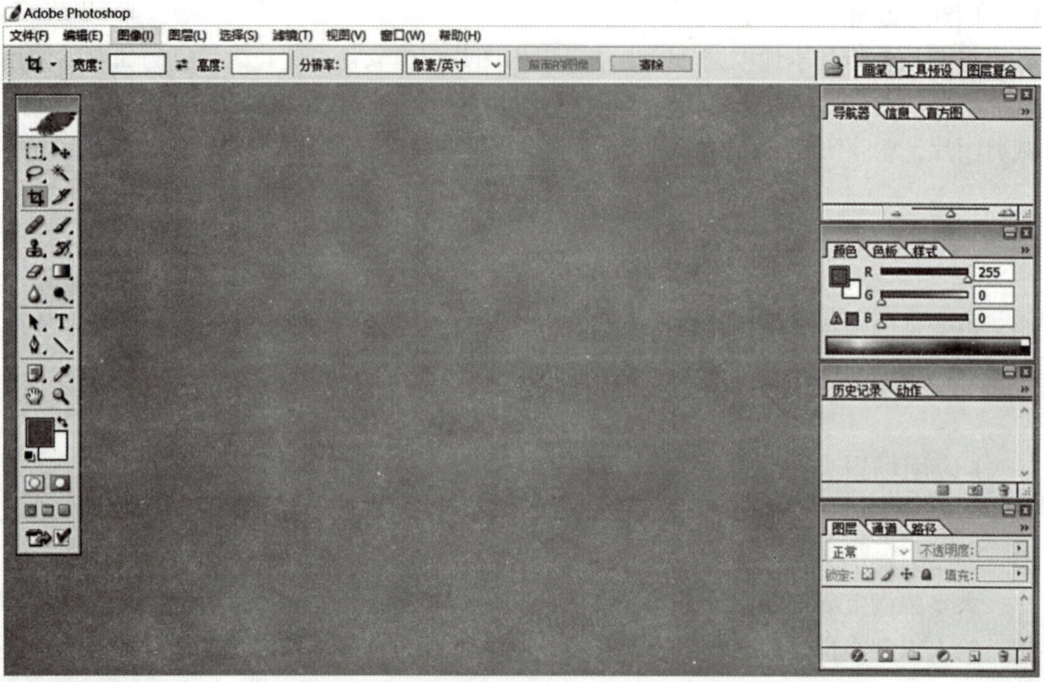

图 9-1　Photoshop 打开后界面

需简单了解以下几种基本快捷键的操作方法，以便提高学习效率。

①Ctrl+O：打开一张或多张图片。

②按Z键，拖动鼠标：放大图片，查看局部，方便查看或处理细节。

③按Space键，拖动鼠标：平移图片，可查看邻近图像区域。

④Ctrl+0：按屏幕大小缩放，显示原图。

⑤Ctrl+=：放大图片。

⑥Ctrl+-：缩小图片。

⑦Ctrl+Z：撤销上一步的操作。

2. Photoshop工作界面介绍

Photoshop打开后，工作界面如图9-2所示，其中，a区是菜单栏，b区是属性栏，c区是工具栏，d区是图像区，e区是调板。

菜单栏为整个环境下所有窗口提供菜单控制，包括：文件、编辑、图像、图层、选择、滤镜、视图、窗口和帮助等项目，Photoshop可以通过两种方式执行所有命令，一是菜单栏按键，二是快捷键。

属性栏界面，主要是显示工具栏中所选工具的选项信息，不同的工具有不同的选项。

工具栏，也叫工具箱，对图像的修饰以及绘图等工具，都从这里调用，拖动工具箱的标题栏，可移动工具箱。有些工具的右下角有一个小三角形符号，这表示在工具位置

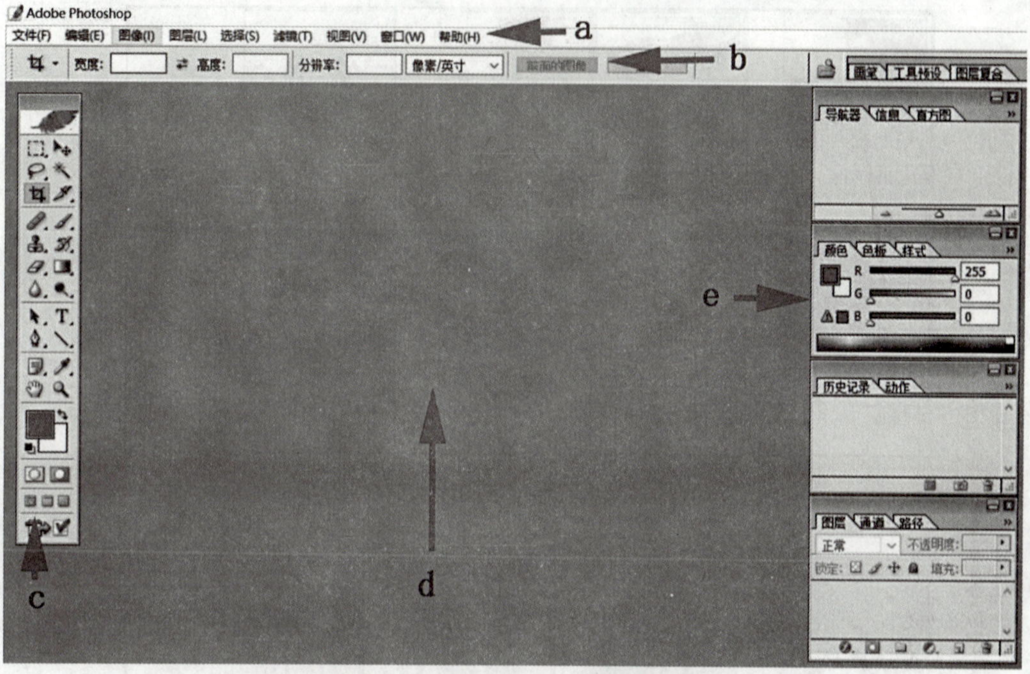

图 9-2 Photoshop 工作界面

上存在一个工具组，其中包括若干个相关工具（具体介绍见图9-3）。

图像区，图像区用来显示制作中的图像，它是 Photoshop的主要工作区，同时打开两幅图像，可通过单击图像窗口进行切换。

调板用来安放制作需要的各种常用调板。

3．Photoshop工具栏介绍

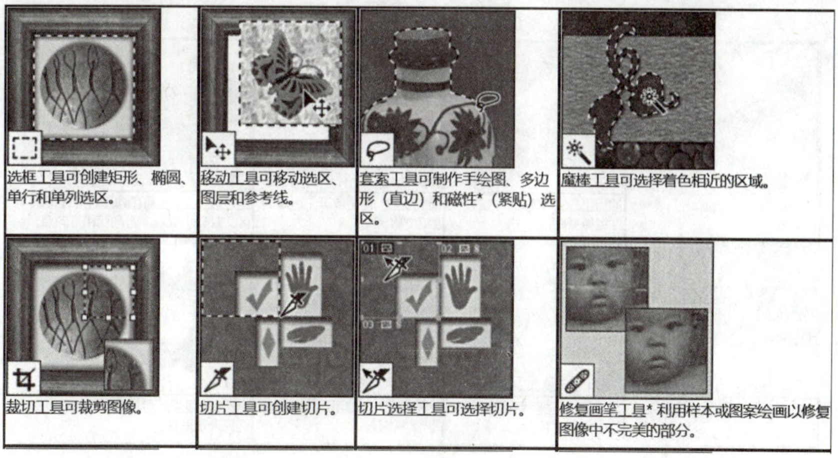

图 9-3（a） Photoshop 工具栏

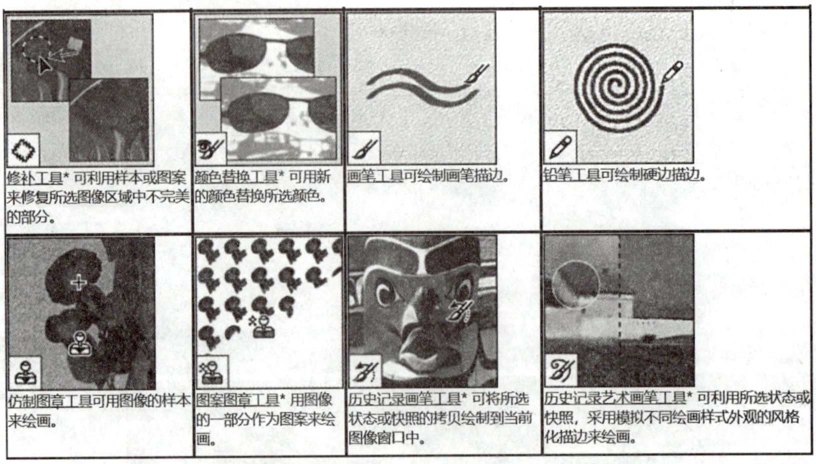

图 9-3（b） Photoshop 工具栏

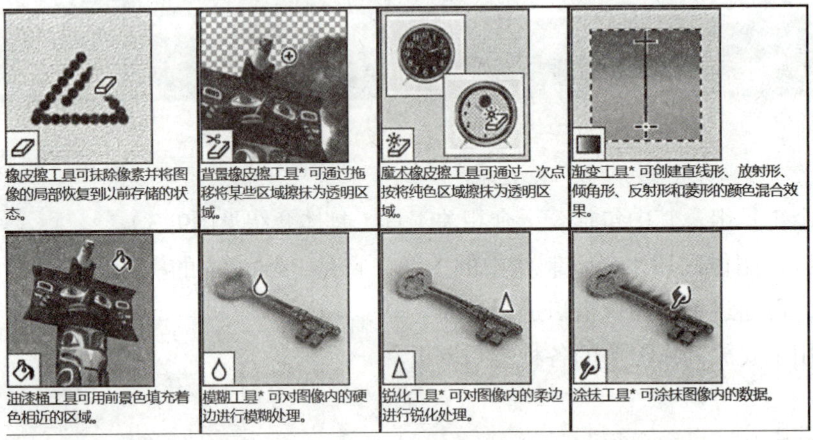

图 9-3（c） Photoshop 工具栏

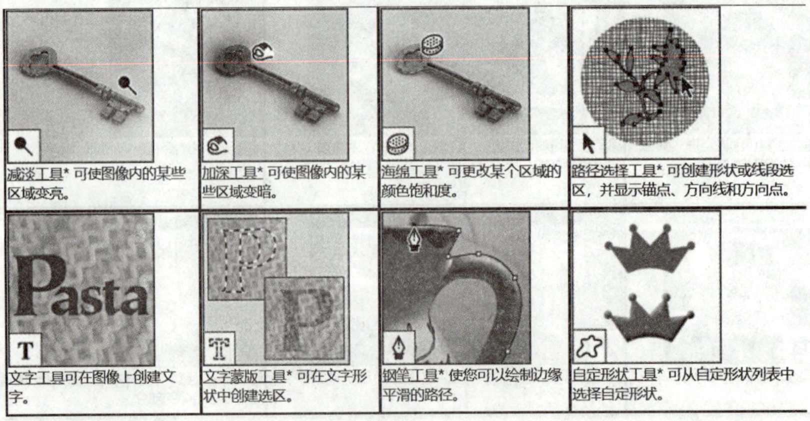

图 9-3（d） Photoshop 工具栏

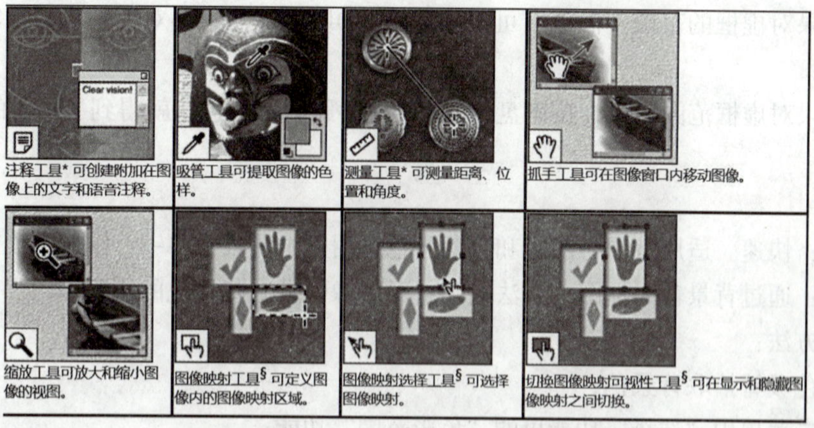

图 9-3（e） Photoshop 工具栏

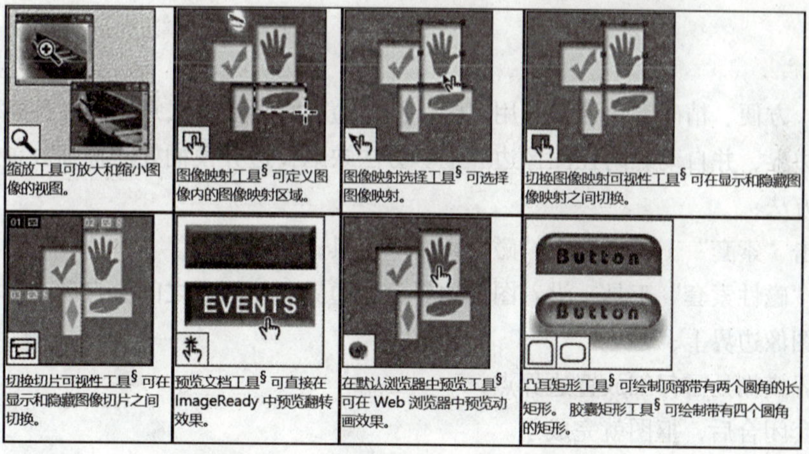

图 9-3（f） Photoshop 工具栏

（三）用Photoshop处理图片

我们拍摄的图片背景一般比较繁杂，需要处理后才能上传到后台并发布，这里介绍几种常用的图片处理方法。

1. 魔术棒法

特点：最直观的方法。适用范围：图像和背景色色差明显，背景色单一，图像边界清晰。方法意图：通过删除背景色来获取图像。方法缺陷：对散乱的毛发没有用。

使用方法：

①点击“魔术棒”工具；

②在“魔术棒”工具条中，在“连续”项前打钩；

③“容差”值填入“20”（具体值可以根据效果再调节）；

④用魔术棒点背景色，会出现虚框围住背景色；

⑤如果对虚框的范围不满意，可以先按Ctrl+D取消虚框，再对上一步的“容差”值进行调节；

⑥如果对虚框范围满意，按键盘上的Dele键，删除背景色，就得到了单一的图像。

2. 色彩范围法

特点：快速。适用范围：图像和背景色色差明显，背景色单一，图像中无背景色。方法意图：通过背景色来抠图。方法缺陷：对图像中带有背景色的不适用。

使用方法：

①颜色吸管拾取背景色；

②点击菜单中“选择”功能里的“色彩范围”功能；

③在“反相”项前打钩，确定后就选中图像了。

3. 磁性索套法

特点：方便、精确、快速。适用范围：图像边界清晰。方法意图：磁性索套会自动识别图像边界，并自动黏附在图像边界上。方法缺陷：边界模糊处需仔细放置边界点。

使用方法：

①右击“索套”工具，选中“磁性索套”工具；

②用“磁性索套”工具，沿着图像边界放置边界点，两点之间会自动产生一条线，并黏附在图像边界上；

③边界模糊处需仔细放置边界点；

④索套闭合后，抠图就完成了。

4.（索套）羽化法

特点：粗加工。适用范围：粗略的抠图。方法意图：粗略抠图，不求精确。方法缺陷：图像边界不精确。

使用方法：

①点击“索套”工具；

②用索套粗略地围住图像，边框各处要与图像边界有差不多的距离；这点能保证之后羽化范围的一致性，提高抠图的精确性；

③右击鼠标，选择“羽化”功能；

④调节羽化值，一般填入“20”，确定后就粗略选中图像了。羽化值的大小，要根据前一步边框与图像的间距大小调节。

5.（索套）钢笔工具法

特点：精确，花工夫。适用范围：图像边界复杂，不连续，加工精度高。方法意

图：完全靠手工逐一放置边界点来抠图。方法缺陷：速度慢，抠一个图可能要15分钟左右。

使用方法（钢笔工具法）步骤如下：

（1）索套建立粗略路径

①用“索套”工具粗略圈出图形的外框；

②右键选择“建立工作路径”，容差一般填入“2”。

（2）钢笔工具细调路径

①选择“钢笔”工具，并在钢笔工具栏中选择第二项“路径”的图标；

②按住Ctrl键不放，用鼠标点住各个节点（控制点），拖动改变位置；

③每个节点都有两个弧度调节点，调节两节点之间弧度，使线条尽可能的贴近图形边缘，这是光滑的关键步骤；

④增加节点：如果节点不够，可以放开Ctrl按键，用鼠标在路径上增加。删除节点：如果节点过多，可以放开Ctrl按键，用鼠标移到节点上，鼠标旁边出现“—”号时，点该节点即可删除。

（3）复制粘贴

①右键“建立选区”，羽化一般填入“0”；

②按 Ctrl+C 复制该选区；

③新建一个图层或文件；

④在新图层中，按 Ctrl+V 粘贴该选区，这样就可以了。

另外，取消选区的快捷键：Ctrl+D，注意：此工具对散乱的头发没有用。

6. 蒙版抠图法

特点：直观且快速。

使用方法：

①打开照片和背景图；

②点击移动工具把照片拖动背景图；

③添加蒙版；

④前景色设为黑色，选择画笔45；

⑤这样就可以在背景上擦，擦到满意为止。如果擦错了地方，只要将前景色改为白色，就可以擦回来。

7. 橡皮擦抠图法

方法、特点和适用范围：橡皮擦抠图就是用橡皮擦工具擦掉不用的部分，留下有用的部分。这种方法属外形抠图的方法，简单好用，但处理效果不好，可用于外形线条简单的图形抠图。但主要用于对其他方法抠图后的效果进行进一步处理。

操作步骤：

①打开图片；

②双击该图层，将背景层改为普通层；

③选取橡皮擦工具，可选画笔主直径大点，先粗略地擦掉大部分不用的部分；

④再选画笔主直径小点，把图片放大，进行精细处理。

8. 通道抠图

方法、特点和适用范围：通道抠图属于颜色抠图方法，利用了对象的颜色在红、黄、蓝三通道中对比度平同的特点，从而在对比度大的通道中对对象进行处理。先选取对比度大的通道，再复制该通道，在其中通过进一步增大对比度，再用魔术棒工具把对象选出来。可适用于色差不大，而外形又很复杂的图像的抠图，如头发、树枝、烟花等。

操作步骤：

①打开图片；

②双击该图层，将背景层改为普通层；

③打开通道面板，分别点选红、黄、蓝三个单色面板，找出对象最清晰的通道，该图中我们点选蓝色通道；

④将蓝通道拖至通道面板下面的创建新通道按钮上，复制出蓝副本通道；

⑤图像/调整/色阶，调整“输入色阶”，增强对象对比度；

⑥图像/调整/反相；

⑦选用套索工具，把烟花等图案圈出来；

⑧选择/反选，编辑/填充/填充前景色（白色），选择/取消选择；

⑨图像/调整/反相；

⑩按住“Ctrl”键点蓝副本通道，载入烟花等的选区，切换到图层面板，烟花等被选中；

⑪选择/反选，编辑/清除；选择/取消选择。

比较专业的抠图技巧还有很多，比如抽出前景色设置为白色后，利用橡皮擦去多余颜色，利用增强对比度、感光度等抽取头发等，本书不再一一介绍。

（四）用魔术棒法处理图片

某企业拍摄产品（笔记本）的图片如图9-4所示，该图片干扰项太多，是无法上传的，需要进行图片处理，删除掉干扰项，只留下笔记本。

图 9-4　产品原图

这里以魔术棒工具为例抠图，如图9-5所示，右击“索套”工具，选中“磁性索套”工具；用“磁性索套”工具，沿着图像边界放置边界点，两点之间会自动产生一条线，并黏附在图像边界上；边界模糊处需仔细放置边界点；索套闭合后，抠图就完成了。

在笔记本区域点击“选择反选”，选中其他区域，然后点击“Delete”，就得到笔记本电脑的图片，如图9-6所示。

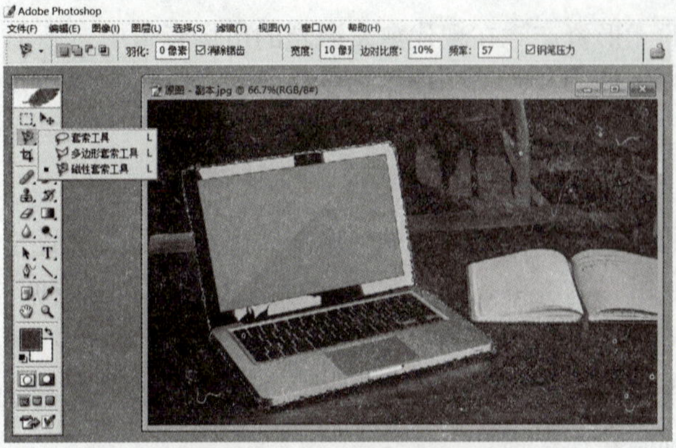

图 9-5　用魔术棒抠图

图 9-6　魔术棒抠图效果

第二节　客户服务

一、客户服务基本原则

（一）相互尊重和理解

由于历史和文化的差异，东西方国家在人生观、价值观等方面都有着相当大的不同，我们不能以本国的风俗习惯去强行要求对方。在跨境电商中，可以通过网络或书籍等途径了解对方国家的风俗习惯和禁忌，做好合作之前的充分准备。在交流沟通的过程中，要尊重和理解对方的文化和信念，尊重文化多样化，让对方感受到我们的企业文化，促进双方的长期合作。

（二）待人真诚友好

真诚是双方合作的基础。跨境电商的从业人员必须时刻以友好真诚的态度对待他人，给他人留下好的印象，提高企业的形象。跨境电商的大部分环节都是在线上完成，双方距离遥远，不可能时刻观测到产品和服务的优劣好坏。不能欺骗或隐瞒合作方，具有良好信誉的企业才能获得长足发展。

（三）注重个人和企业形象

在跨境电商活动中，要时刻注意维护个人和企业的形象，良好的个人形象是企业形象的缩影，而良好的企业形象是企业的无形资产。在现代愈发激烈的市场竞争中，一个具有良好形象和信誉的企业，更容易获得社会与各国的信任和支持。

（四）遵循国内、国际法律法规

我国发布了一系列关于电子商务的相关法律法规，比如《中华人民共和国电子商务法》《互联网电子邮件服务管理办法》《电子商务模式规范》《关于网上交易的指导意见》等。电商企业在商务活动中必须遵循相关法律法规，一切行为都要合乎国家法律，不能做出违反国家法律法规的行为。跨境电商会涉及多个国家进行交易，从事跨境电商同时必须遵循国际准则和规范，不能违反国际法律法规。

二、消费习惯

消费习惯就是消费者对某种商品、品牌或消费行为方式的偏好。其本质是个人的一种稳定性消费行为，是人们在长期生活中慢慢积累而成的，反过来又潜移默化地影响着人们的购买行为。东西方国家有着不同的消费趋向和习惯，了解主要国家不同的消费习惯和特点有利于开展跨境电商。

（一）美国

1. 消费心理

产品质量的优劣是进入美国市场的关键，和产品的价格和包装相比，美国人更重视产品质量。在美国市场上，高、中、低档货物差价很大，如一件中高档的西服零售价在40~50美元，而低档的则不到5美元。商品质量稍有缺陷，就只能放在商店的角落，减价处理。

其次，包装也是一个重要因素，产品不但要质量好，更要包装精美，给人以较好的视觉体验。美国是一个注重效率的国家，在他们看来，浪费时间就等于浪费生命。他们希望下单后可以尽快收到让自己满意的产品，所以在设置运费模板的时候，最好尽量同时设置四大快递等高效率的物流方式，如果不能这样做，可以在产品描述中进行解释说明，让买家有心理准备或选择其他卖家，这样即使没有做成这一笔交易，也会给他们留下好的印象。由于美国版图比较大，横跨三个时区，所以不同时区买家的上网采购时间不同。为了提高卖家发布商品的关注率，卖家应该积极总结，选择一个买家上网采购时间比较集中的时间段来发布产品。

2．圣诞营销

每个季节都有一个商品换季的销售高潮，如果错过了这个销售季节，就要对商品降价处理。美国的大商场和超级市场的销售季节是：1～5月为春季，7～9月为初秋升学季，主要以销售学生用品为主；11～12月为圣诞时期，恰逢退税季节，人们都趁机添置生活用品、购买圣诞礼物。此时美国的市场是最火爆的，各种商品很快就会销售一空，所以卖家要利用好圣诞时期的节日营销。

（二）加拿大

1．消费人群

加拿大人均生活水平较高，对商品品种的要求多、需求范围广，从普通的纺织品服装、轻工商品、日用商品、家电产品到大型的机电产品等都有需要。枫树是加拿大的国树，枫叶的标志被广泛应用，也为世界所周知。加拿大是美国跨境电商的重要市场之一，60%的加拿大人从美国网购，其中38%的加拿大人生活在安大略省。这里有相对较低的物流费和相对较低的汇率，使加拿大居民的网购热情持续有增无减。加拿大信用卡的渗透率也非常高，81%的在线支付都是信用卡支付，紧随其后的是PayPal。加拿大地广人稀，物流对于加拿大偏远郊区来说是个挑战。

2．消费特点

加拿大地处寒带，冬季较长，因此对冬季商品需求量较大。冬季服装，如羽绒服、滑雪服及与冰雪运动有关的器械，如冰鞋、滑雪板等在加拿大都有很好的销路。在夏季，加拿大人喜欢露营、登山、游泳、骑自行车、垂钓、养花，因此，帐篷、运动鞋、游艇、帆船、气垫船、山地车、各种渔具、园艺工具等在加拿大市场都有销路。

加拿大是一个热爱运动的国家，54%的人经常参加体育活动，体育器材和设备需求量大。最受加拿大人青睐的五项体育活动分别为：高尔夫、冰球、棒球、游泳和篮球。2014年，加拿大体育用品市场规模高达82.51亿加元，而且加拿大人均体育用品消费240加元，远高于美国的187加元。在82.51亿加元当中，体育器材销售额为44.93 亿加元（占54.5%），运动鞋销售额为21.38亿加元（占25.9%），运动服销售额为16.2亿加元（占19.6%）。

加拿大返校购物开支高涨，服装销量最大。看到孩子的同学高消费拥有好东西时，父母也会让自己的孩子同样拥有，彼此相互影响。父母为孩子购买的商品中，时尚服装最受欢迎，消费额占预算总额的比例最高，53%的父母都会把大部分钱用于购买服装。与此形成鲜明对比的是，科技产品则不受父母欢迎，只有6%的父母会把大部分钱用于给孩子购买电脑或其他电子产品。

宠物用品行业市场发展潜力巨大。里贾纳、萨斯卡通、本拿比、温莎市、基奇纳、里士满、加蒂诺、伦敦市、万锦市和埃德蒙顿是最爱购买宠物用品的十大城市。购买最多宠物玩具和零食的城市分别是萨斯卡通、里贾纳、温莎市以及本拿比。加拿大人给狗买的用品数量比给猫的更多，而且不仅限于猫和狗，给兔子、鸟、鼬和仓鼠购买食品玩具和服装的人也不在少数。

（三）意大利

1. 消费人群

意大利网购人群年龄多在18～44岁，每天购物最多的时间段为每天的21～23点。购买产品中，47%为虚拟产品或服务（付费音像资源、旅游服务等），53%为实物产品。电商平台是最主要的购物渠道，意大利社交媒体也主要是国际性的网站，本土特色不明显。意大利人比德国人少了一些刻板，比英国人多了一些热情，但在谈判合同、做出决策时一般不愿仓促表态，比较慎重。同时比较重视产品的价格，在价格方面显得寸步不让，喜欢采用代理的方式。

意大利人有节约的习惯，不愿多花钱追求高品质，而德国人却宁可多付款来换取高质量的产品和准确的交货日期。意大利人同时追求时髦，衣冠楚楚，潇洒自如。他们的办公地点一般都设施讲究，比较现代化，并且他们对生活的舒适也十分注重。与他们谈判时，着装时尚潇洒会给他们留下好的印象，意大利人与外商做交易的热情不高，他们更愿意与国内企业打交道。由于历史和传统的原因，意大利人不太注重外部世界，不主动向外国观念和国际惯例看齐。他们信赖国内企业，认为国内企业生产的产品一般质量较高，而且国内企业与他们存在共同性，所以，与意大利人做生意要有耐心，要让他们相信你的产品比他们国内生产的产品更为物美价廉。还有一点应注意的是，在意大利从事商务活动，必须充分考虑其政治因素，了解对方的政治背景，以防政局变动而蒙受经济损失。

2. 消费特点

意大利骑行行业跨境电商潜力巨大。从2013年至2014年，跨境电商骑行行业热度持续上升，相关产品的搜索及销量均大幅上涨。敦煌网的数据显示，自行车重点产品线主要为自行车零件、骑行服、自行车配件等。其中，销售额占比最大的是自行车零件产品，约为46%，如车架、车轮、车把等，其次是骑行服，占比为34%，而自行车配件的销售额占比为10%，除了美国、日本外，当属加拿大和意大利骑行跨境市场潜力大。

3D打印机在意大利跨境市场占比持续增加。3D打印机在全球都受欢迎。根据有关数据显示，美国市场居首位占22%，其他多语言市场占比也很高，意大利占12%，德国占8%，墨西哥占6%，法国占4%，西班牙占3%，其他国家都在3%左右，比较平均，所以从市场热度来看，3D打印市场前景广阔。

意大利是世界童装消费市场中的第六位，目前，童装世界工厂主要设立在中国、印度、巴基斯坦、马来西亚、土耳其和墨西哥等地，这些厂家一部分是本地区投资并运营，一部分是厂商接受其他品牌的贴牌进行生产。

意大利玩具行业发展迅速。在世界最大的玩具进口国家和地区中已跻身前十。在手机行业，来自意大利、西班牙、法国、荷兰等小语种国家流量增长迅猛，这点也值得卖家关注。

（四）巴西

1．消费人群

巴西是世界人口大国之一，GDP排名世界第七，南美第一。巴西的电子商务发展迅速，消费人群以女性为主，主要是高收入社会阶层，英语较好。

2．消费特点

巴西买家的消费趋向主要为服装配饰、化妆品、手机、电器、家具和运动产品等。其中服装以休闲大气的欧美风为主，配色夸张，追求潮流，巴西买家喜欢有色彩冲击并且颜色搭配较好的产品。

巴西买家更倾向于朋友之间的互相推荐，也喜欢在Facebook等社交网站上分享好的商品。他们购物时会参考其他买家的评论，因此高质量的产品会获得更高的回头率和市场。

巴西人在消费方面还有一个特点是非常注重售后服务和产品的耐用性。一般而言商品最好附带说明书。相比较而言，巴西人更喜欢包邮的产品，巴西的无线市场增长快，手机购物的人群比例大，网购习惯较成熟。SNS是巴西网民花费时间最长的网络应用，并且增速迅猛。另外，巴西用户的付款方式主要是信用卡支付，并且喜欢分期付款。

3．特色营销

巴西买家喜欢购买有折扣的产品，喜欢参与促销活动。所以我们要运用节日营销和社交网络营销来吸引买家。

节日营销。受宗教文化的影响，巴西人很注重各种节日，比如万圣节、圣诞节等西方传统节日。在这些节日中，各种商品的促销活动是最受欢迎的。要利用好不同节日的寓意来做好有特色的节假日营销活动。

社交营销。巴西人很喜欢社交网络，人均社交好友306人左右，平均每个人在社交网络上花费的时间是10小时/月，使用社交网络的总人数已达全球第四名。其中使用最多的社交网络以Facebook、YouTube为主，卖家可以利用这些社交网络进行适当有效的产品营销。

（五）俄罗斯

俄罗斯季节温差较大，营销的季节性很强。俄罗斯的冬天很冷，所以人在室外非常注重保暖，帽子，围巾、手套是必备品；女性还特别热衷购买动物皮毛的外套，所以在冬季热销的商品有帽子，手套，围巾、皮草长大衣、皮草短大衣等。俄罗斯人在外面和在家时穿的衣服不一样，在家一定会换家居服，洗完澡会披浴袍，睡觉的时候又穿上薄一点、舒服一点的睡衣。所以家居产品热销的有家居鞋，家居衣和睡衣之类。

俄罗斯人热爱运动。运动是生活的重要组成部分，他们会经常购买专门的运动服、运动鞋及配件。俄罗斯人爱度假。俄罗斯人（特别是年轻人和孩子）有度假的习惯，一般喜欢去海滩，所以会购买很多海滩上用的东西，像泳装、海滩上穿的衣服和沙滩鞋之类。俄罗斯女性很喜欢追赶流行，时刻关注新款的服装、鞋、包。一些当季热门和热的、新奇的、创意流行的商品比较受追捧。俄罗斯的成年女性不喜欢太过可爱的穿衣风格，他们更喜欢欧洲的性感风。俄罗斯男人比较高大，而且也有很多肥胖的人群，所以对加大码的衣服有特殊偏好。俄罗斯用户较偏好看到欧美模特展示服装，认为衣服会较合身。俄罗斯女性一般都会打扮、化妆，所以对美容类产品的需求大，但是他们更喜欢购买有品牌的化妆品。很多政府及公司的员工都会穿西装（正装），很多节日和正式场合也要穿西装，有些男士会配袖扣。

节日送礼很频繁。每年新年、妇女节、男人节、情人节，俄罗斯人都要送礼，这时能提供创意类的礼物非常对他们胃口。同时对初生的婴儿十分重视，朋友生孩子也有送礼物的习惯，喜欢购买像给新生儿的礼物之类的。

价格因素很敏感。价格在俄罗斯人的购买决策中占很大的比重，但也有一部分人更偏重有品牌的优质产品。俄罗斯客人的询盘最大的特色就是俄式英语。可能很多人第一次看很是吃力，因此建议使用靠谱的语言处理软件或者直接使用俄语与对方交流，会提升客户兴趣度，俄罗斯客人很喜欢用Skype在线谈生意，也用SMS。

三、收集客服服务反馈信息

（一）收集平台的客服信息

以亚马逊平台为例，店铺的客服基本绩效目标包括4个：订单缺陷率（Order Defect Rate）、取消率（Cancellation Rate）、货品迟发率（Late Shipment Rate）、有效追踪率（Valid Tracking Rate）。

订单缺陷率（Order Defect Rate）：< 1%，指收到负面反馈、亚马逊商城交易保障索赔或服务信用卡拒付的订单的百分比。

取消率（Cancellation Rate）：< 2.5%，指配送前取消率的计算是在一定时间段内卖家在确认订单前取消的订单数量除以订单数。

配送前取消率＝已取消订单÷订单总数，计算该指标时，亚马逊统计所有由卖家取消的订单，由于买家问题取消的订单除外。

货品迟发率（Late Shipment Rate）：< 4%，货品迟发率指在一段时间内发货延迟的

订单除以总订单数量得出的百分比。如果卖家没有设置发货时间，系统默认认2个工作日内发货。

有效追踪率（Valid Tracking Rate）：> 95%，有效追踪率只针对卖家进行自主配送的情况。卖家在发出包裹后，需将有效追踪编码（即快递单号）及时录入对应的订单中，方便买家追踪包裹。能有效追踪的包裹数所占的百分比，即为有效追踪率。

（二）收集分析客户的直接反馈信息

在客户反馈记录中，我们可分为概括性反馈和具体反馈。

概括性反馈没有对服务或商品提出具体的评价，只是概括性反馈好或不好，如好、不错、差等。

具体反馈是对服务或商品提出具体的评价，具体描述产品使用感受、销售过程中的客户体验等，如使用便捷、产品与描述不符、包装破损、物流慢等。

在收集客户的反馈记录时重点收集具体反馈记录，通过对不同类型的反馈的记录数和产品售出数，获得产品的差评率。对差评率高的产品，需要解决所反映的相关问题。如一款产品的客户反馈中有很多是收到破损产品，那么就需要去优化产品的包装。

四、回复客户

客户评论关系到店铺和产品的信誉和销量，良好的客户服务是客户评论的重要保障。保障客户评论区等级的常见方法有两种。

第一，引导顾客移除差评。收到差评时，首先可以记录下顾客对产品的反馈，为后续产品的优化做分析；联系顾客，主动解决问题；如果得到客户回应对提出的方案满意，再提出帮忙删除差评。以亚马逊平台为例，卖家直接退钱让顾客删除差评是违反亚马逊规则的。

第二，向亚马逊申请移除。如果Review的内容是与产品本身无关的评价，如物流、店铺服务等，卖家可以向亚马逊申请移除。

本节提供了少量平台交易过程中的一些卖家的常见问题回复模板。

（一）发货

1. 发货后通知买家，并提供运单号和查询网址等信息

Dear Customer,

Thank you for ordering. We have dispatched your order (order No: ×××) on January 20th by EMS. The tracking number is ×××. It should take 5–10 business days to reach your destination. Please check the tracking information here: www. ××. com for updates.

Thank you for your patience! If you have any further questions, please feel free to contact us.

Best Regards,

(your name)

2．包裹延误，请买家耐心等待

Dear Customer,

Thank you for your patience. We confirmed that your order (order No: ×××) on January 20th. However, the tracking information shows it's still on the way. We were informed that the package did not arrive yet due to a shipping delay from the delivery company. If you do not receive your package before February 10th, we can resend your order or apply a full refund to you as per your choice. If you have any further questions, please feel free to contact us directly and we will be glad to assist you.

Best Regards,

(your name)

3．包裹被扣关，希望买家联系清关

Dear Customer,

We have checked the tracking information and found your package has now arrived at your country's customs agency. If your package is delayed, please consult your local customs office to resolve the problem. If you have any further questions, please feel free to contact us and we will try our best to assist you.

Best Regards,

(your name)

（二）出现纠纷

1．买家投诉货物与描述不符，请买家根据问题类型提供相应的证据

Dear Customer,

We sincerely regret that the items you've received in order ××××× were not as described. Our goal is to resolve any dispute as quickly and conveniently as possible.

Choice 1: You have claimed the items did not work/work properly. As such we must ask that you make a video recording to illustrate this issue and send it directly to my e-mail: ××××××. This will allow us to verify the problem and help resolve it to your satisfaction.

Choice 2: You have claimed the items did not work/work properly. As such, we must ask that you take some photos to illustrate this issue and send them to my e-mail: ××××××. This will allow us to verify he problem and help resolve it to your satisfaction.

We apologize for the inconvenience and look forward to hearing from you.

Best Regards,

(your name)

2. 包裹被扣关，请买家支付关税清关（确定是买家承担关税的情况）

Dear Customer,

We sincerely regret that your shipment has been detained by customs. Please contact your local customs office directly to make arrangements to pick up your parcel. As you may be aware, you will need to pay an import tax or customs fee according to your country's customs policy, regardless of your order size. If you have any further questions, please feel free to contact us.

Best Regards,

(your name)

3. 货物在途，请买家等待

Dear Customer,

We sincerely regret that you've not yet to receive your shipment. We have looked into this matter, and can share the following information about your order (No. ×××) : Tracking No: ×××××××, Status: ××××××××, Shipped Date: ××××××××, Standard shipping times are approximately 7–15 business days, however with increased holiday demand there may be a delay in international delivery times. We promise a full refund including original shipping charge if the item is not delivered in ×× days after receipt of payment. Your satisfaction is our utmost priority; please contact us if you have any concerns. We apologize for the inconvenience. Your understanding is greatly appreciated.

Best Regards,

(your name)

4. 货物丢失，询问买家是否愿意重新发货

Dear Customer,

We sincerely regret that you haven't received your parcel yet. We can confirm that we sent your order on January 10, 2019; however, we were informed by the shipping company that the package has been delayed due to problems on their end. We can arrange reshipment or a full refund according to your choice. Please let us know what your preferred option is and we'll resolve this matter as quickly as possible. We apologize for the inconvenience. Your understanding is greatly appreciated.

Best Regards,

(your name)

5．货物丢失，买家同意重新发货

Dear Customer,

We would like to confirm that we sent your order on January 10, 2019; however, we were informed the package was Cost due to the shipping company. According to our agreement, we have resent your order by EMS with a new tracking number of: ×××. It typically takes 7 ~ 10 business days to arrive to your destination. We apologize for the inconvenience and thank you for your patience.

Best Regards,

(your name)

6．卖家做出了各种努力，但是纠纷仍升级为平台纠纷

Dear Customer,

We sincerely regret that we have been unable to come to terms thus far, but we hope to bring this matter to a successful resolution. Regardless of the outcome, we will continue to honor you as a valued customer and appreciate your giving us the opportunity to serve you. If we can be of further assistance, please feel free to contact us.

Best Regards,

(your name)

（三）纠纷升级

1．看到买家提供的证据后，提出部分退款或者退货退款的建议

Dear Customer,

We would like to offer you the following options:

1) Keep your ordered item and accept a partial refund. It is possible to receive a partial refund of USD ×××.

2) Return and Refund. If you decide not to keep your ordered item, you can still return your order to us and receive a full refund. However, you would be responsible for all return shipping fees.

Whatever you decide, we will continue to honor you as a valued customer and appreciate your giving us the opportunity to serve you. If you have any questions, please feel free to contact us.

Best Regards,

(your name)

2．纠纷升级为平台纠纷，告诉买家已提供证据给平台工作人员，等待平台裁决

Dear Customer,

We sincerely regret that we have been unable to come to terms regarding your order (No: ×××××), but we hope to bring this matter to a successful resolution. We have provided photo and video evidence to AliExpress, and so the present status of the dispute is awaiting AliExpress's arbitration. Whatever the outcome, we will continue to honor you as a valued customer and appreciate your giving us the opportunity to serve you. If you have any questions, please feel free to contact us.

Best Regards,

(your name)

3．平台裁决退货退款，再次告诉买家退货地址，并表达希望后续继续交易的期望

Dear Customer,

We are pleased to inform you that as a result of AliExpress arbitration, we may bring the dispute to a successful resolution. Regarding your order (No. ××××) , you are eligible for a return. We have already provided our return address on DH gate but we' ll confirm it here as well: Contact name: ×××, Address: Zip Code: ××× (very important for us to receive the item) . Please also be reminded.

1) Returned goods must remain intact and in original condition.

2) Remember to mark "Order No. " and "Returned Goods" on the parcel. Please let me know your shipment tracking number, so we can better ensure there are no shipping delays and we can apply your refund to you as quickly as possible. We appreciate your cooperation and thank you for giving us the opportunity to serve you.

Best Regards,

(your name)

4．退货后，通知买家已收到货，表达希望后续继续交易

Dear Customer,

This is to confirm that we have received your returned items and we will inform AliExpress to apply a full refund for you. We apologize for the inconvenience and thank you for your patience. We do appreciate your business and hope that you'll give us the opportunity to serve you again in the future.

Best Regards,

(your name)

结语

本章以跨境电商的基本技能为核心，分成了两小节。第一节介绍了跨境电商的图片拍摄和处理技巧；第二节介绍了跨境电商的客户服务。这些都是跨境电商从业需要掌握的基本技能，要注意把理论知识恰当地运用到实际工作中，具体问题具体分析。

课后练习

一、不定项选择题

1. 图片的好坏，往往直接影响买家是否点击查看其产品，同时也是影响买家判断产品价值的一个重要因素。拍摄一张清晰优秀的商品图片，其影响因素主要有（　）等。

A．空气湿度　　B．拍摄技巧

C．图片处理　　D．二氧化碳含量

2. Photoshop常用的图片处理方法有（　）等。

A．魔术棒法　　B．色彩范围法

C．磁性索套法　　D．蒙版抠图法

3. 客户服务基本原则主要有（　）等。

A．相互尊重和理解　　B．待人真诚友好

C．注重个人和企业形象　　D．遵循国内、国际法律法规

4. 保障客户评论区等级的常见方法有（　）。

A．引导顾客移除差评　　B．威胁恐吓客户

C．谩骂不听话的客户　　D．向亚马逊申请移除

5. （　）是对服务或商品提出具体评价，具体描述产品使用感受、销售过程中的客户体验等，如使用便捷、产品与描述不符、包装破损、物流慢等。

A．具体反馈　　B．概括性反馈

C．订单缺陷率　　D．有效追踪率

6. 以亚马逊平台为例，店铺的客服基本绩效目标包括（　）等。

A．订单缺陷率　　B．取消率
C．货品迟发率　　D．有效追踪率

7．下列关于俄罗斯的说法正确的是（　　）。
A．俄罗斯季节温差较大，营销的季节性很强。
B．俄罗斯人热爱运动，运动是生活的重要组成部分。
C．节日送礼很频繁，每逢新年、妇女节、情人节等，俄罗斯人都要送礼。
D．价格在俄罗斯人的购买决策中占很大的比重。

8．Thank you for Ordering. We have dispatched your order (order No: ×××) on January 20th by EMS. The tracking number is ×××. It should take 5–10 business days to reach your destination. Please check the tracking information here: www.××.com for updates. 这句话表达的意思是（　　）。
A．包裹显示在途，请买家耐心等待
B．发货后通知买家，并提供运单号和查询网址等信息
C．买家投诉货物与描述不符，请买家根据问题类型提供相应的证据
D．包裹被扣关，希望买家联系清关

9．This is to confirm that we have received your returned items and we will inform AliExpress to apply a full refund for you. We apologize for the inconvenience and thank you for your patience. We do appreciate your business and hope that you' ll give us the opportunity to serve you again in the future.这句话表达的意思是（　　）。
A．看到买家提供的证据后，提出部分退款或者退货退款的建议
B．平台裁决退货退款，再次告诉买家退货地址，并表达希望后续继续交易的期望
C．退货后，通知买家已收到货，表达希望后续继续交易的期望
D．纠纷升级为平台纠纷，告诉买家已提供证据给平台工作人员，等待平台裁决

10．Photoshop的应用场景包括（　　）等。
A．美化图片　　B．图片调色
C．合成图片　　D．添加促销广告

二、讨论题

你认为跨境电商的“硬技能”是什么，为什么？

参考文献

[1] 陈道志，卢伟. 跨境电商实务 [M]. 北京：人民邮电出版社，2018.

[2] 陈明. 跨境电子商务操作实务 [M]. 北京：中国商务出版社，2015.

[3] 胡国敏等. 跨境电商网络营销实务 [M]. 北京：中国海关出版社，2018.

[4] 井然哲. 跨境电商运营与案例 [M]. 北京：电子工业出版社，2016.

[5] 柯丽敏等. 跨境电商案例解析 [M]. 北京：中国海关出版社，2016.

[6] 柯丽敏等. 跨境电商理论与实务 [M]. 北京：中国海关出版社，2019.

[7] 李文立等. 跨境电子商务平台服务创新与风险管控 [M]. 北京：科学出版社，2018.

[8] 王健. 跨境电子商务基础 [M]. 北京：中国商务出版社，2015.

[9] 王利锋等. 网店运营实务 [M]. 北京：人民邮电出版社，2017.

[10] 吴喜龄等. 跨境电子商务实务 [M]. 北京：清华大学出版社，2018.

[11] 肖旭等. 跨境电商实务 [M]. 北京：中国人民大学出版社，2018.

[12] 易静等. 跨境电商实务操作教程 [M]. 武汉：武汉大学出版社，2017.

[13] 张季菁等. 跨境电商与多语言服务创新型人才培养 [M]. 北京：中国经济出版社，2018.

[14] 钟雪梅等. 跨境电商实务 [M]. 北京：清华大学出版社，2017.

[15] 朱秋城. 跨境电商3.0时代 [M]. 北京：中国海关出版社，2016.